AF402846

ISA STERNITZ

„Der einstimmige Christenglaube in einem Geiste“

Quellentexte zu Maria aus Magdala

novum pro

Bibliografische Information
der Deutschen Nationalbibliothek:

Die Deutsche Nationalbibliothek
verzeichnet diese Publikation in
der Deutschen Nationalbibliografie.
Detaillierte bibliografische Daten
sind im Internet über
http://www.d-nb.de abrufbar.

Gedruckt in der Europäischen Union
auf umweltfreundlichem, chlor- und
säurefrei gebleichtem Papier.

© 2022 novum Verlag

ISBN 978-3-99131-508-7
Lektorat: Leon Haußmann
Umschlagabbildung:
Zatletic | Dreamstime.com,
ca. 1520 Bernardino Luini
(etwa 1480–1532), Detail Kreuzigung,
Santa Maria degli Angioli, Lugano
Umschlaggestaltung, Layout & Satz:
novum Verlag
Innenabbildungen:
siehe Bildunterschriften

Die von der Autorin zur Verfügung
gestellten Abbildungen wurden in der
bestmöglichen Qualität gedruckt.

www.novumverlag.com

INHALTSVERZEICHNIS

VORWORT

Wohl keine historische Person aus dem Kanon des Neuen Testaments und dem persönlichen Umfeld von Jesus von Nazareth ist so geheimnisumgeben wie Maria Magdalena. Keine ist mehr Ziel von Spekulationen wie sie, und kaum eine hat wohl auch gerade deshalb das Interesse von Suchenden in der Kirche wie in Kreisen von Künstlern und Musikern durch die Jahrhunderte geweckt.

Wer ist diese Frau?

In den vier klassischen Evangelien wird sie lediglich an je zwei Stellen erwähnt, während sie in den gnostischen Texten, den Evangelien nach Thomas, Petrus und Maria, klarer beschrieben und ihre Sonderstellung im Umfeld Jesu erkennbar wird.

Mutmaßung über die Art der in den Evangelien erwähnten, ausgetriebenen Dämonen, der Unmut der ausschließlich männlichen Apostel darüber, dass der auferstandene Jesus als erstem einer Frau begegnet ist und er diese darüber hinaus noch in Geheimnisse eingeweiht habe, die er ihnen vorenthalten habe, sowie das ihr zugeschriebene Evangelium, werfen Fragen auf und zeugen von einer bisher unterschätzten Rolle der Maria Magdalena im Leben und Wirken Jesu.

Der Herausgeberin ist es in einer überaus gründlichen Recherche gelungen, reichhaltige Dokumente von der Beschäftigung mit und der Ehrerweisung von Maria Magdalena zu sammeln. Der hier abgebildete Zeitraum von über 2000 Jahren ist ein Zeugnis der Bedeutung Maria Magdalenas in der christlichen Geisteswelt. *Otto-Heinrich Silber*

Bild 1 *1745–1746 Anonymus Hermannus Contractus, Füllkachel (48 × 31 cm), Schatzkammer, Münster, Insel Reichenau.*

„Aufstehe der ganze holdtönende Chor der überhimmlischen Harfenspieler, der auf jede Weise Gott benedeit mit Alleluia! Zugleich erschalle in den Jubel stärker als gewöhnlich die süße lobtönende Orgel, der Reigen unserer ‚paukenschlagenden Jung-frauen‘. Und zugleich bringen alle, die der einstimmige Christen-glaube in einem Geiste eint, nun Glückwünsche dar beim Fest Mariens von Magdala." *Hermannus Contractus (1013–1054) Maria-Magdalena-Sequenz, ca. 1047*

***Bild 2** ~1520 Bernardino Luini (1480–1532) Maria Magdalena, National Gallery of Art Washington DC*

11

Unter dem Prior Maurus Hummel (1717–1752) erhielt die Benediktinerabtei Reichenau einen prächtigen Steckborner Kachelofen, der in reduzierter Form in der Schatzkammer von Reichenau-Mittelzell erhalten ist. Eine der Füllkacheln, die für den 1745–1746 gesetzten Ofen entworfen und gemalt wurden, zeigt Hermann den Lahmen als alten Mann mit Krücke in der Bibliothek. Er hat einen Band aufgeschlagen, in dem ‚Salve Regina‘ steht. In der Kartusche ist zu lesen: „Beatus Hermannus Contractus Monachus Augiae a devotione Mariae celebris obiit 19. Julii 1054" „Der selige Hermann der Lahme, Mönch der Reichenau, berühmt ob seiner Marienverehrung, starb am 19. Juli 1054." Der Maler hat sich mit dem Schreiben schwer getan (Sal-vR statt Salve etc.) und auch ein falsches Todesdatum geliefert (richtig 24. September 1054), aber doch so eindrucksvoll gearbeitet, dass der Hafner „wegen schönerer als vereinbarter Malerei ein … Trinkgeld erhielt."

Das Hohelied

3. Kapitel 1 Ich suchte des Nachts in meinem Bette, den meine Seele liebet. Ich suchte, aber ich fand ihn nicht. 2 Ich will aufstehen und in der Stadt umgehen auf den Gassen und Straßen und suchen, den meine Seele liebet. Ich suchte, aber ich fand ihn nicht. 3 Es fanden mich die Wächter, die in der Stadt umgehen: Habt ihr nicht gesehen, den meine Seele liebet? 4 Da ich ein wenig vor ihnen über kam, da fand ich, den meine Seele liebet. Ich halte ihn und will ihn nicht lassen, bis ich ihn bringe in meiner Mutter Haus, in meiner Mutter Kammer. 5 Ich beschwöre euch, ihr Töchter zu Jerusalem, bei den Rehen oder Hinden auf dem Felde, dass ihr meine Freundin nicht aufwecket noch reget, bis dass ihr selbst gefällt. 6 Wer ist die, die heraufgehet aus der Wüste, wie ein gerader Rauch, wie ein Geräuch von Myrrhen, Weihrauch und allerlei Pulver eines Apothekers? ... 11 Gehet heraus und schauet an, ihr Töchter Zions, den König Salomo in der Krone, damit ihn seine Mutter gekrönet hat am Tage seiner Hochzeit und am Tage der Freuden seines Herzens. 5. Kapitel 8 Ich beschwöre euch, ihr Töchter Jerusalems, findet ihr meinen Freund, so saget ihm, dass ich vor Liebe krank liege. 9 Was ist dein Freund vor andern Freunden, o du Schönste unter den Weibern? Was ist dein Freund vor andern Freunden, dass du uns so beschworen hast? 6. Kapitel 1 Wo ist denn dein Freund hingegangen, o du Schönste unter den Weibern? Wo hat sich dein Freund hingewandt? So wollen wir mit dir ihn suchen. 2 Mein Freund ist hinabgegangen in seinen Garten, zu den Würzgärtlein, dass er sich weide unter den Gärten und Rosen breche. 7. Kapitel Kehre wieder, kehre wieder, o Sulamith! Kehre wieder, kehre wieder, dass wir dich schauen! Was sehet ihr an Sulamith? Den Reigen

zu Mahanaim. 8. Kapitel Setze mich wie ein Siegel auf dein Herz und wie ein Siegel auf deinen Arm. Denn Liebe ist stark wie der Tod, und Eifer ist fest wie die Hölle. Ihre Glut ist feurig und eine Flamme des Herrn, dass auch viel Wasser nicht mögen die Liebe auslöschen, noch die Ströme sie ersäufen. Wenn einer alles Gut in seinem Hause um die Liebe geben wollte, so gälte es alles nichts.

Nota bene: Man nahm an, dass der Verfasser König Salomo selbst war, der in allegorischer Form die Liebe zwischen Gott und seinem Volk Israel veranschaulichte. Auch die Propheten griffen zur Beschreibung des Verhältnisses zwischen Gott und seinem Volk zum Bild der ehelichen Liebe: Gott als der Liebende und Schützende seiner Braut Israel.

Bild 3 1260 Anonymus Hippokrates im Heiligen Grab, Mauritiusrotunde, Münster Konstanz

Kapitel 7,36 Es bat ihn aber einer der Pharisäer, mit ihm zu essen. Und er ging hinein in das Haus des Pharisäers und setzte sich zu Tisch. 37 Und siehe, eine Frau war in der Stadt, die war eine Sünderin. Als die vernahm, dass er zu Tisch saß im Haus des Pharisäers, brachte sie ein Alabastergefäß mit Salböl 38 und trat von hinten zu seinen Füßen, weinte und fing an, seine Füße mit Tränen zu netzen und mit den Haaren ihres Hauptes zu trocknen, und küsste seine Füße und salbte sie mit dem Salböl. 39 Da aber das der Pharisäer sah, der ihn eingeladen hatte, sprach er bei sich selbst und sagte: Wenn dieser ein Prophet wäre, so wüsste er, wer und was für eine Frau das ist, die ihn anrührt; denn sie ist eine Sünderin. 40 Jesus antwortete und sprach zu ihm: Simon, ich habe dir etwas zu sagen. Er aber sprach: Meister, sag es! 41 Ein Gläubiger hatte zwei Schuldner. Einer war fünfhundert Silbergroschen schuldig, der andere fünfzig. 42 Da sie aber nicht bezahlen konnten, schenkte er's beiden. Wer von ihnen wird ihn mehr lieben? 43 Simon antwortete und sprach: Ich denke, der, dem er mehr geschenkt hat. Er aber sprach zu ihm: Du hast recht geurteilt. 44µ Und er wandte sich zu der Frau und sprach zu Simon: Siehst du diese Frau? Ich bin in dein Haus gekommen; du hast mir kein Wasser für meine Füße gegeben; diese aber hat meine Füße mit Tränen genetzt und mit ihren Haaren getrocknet. 45 Du hast mir keinen Kuss gegeben; diese aber hat, seit ich hereingekommen bin, nicht abgelassen, meine Füße zu küssen. 46 Du hast mein Haupt nicht mit Öl gesalbt; sie aber hat meine Füße mit Salböl gesalbt. 47 Deshalb sage ich dir: Ihre vielen Sünden sind vergeben, denn sie hat viel geliebt; wem aber wenig vergeben wird, der liebt wenig. 48 Und er sprach zu ihr: Dir sind deine Sünden vergeben. 49 Da fingen die an, die mit zu Tisch saßen, und sprachen bei sich selbst: Wer ist dieser, der auch Sünden vergibt? 50 Er aber sprach zu der Frau: Dein Glaube hat dir geholfen; geh hin in Frieden! Kapitel 8, 1 Und es begab sich danach, dass er von Stadt zu Stadt und von Dorf zu Dorf zog und predigte und verkündigte das Evangelium vom Reich Gottes; und die Zwölf waren mit ihm, 2 dazu etliche Frauen, die er gesund gemacht hatte von bösen Geistern und Krankheiten, nämlich Maria, genannt Magdalena, von der sieben Dämonen ausgefahren waren, 3 und Johanna, die Frau des Chuza, eines Verwalters des Herodes, und Susanna und viele andere, die ihnen dienten mit ihrer Habe Kapitel 10,38 Als sie aber weiterzogen, kam er in ein Dorf. Da war eine Frau mit Namen Marta, die nahm ihn auf. 39 Und sie hatte eine Schwester, die hieß Maria; die setzte sich dem Herrn zu Füßen und hörte seiner Rede zu. 40 Marta aber machte sich viel zu schaffen, ihnen zu dienen. Und sie trat hinzu und sprach: Herr, fragst du nicht danach, dass mich meine Schwester lässt allein dienen? Sage ihr doch, dass sie mir helfen soll! 41 Der Herr aber antwortete und sprach zu ihr: Marta, Marta, du hast viel Sorge und Mühe. 42 Eins aber ist not. Maria hat das gute Teil erwählt; das soll nicht von ihr genommen werden.

Kapitel 24, 1 Aber am ersten Tag der Woche sehr früh kamen sie zum Grab und trugen bei sich die wohlriechenden Öle, die sie bereitet hatten. 2 Sie fanden aber den Stein weggewälzt von dem Grab 3 und gingen hinein und fanden den Leib des Herrn Jesus nicht. 4 Und als sie darüber ratlos waren, siehe, da traten zu ihnen zwei Männer in glänzenden Kleidern. 5 Sie aber erschraken und neigten ihr Angesicht zur Erde. Da sprachen die zu ihnen: Was sucht ihr den Lebenden bei den Toten? 6 Er ist nicht hier, er ist auferstanden. Gedenkt daran, wie er euch gesagt hat, als er noch in Galiläa war 7 und sprach: Der Menschensohn muss überantwortet werden in die Hände der Sünder und gekreuzigt werden und am dritten Tage auferstehen. 8 Und sie gedachten an seine Worte. 9 Und sie gingen wieder weg vom Grab und verkündigten das alles den Elf und allen andern Jüngern. 10 Es waren aber Maria Magdalena und Johanna und Maria, des Jakobus Mutter, und die andern Frauen mit ihnen; die sagten das den Aposteln. 11 Und es erschienen ihnen diese Worte, als wär's Geschwätz, und sie glaubten ihnen nicht. 12 Petrus aber stand auf und lief zum Grab und bückte sich hinein und sah nur die Leinentücher und ging davon und wunderte sich über das, was geschehen war.

Die Salbung in Bethanien

Kapitel 26, 6 Als nun Jesus in Betanien war im Hause Simons des Aussätzigen, 7 trat zu ihm eine Frau, die hatte ein Alabastergefäß mit kostbarem Salböl und goss es auf sein Haupt, als er zu Tisch saß. 8 Da das die Jünger sahen, wurden sie unwillig und sprachen: Wozu diese Vergeudung? 9 Es hätte teuer verkauft und das Geld den Armen gegeben werden können. 10 Als Jesus das merkte, sprach er zu ihnen: Was bekümmert ihr die Frau? Sie hat ein gutes Werk an mir getan. 11 Denn ihr habt allezeit Arme bei euch, mich aber habt ihr nicht allezeit. 12 Dass sie dies Öl auf meinen Leib gegossen hat, hat sie getan, dass sie mich für das Begräbnis bereite. 13 Wahrlich, ich sage euch: Wo dies Evangelium gepredigt wird in der ganzen Welt, da wird man auch sagen zu ihrem Gedächtnis, was sie getan hat ... Kapitel 27, 51 Und siehe, der Vorhang im Tempel zerriss in zwei Stücke von oben an bis unten aus. Und die Erde erbebte, und die Felsen zerrissen, 52 und die Gräber taten sich auf und viele Leiber der entschlafenen Heiligen standen auf 53 und gingen aus den Gräbern nach seiner Auferstehung und kamen in die heilige Stadt und erschienen vielen. 54 Als aber der Hauptmann und die mit ihm Jesus bewachten das Erdbeben sahen und was da geschah, erschraken sie sehr und sprachen: Wahrlich, dieser ist Gottes Sohn gewesen! 55 Und es waren viele Frauen da, die von ferne zusahen; die waren Jesus aus Galiläa nachgefolgt und hatten ihm gedient; 56 unter ihnen war Maria Magdalena und Maria, die Mutter des Jakobus und Josef, und die Mutter der Söhne des Zebedäus.

Jesu Grablegung

57 Am Abend aber kam ein reicher Mann aus Arimathäa, der hieß Joseph und war auch ein Jünger Jesu. 58 Der ging zu Pilatus und bat um den Leib Jesu. Da befahl Pilatus, man sollte ihm den geben. 59 Und Joseph nahm den Leib und wickelte ihn in ein reines Leinentuch 60 und legte ihn in sein eigenes neues Grab, das er in einen Felsen hatte hauen lassen, und wälzte einen großen Stein vor die Tür des Grabes und ging davon. 61 Es waren aber dort Maria Magdalena und die andere Maria; die saßen dem Grab gegenüber.

Jesu Auferstehung

Kapitel 28, 1 Als aber der Sabbat vorüber war und der erste Tag der Woche anbrach, kamen Maria Magdalena und die andere Maria, um nach dem Grab zu sehen. 2 Und siehe, es geschah ein großes Erdbeben. Denn ein Engel des Herrn kam vom Himmel herab, trat hinzu und wälzte den Stein weg und setzte sich darauf. 3 Seine Erscheinung war wie der Blitz und sein Gewand weiß wie der Schnee. 4 Die Wachen aber erbebten aus Furcht vor ihm und wurden, als wären sie tot. 5 Aber der Engel sprach zu den Frauen: Fürchtet euch nicht! Ich weiß, dass ihr Jesus, den Gekreuzigten, sucht. 6 Er ist nicht hier; er ist auferstanden, wie er gesagt hat. Kommt und seht die Stätte, wo er gelegen hat; 7 und geht eilends hin und sagt seinen Jüngern: Er ist auferstanden von den Toten. Und siehe, er geht vor euch hin nach Galiläa; da werdet ihr ihn sehen. Siehe, ich habe es euch gesagt. 8 Und sie gingen eilends weg vom Grab mit Furcht und großer Freude und liefen, um es seinen Jüngern zu verkündigen. 9 Und siehe, da begegnete ihnen Jesus und sprach: Seid gegrüßt! Und sie traten zu ihm und umfassten seine Füße und fielen vor ihm nieder. 10 Da sprach Jesus zu ihnen: Fürchtet euch nicht! Geht hin und verkündigt es meinen Brüdern, dass sie nach Galiläa gehen: Dort werden sie mich sehen.

Die Auferweckung des Lazarus

Kapitel 11, 1 Es lag aber einer krank, Lazarus aus Betanien, dem Dorf Marias und ihrer Schwester Marta. 2 Maria aber war es, die den Herrn mit Salböl gesalbt und seine Füße mit ihrem Haar getrocknet hatte. Deren Bruder Lazarus war krank. 3 Da sandten die Schwestern zu Jesus und ließen ihm sagen: Herr, siehe, der, den du lieb hast, liegt krank. 4 Als Jesus das hörte, sprach er: Diese Krankheit ist nicht zum Tode, sondern zur Verherrlichung Gottes, dass der Sohn Gottes dadurch verherrlicht werde. 5 Jesus aber hatte Marta lieb und ihre Schwester und Lazarus. 6 Als er nun hörte, dass er krank war, blieb er noch zwei Tage an dem Ort, wo er war. 7 Danach spricht er zu den Jüngern: Lasst uns wieder nach Judäa ziehen! 8 Die Jünger aber sprachen zu ihm: Rabbi, eben noch wollten die Juden dich steinigen, und du willst wieder dorthin ziehen? 9 Jesus antwortete: Hat nicht der Tag zwölf Stunden? Wer bei Tage umhergeht, der stößt sich nicht; denn er sieht das Licht dieser Welt. 10 Wer aber bei Nacht umhergeht, der stößt sich; denn es ist kein Licht in ihm. 11 Das sagte er, und danach spricht er zu ihnen: Lazarus, unser Freund, schläft, aber ich gehe hin, dass ich ihn aufwecke. 12 Da sprachen die Jünger zu ihm: Herr, wenn er schläft, wird's besser mit ihm. 13 Jesus aber sprach von seinem Tode; sie meinten aber, er rede von der Ruhe des Schlafs. 14 Da sagte ihnen Jesus frei heraus: Lazarus ist gestorben; 15 und ich bin froh um euretwillen, dass ich nicht da gewesen bin, auf dass ihr glaubt. Aber lasst uns zu ihm gehen! 16 Da sprach Thomas, der Zwilling genannt wird, zu den andern Jüngern: Lasst uns mit ihm gehen, dass wir mit ihm sterben! 17 Da kam Jesus und fand Lazarus schon vier Tage im Grabe liegen. 18 Betanien aber war nahe bei Jerusalem, etwa fünfzehn Stadien entfernt. 19 Viele Juden aber waren zu Marta und Maria gekommen, sie zu trösten wegen ihres Bruders. 20 Als Marta nun hörte, dass Jesus kommt, ging sie ihm entgegen; Maria aber blieb im Haus sitzen. 21 Da sprach Marta zu Jesus: Herr, wärst du hier gewesen, mein Bruder wäre nicht gestorben. 22 Aber auch jetzt weiß ich: Was du bittest von Gott, das wird dir Gott geben. 23 Jesus spricht zu ihr: Dein Bruder wird auferstehen. 24 Marta spricht zu ihm: Ich weiß, dass er auferstehen wird bei der Auferstehung am Jüngsten Tage. 25 Jesus spricht zu ihr: Ich bin die Auferstehung und das Leben. Wer an mich glaubt, der wird leben, ob er gleich stürbe; 26 und wer da lebt und glaubt an mich, der wird nimmermehr sterben. Glaubst du das? 27 Sie spricht zu ihm: Ja, Herr, ich glaube, dass du der Christus bist, der Sohn Gottes, der in die Welt kommt. 28 Und als sie das gesagt hatte, ging sie hin und rief ihre Schwester Maria und sprach heimlich zu ihr: Der Meister ist da und ruft dich. 29 Als Maria das hörte, stand sie eilends auf und kam zu ihm. 30 Jesus aber war noch nicht in das Dorf gekommen, sondern war noch dort, wo ihm Marta begegnet war. 31 Als die Juden, die bei ihr im Hause waren und sie trösteten, sahen, dass Maria eilends aufstand und hinausging, folgten sie ihr, weil sie dachten: Sie geht zum Grab, um dort zu weinen. 32 Als nun Maria dahin kam, wo Jesus war, und sah ihn, fiel sie ihm zu Füßen und sprach zu ihm: Herr, wärst du hier gewesen, mein Bruder wäre nicht gestorben. 33 Als Jesus sah, wie sie weinte und wie auch die Juden weinten, die mit ihr kamen, ergrimmte er im Geist und erbebte 34 und sprach: Wo habt ihr ihn hingelegt? Sie sprachen zu ihm: Herr, komm und sieh! 35 Und Jesus gingen die Augen über. 36 Da sprachen die Juden: Siehe, wie hat er ihn so lieb gehabt! 37 Einige aber unter ihnen sprachen: Er hat dem Blinden die Augen aufgetan; konnte er nicht auch machen, dass dieser nicht sterben musste? 38 Da ergrimmte Jesus abermals und kommt zum Grab. Es war aber eine Höhle, und ein Stein lag davor. 39 Jesus spricht: Hebt den Stein weg! Spricht zu ihm Marta, die Schwester des Verstorbenen: Herr, er stinkt schon; denn er liegt seit vier Tagen. 40 Jesus spricht zu ihr: Habe ich dir nicht gesagt: Wenn du glaubst, wirst du die Herrlichkeit Gottes sehen? 41 Da hoben sie den Stein weg. Jesus aber hob seine Augen auf und sprach: Vater, ich danke dir, dass du mich erhört hast. 42 Ich wusste, dass du mich allezeit hörst; aber um des Volkes willen, das umhersteht, sagte ich's, damit sie glauben, dass du mich gesandt hast. 43 Als er das gesagt hatte, rief er mit lauter Stimme: Lazarus, komm heraus! 44 Und der Verstorbene kam heraus, gebunden mit Grabtüchern an Füßen und Händen, und sein Gesicht war verhüllt mit einem Schweißtuch. Jesus spricht zu ihnen: Löst die Binden und lasst ihn gehen! 45 Viele nun von den Juden, die zu Maria gekommen waren und sahen, was Jesus tat, glaubten an ihn.

Die Salbung in Betanien

Kapitel 12, 1 Sechs Tage vor dem Passafest kam Jesus nach Betanien, wo Lazarus war, den Jesus auferweckt hatte von den Toten. 2 Dort machten sie ihm ein Mahl, und Marta diente bei Tisch; Lazarus aber war einer von denen, die mit ihm zu Tisch saßen. 3 Da nahm Maria ein Pfund Salböl von unverfälschter, kostbarer Narde und salbte die Füße Jesu und trocknete mit ihrem Haar seine Füße; das Haus aber wurde erfüllt vom Duft des Öls. 4 Da sprach einer seiner Jünger, Judas Iskariot, der ihn hernach verriet: 5 Warum wurde dieses Öl nicht für dreihundert Silbergroschen verkauft und das Geld den Armen gegeben? 6 Das sagte er aber nicht, weil ihm an den Armen lag, sondern er war ein Dieb; er hatte den Geldbeutel und nahm an sich, was gegeben wurde. 7 Da sprach Jesus: Lass sie. Es soll gelten für den Tag meines Begräbnisses. 8 Denn Arme habt ihr allezeit bei euch; mich aber habt ihr nicht allezeit. 9 Da erfuhr eine große Menge der Juden, dass er dort war, und sie kamen nicht allein um Jesu willen, sondern um auch Lazarus zu sehen, den er von den Toten erweckt hatte. 10 Aber die Hohenpriester beschlossen, auch Lazarus zu töten; 11 denn um seinetwillen gingen viele Juden hin und glaubten an Jesus ... Kapitel 19, 25 Es standen aber bei dem Kreuz Jesu seine Mutter und seiner Mutter Schwester, Maria, die Frau des Klopas, und Maria Magdalena. 26 Als nun Jesus seine Mutter sah und bei ihr den Jünger, den er lieb hatte, spricht er zu seiner Mutter: Frau, siehe, das ist dein Sohn! 27 Danach spricht er zu dem Jünger: Siehe, das ist deine Mutter! Und von der Stunde an nahm sie der Jünger zu sich.

Der Ostermorgen

Kapitel 20, 1 Am ersten Tag der Woche kommt Maria Magdalena früh, als es noch finster war, zum Grab und sieht, dass der Stein vom Grab weggenommen war. 2 Da läuft sie und kommt zu Simon Petrus und zu dem andern Jünger, den Jesus lieb hatte, und spricht zu ihnen: Sie haben den Herrn weggenommen aus dem Grab, und wir wissen nicht, wo sie ihn hingelegt haben. 3 Da gingen Petrus und der andere Jünger hinaus, und sie kamen zum Grab. 4 Es liefen aber die beiden miteinander, und der andere Jünger lief voraus, schneller als Petrus, und kam als Erster zum Grab, 5 schaut hinein und sieht die Leinentücher liegen; er ging aber nicht hinein. 6 Da kam Simon Petrus ihm nach und ging hinein in das Grab und sieht die Leinentücher liegen, 7 und das Schweißtuch, das auf Jesu Haupt gelegen hatte, nicht bei den Leinentüchern, sondern daneben, zusammengewickelt an einem besonderen Ort. 8 Da ging auch der andere Jünger hinein, der als Erster zum Grab gekommen war, und sah und glaubte. 9 Denn sie verstanden die Schrift noch nicht, dass er von den Toten auferstehen müsste. 10 Da gingen die Jünger wieder zu den anderen zurück.

Maria Magdalena

11 Maria aber stand draußen vor dem Grab und weinte. Als sie nun weinte, beugte sie sich in das Grab hinein 12 und sieht zwei Engel in weißen Gewändern sitzen, einen zu Häupten und den andern zu den Füßen, wo der Leichnam Jesu gelegen hatte. 13 Und die sprachen zu ihr: Frau, was weinst du? Sie spricht zu ihnen: Sie haben meinen Herrn weggenommen, und ich weiß nicht, wo sie ihn hingelegt haben. 14 Und als sie das sagte, wandte sie sich um und sieht Jesus stehen und weiß nicht, dass es Jesus ist. 15 Spricht Jesus zu ihr: Frau, was weinst du? Wen suchst du? Sie meint, es sei der Gärtner, und spricht zu ihm: Herr, hast du ihn weggetragen, so sage mir: Wo hast du ihn hingelegt? Dann will ich ihn holen. 16 Spricht Jesus zu ihr: Maria! Da wandte sie sich um und spricht zu ihm auf Hebräisch: Rabbuni!, das heißt: Meister! 17 Spricht Jesus zu ihr: Rühre mich nicht an! Denn ich bin noch nicht aufgefahren zum Vater. Geh aber hin zu meinen Brüdern und sage ihnen: Ich fahre auf zu meinem Vater und eurem Vater, zu meinem Gott und eurem Gott. 18 Maria Magdalena geht und verkündigt den Jüngern: Ich habe den Herrn gesehen, und was er zu ihr gesagt habe.

Die Salbung in Betanien

14, 3 Und als er in Betanien war im Hause Simons des Aussätzigen und saß zu Tisch, da kam eine Frau, die hatte ein Glas mit unverfälschtem und kostbarem Nardenöl, und sie zerbrach das Glas und goss es auf sein Haupt. 4 Da wurden einige unwillig und sprachen untereinander: Was soll diese Vergeudung des Salböls? 5 Man hätte dieses Öl für mehr als dreihundert Silbergroschen verkaufen können und das Geld den Armen geben ... Kapitel 15, 40 Und es waren auch Frauen da, die von ferne zuschauten, unter ihnen Maria Magdalena und Maria, die Mutter Jakobus des Kleinen und des Joses, und Salome, 41 die ihm nachgefolgt waren, als er in Galiläa war, und ihm gedient hatten, und viele andere Frauen, die mit ihm hinauf nach Jerusalem gegangen waren.

Jesu Grablegung

42 Und als es schon Abend wurde und weil Rüsttag war, das ist der Tag vor dem Sabbat, 43 kam Joseph von Arimathäa, ein angesehener Ratsherr, der auch auf das Reich Gottes wartete; der wagte es und ging hinein zu Pilatus und bat um den Leichnam Jesu. 44 Pilatus aber wunderte sich, dass er schon tot war, und rief den Hauptmann und fragte ihn, ob er schon länger gestorben wäre. 45 Und als er's erkundet hatte von dem Hauptmann, überließ er Joseph den Leichnam. 46 Und der kaufte ein Leinentuch und nahm ihn ab vom Kreuz und wickelte ihn in das Tuch und legte ihn in ein Grab, das war in einen Felsen gehauen, und wälzte einen Stein vor des Grabes Tür. 47 Aber Maria Magdalena und Maria, die Mutter des Joses, sahen, wo er hingelegt war.

Die Botschaft von Jesu Auferstehung

Kapitel 16, 1 Und als der Sabbat vergangen war, kauften Maria Magdalena und Maria, die Mutter des Jakobus, und Salome wohlriechende Öle, um hinzugehen und ihn zu salben. 2 Und sie kamen zum Grab am ersten Tag der Woche, sehr früh, als die Sonne aufging. 3 Und sie sprachen untereinander: Wer wälzt uns den Stein von des Grabes Tür? 4 Und sie sahen hin und wurden gewahr, dass der Stein weggewälzt war; denn er war sehr groß. 5 Und sie gingen hinein in das Grab und sahen einen Jüngling zur rechten Hand sitzen, der hatte ein langes weißes Gewand an, und sie entsetzten sich. 6 Er aber sprach zu ihnen: Entsetzt euch nicht! Ihr sucht Jesus von Nazareth, den Gekreuzigten. Er ist auferstanden, er ist nicht hier. Siehe da die Stätte, wo sie ihn hinlegten. 7 Geht aber hin und sagt seinen Jüngern und Petrus, dass er vor euch hingeht nach Galiläa; da werdet ihr ihn sehen, wie er euch gesagt hat. 8 Und sie gingen hinaus und flohen von dem Grab; denn Zittern und Entsetzen hatte sie ergriffen. Und sie sagten niemand etwas; denn sie fürchteten sich.

Erscheinungen des Auferstandenen und Himmelfahrt

9 Als aber Jesus auferstanden war früh am ersten Tag der Woche, erschien er zuerst Maria Magdalena, von der er sieben Dämonen ausgetrieben hatte. 10 Und sie ging hin und verkündete es denen, die mit ihm gewesen waren, die da Leid trugen und weinten. 11 Und als diese hörten, dass er lebe und ihr erschienen sei, glaubten sie nicht. 12 Danach offenbarte er sich in anderer Gestalt zweien von ihnen unterwegs, als sie aufs Feld gingen. 13 Und die gingen auch hin und verkündeten es den andern. Aber auch denen glaubten sie nicht. 14 Zuletzt, als die Elf zu Tisch saßen, offenbarte er sich ihnen und schalt ihren Unglauben und ihres Herzens Härte, dass sie nicht geglaubt hatten denen, die ihn gesehen hatten als Auferstandenen. 15 Und er

sprach zu ihnen: Gehet hin in alle Welt und predigt das Evangelium aller Kreatur. 16 Wer da glaubt und getauft wird, der wird selig werden; wer aber nicht glaubt, der wird verdammt werden. 17 Die Zeichen aber, die folgen werden denen, die da glauben, sind diese: In meinem Namen werden sie Dämonen austreiben, in neuen Zungen reden, 18 Schlangen mit den Händen hochheben, und wenn sie etwas Tödliches trinken, wird's ihnen nicht schaden; Kranken werden sie die Hände auflegen, so wird's gut mit ihnen. 19 Nachdem der Herr Jesus mit ihnen geredet hatte, wurde er aufgehoben gen Himmel und setzte sich zur Rechten Gottes. 20 Sie aber zogen aus und predigten an allen Orten. Und der Herr wirkte mit ihnen und bekräftigte das Wort durch die mitfolgenden Zeichen.

JOSEPHUS FLAVIUS (~37–100)

Vita eremitica

Die „Vita eremitica", als deren Autor im Mittelalter der jüdische Historiker Josephus Flavius (um 37–100) galt, wurde im 11. Jahrhundert weithin bekannt, besonders in den Klöstern, wo man während des Abendgottesdienstes oder bei Mahlzeiten aus ihr vorlas. Bis zum 12. Jahrhundert blieb der genaue Ort der dreißigjährigen Einsamkeit Maria Magdalenas – deren Zweck sich im Lauf der Zeit von Kontemplation in Buße wandelte – in Vézelay ungenannt, doch er wird in einem Berner Manuskript des späten 12. Jahrhunderts identifiziert. Darin heißt es, der Zufluchtsort sei eine große Höhle östlich von Marseille, unweit von Montrieux, gewesen. Hier, hoch oben im Massiv der Provence, am Berg Sainte-Baume, knapp zwanzig Kilometer von Saint-Maximin entfernt, war eine Grotte, die bis 1170 nur eine einzige Schirmherrin gehabt hatte: die Jungfrau Maria. In der Version von Vézelay verbrachte Maria Magdalena ihre letzten Tage in der Grotte am Sainte-Baume (Heiliger Balsam), starb jedoch in Aix und wurde dort von Bischof Maximinus beerdigt. Nachdem der Ort der Beisetzung festgelegt worden war, von dem der Mönch Badilon die Gebeine entwendet hatte, brauchte man nur noch eine Erklärung für das Eintreffen Maria Magdalenas in Gallien zu finden. *Susan Haskins*

21: Maria sagte zu Jesus: „Mit wem sind deine Jünger zu vergleichen?" Er sagte: „Sie gleichen kleinen Kindern, die sich auf einem Feld niedergelassen haben, das ihnen nicht gehört. Wenn die Besitzer des Feldes kommen, werden sie sagen: ‚Gebt uns unser Feld zurück!' Sie ziehen sich in ihrem Beisein aus, damit sie es ihnen lassen und ihnen ihr Feld geben. Darum sage ich: Wenn der Hausherr weiß, dass der Dieb kommt, wird er es bewachen vor dessen Kommen und es nicht zulassen, dass er in das Haus, das sein Reich ist, eindringt und seinen Besitz nimmt. Ihr aber seid auf der Hut vor der Welt! Gürtet euch über euren Hüften mit großer Kraft, dass die Räuber keinen Weg finden, zu euch zu kommen, denn den Lohn, den ihr erwartet, werden sie finden. Möge unter euch ein verständiger Mann sein! Als die Frucht reif war, kam er eilends mit seiner Sichel in seiner Hand und schnitt sie ab. Wer Ohren hat zu hören, der soll hören!" 22: Jesus sah Kinder, die gestillt wurden. Er sagte zu seinen Jüngern: „Diese Kleinen, die gestillt werden, sie sind wie die, die in das Königreich eingehen." Sie fragten ihn: „Wenn wir also wie Kinder werden, werden wir in das Königreich eingehen?" Jesus sagte zu ihnen: „Wenn ihr zwei zu einem macht und wenn ihr das Innere wie das Äußere macht und das Äußere wie das Innere, und das, was oben ist, wie das, was unten ist, und wenn ihr das Männliche und Weibliche zu einem einzigen macht, damit nicht männlich männlich und weiblich weiblich sei, wenn ihr ein Auge durch ein Auge ersetzt, eine Hand durch eine Hand, einen Fuß durch einen Fuß und ein Bild durch ein Bild, dann werdet ihr in das Königreich eingehen." 58: Jesus sagte: „Selig ist der Mensch, der gelitten hat. Er hat das Leben gefunden." Vers 114: Simon Petrus sagte zu ihm: „Maria soll von uns weggehen, denn die Frauen sind des Lebens nicht würdig." Jesus sagte: „Seht, ich werde sie anleiten, um sie männlich zu machen, damit sie zu einem lebendigen Geist wird, der euch Männern gleicht. Denn jede Frau, die sich männlich macht, wird eintreten in das Königreich im Himmel." ... 77 Jesus sprach: „Ich bin das Licht, das über allen ist. Ich bin das All; das All ist aus mir hervorgegangen, und das All ist zu mir gelangt. Hebt einen Stein auf, und ihr werdet mich finden, spaltet ein Holz, und ich bin da." *Katharina Ceming / Jürgen Werlitz*

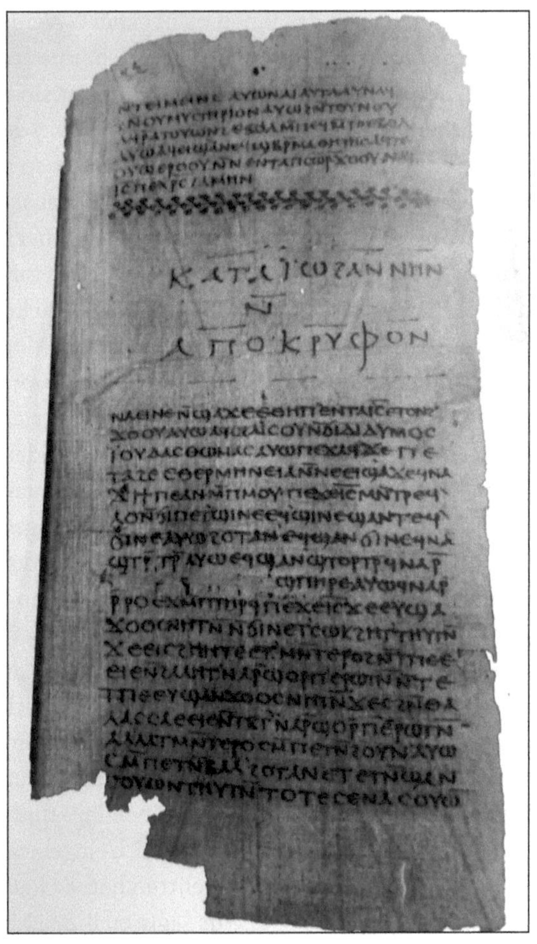

Bild 4 *Thomas-Evangelium, im Dezember 1945 in Nag Hammadi, Oberägypten gefunden, Koptisches Museum Kairo*

30

12. Kapitel 50. In der Morgenfrühe des Herrentages aber nahm Maria Magdalena, die Jüngerin des Herrn – aus Furcht vor den vor Zorn glühenden Juden hatte sie am Grab des Herrn nicht das getan, was Frauen an den von ihnen geliebten Toten zu tun pflegten –, 51. die Freundinnen mit sich und ging zum Grab, wo man ihn hingelegt hatte. 52. Trotz ihrer Angst, die Juden könnten sie sehen, sagten sie: „Wenn wir auch nicht an jenem Tag, an dem er gekreuzigt wurde, weinen und trauern konnten, so wollen wir das doch jetzt an seinem Grabe nachholen. 53. Wer aber wird uns denn den Stein, der vor dem Eingang des Grabes liegt, wegrollen, damit wir hineingehen, uns neben ihn setzen und unsere Verpflichtungen erfüllen können?" 54. – Gewaltig war nämlich der Stein. – Auch haben wir Angst, dass uns jemand ... [verschollen] – 13. Kapitel 55. Bei ihrer Ankunft fanden sie das Grab geöffnet. Als sie näher traten und sich dorthin vorbeugten, sahen sie inmitten des Grabes einen Jüngling sitzen, schön und mit einem leuchtenden Gewand bekleidet, der zu ihnen sprach: 56. „Warum seid ihr gekommen? Wen sucht ihr? Doch nicht etwa jenen Gekreuzigten? Er ist auferstanden und weggegangen. Wenn ihr es aber nicht glaubt, so beugt euch vor und schaut den Platz an, an dem er lag: Er ist nicht da. Denn er ist auferstanden und dorthin gegangen, woher er gesandt worden ist." 57. Da ergriffen die Frauen entsetzt die Flucht. 14. Kapitel 58. Am letzten Tag der Ungesäuerten Brote machten sich viele auf den Heimweg, als das Fest zu Ende war. 59. Wir aber, die zwölf Jünger des Herrn, weinten und trauerten, und ein jeder zog sich voll Trauer über das, was sich zugetragen hatte, in sein Haus zurück. 60. Ich aber, Simon Petrus, und mein Bruder Andreas gingen mit unseren Netzen ans Meer, und mit uns war Levi, der Sohn des Alphäus, den der Herr ...[verschollen] *Katharina Ceming / Jürgen Werlitz*

Bild 5 *Evangelistar: Perikopenbuch Heinrichs II., Bayerische Staatsbibliothek Clm 4452 folio 116v, Reichenau, ca. 1007–1012*

Cap. 17. Als er nun dieses zu seinen Jüngern gesagt hatte, sprach er zu ihnen: „Wer Ohren hat zu hören, der höre." Es geschah nun, als Maria diese Worte den Erlöser hatte sagen hören, starrte sie eine Stunde lang in die Luft und sprach: „Mein Herr, befiehl mir, dass ich offen rede." Es antwortete Jesus, der Barmherzige, und sprach zu Maria: „Maria, Du Selige, welche ich in allen Mysterien derer von der Höhe vollenden werde, rede offen, Du, deren Herz mehr als alle Deine Brüder auf das Himmelreich gerichtet ist." Cap. 18. Da sprach Maria zum Erlöser: „Mein Herr, das Wort, welches Du zu uns gesagt hast: ‚Wer Ohren hat zu hören, der höre', sagst Du, damit wir das Wort, welches Du gesagt hast, begreifen" ... Cap. 19 Es geschah nun, als Maria diese Worte zu sagen beendet hatte, sprach er: „Vortrefflich, Maria! Du bist selig vor allen Weibern, die auf Erden, weil du Fülle aller Füllen und Vollendung aller Vollendungen sein wirst." Als aber Maria den Erlöser diese Worte hatte sagen hören, jubelte sie sehr, und trat vor Jesus, fiel vor ihm nieder, betete seine Füße an ... Cap. 34 Es geschah nun, als Maria diese Worte zu Jesus inmitten der Jünger zu sagen beendet hatte, sprach sie zu ihm: „Mein Herr, dies ist die Auflösung des Mysteriums der Reue der Pistis Sophia." Es geschah nun, als Jesus Maria diese Worte hatte sagen hören, sprach er zu ihr: „Vortrefflich, Maria! Du Selige, die Fülle oder die allselige Fülle, diese, welche in allen Geschlechtern selig gepriesen werden wird." ... Cap. 43. Als nun Jesus dies gesagt hatte, sprach er zu seinen Jüngern. „Wer Ohren hat zu hören, der höre." Es stürzte wiederum Maria vor, trat in die Mitte, stellte sich bei Philippus hin und sprach zu Jesus: „Mein Herr, mein Lichtbewohner hat Ohren, und ich bin bereit mit meiner Kraft zu hören, und ich habe das Wort begriffen, welches Du gesagt hast. Jetzt nun, mein Herr, höre, auf dass ich offen rede.

Du hast zu uns gesagt: ‚Wer Ohren hat zu hören, der höre.‘ In betreff des Wortes, das Du zu Philippus gesagt hast: ‚Du und Thomas und Matthäus sind es, welchen dreien euch durch das erste Mysterium aufgetragen ist, alle Reden des Lichtreiches zu schreiben und dafür zu zeugen‘, höre nun, damit ich verkündige die Auflösung dieses Wortes, dieses ist, das Deine Lichtkraft einst durch Moses prophezeit hat: ‚Durch zwei und drei Zeugen soll jede Sache festgestellt werden. Die drei Zeugen sind Philippus und Thomas und Matthäus.‘“ … Cap. 62. Es sprach Maria: „Mein Herr, die Gnade und die Wahrheit begegneten einander. Die Gnade nun ist der Geist, der über Dich gekommen ist, als Du von Johannes die Taufe empfangen hast. Die Gnade ist der Geist der Gottheit, der über Dich gekommen ist; er hat sich des Menschengeschlechtes erbarmt, ist heruntergekommen und ist der Kraft des Sabaoth, des Guten, begegnet, die in Dir ist, diese, welche über die wahren Örter gepredigt hat. Es heißt aber ferner: ‚Die Gerechtigkeit und der Friede küßten einander‘ – die Gerechtigkeit nun ist der Geist des Lichtes, der über Dich gekommen ist und die Mysterien der Höhe gebracht hat, um sie dem Menschengeschlecht zu geben. Der Friede dagegen ist die Kraft des Sabaoth, des Guten, die in Dir ist, – dieser, welcher getauft und dem Menschengeschlecht vergeben hat, und sie hat sie mit den Kindern des Lichtes friedlich gemacht. Und ferner, wie Deine Kraft durch David gesagt hat: ‚Die Wahrheit sproßte aus der Erde hervor‹, d. i. die Kraft des Sabaoth, des Guten, welche aus Deiner Mutter Maria, der Erdbewohnerin, hervorsproßte. Die Gerechtigkeit, die vom Himmel herabblickte, ist dagegen der in der Höhe befindliche Geist, der alle Mysterien aus der Höhe gebracht und sie dem Menschengeschlechte gegeben hat; sie wurden gerecht und haben das Lichtreich ererbt.“ … Cap. 72. Es geschah nun, als das erste Mysterium diese Worte den Jüngern zu sagen beendet hatte, trat Maria vor und sprach: „Mein Herr, mein Verstand ist allezeit verständig, um jedesmal vorzutreten und die Auflösung der Worte, die sie gesagt hat, zu verkünden, aber ich fürchte mich vor Petrus, weil er mir droht und unser Geschlecht hasst.“ Als sie aber dieses gesagt hatte, sprach das erste Mysterium zu ihr: „Ein jeder, der mit dem Lichtgeiste erfüllt sein wird, um vorzutreten und die Auflösung von dem, was ich sage, zu verkünden, – niemand wird ihn hindern können. Jetzt nun, Du o Maria, verkünde die Auflösung der Worte, die die Pistis Sophia gesagt hat." Es antwortete nun Maria und sprach zum ersten Mysterium inmitten der Jünger: „Mein Herr, was die Auflösung der Worte anbetrifft, die die Pistis Sophia gesagt, so hat Deine Lichtkraft sie einst durch David prophezeit: 1. Ich werde Dich erheben, o Herr, denn Du hast mich aufgenommen, und nicht hast Du meine Feinde über mich erfreut. 2. O Herr, mein Gott, ich schrie hinauf zu Dir, und Du hast mich geheilt. 3. O Herr, Du hast meine Seele aus der Unterwelt hinaufgeführt, hast mich gerettet vor denen, die in die Grube hinabgestiegen sind." ... Cap. 96. „Doch Maria Magdalena und Johannes, der Jungfräuliche, werden alle meine Jünger und alle Menschen, die die Mysterien vom Unaussprechlichen empfangen, überragen. Und sie werden zu meiner Rechten und zu meiner Linken sein. Und ich bin sie und sie sind ich." ... Cap. 125. ... Jesus: „Deswegen nun verkündet der ganzen Welt und saget ihnen: Ringet danach, der ganzen Welt und der ganzen in ihr befindlichen Materie zu entsagen, auf dass ihr die Mysterien des Lichtes empfanget, bevor die Zahl der vollkommenen Seelen vollendet ist, damit man euch nicht vor der Tür des Lichttores stehen lässt und euch zu der äußeren Finsternis führt. Jetzt nun, wer Ohren hat zu hören, der höre." Als nun dieses der Erlöser gesagt hatte, stürzte wiederum Maria vor und sprach: „Mein Herr, nicht nur mein Lichtmensch hat Ohren, sondern es hat meine Seele gehört und begriffen alle Worte, die Du sagst. Jetzt nun, mein Herr, in betreff der Worte, die Du gesagt hast: Verkündet den Menschen der Welt und saget ihnen: Ringet danach, die Mysterien des Lichtes in dieser bedrängten Zeit zu empfangen, damit ihr das Lichtreich ererbt." Cap. 126. Es fuhr wiederum Maria fort und sprach zu Jesus: „In welchem Typus ist die äußere Finsternis oder vielmehr wieviel Straförter sind in ihr?" Es antwortete aber Jesus und sprach zu Maria: „Die äußere Finsternis ist ein großer Drache, dessen

Schwanz in seinem Munde, indem sie außerhalb der ganzen Welt ist und die ganze Welt umgibt."

Nota bene: Die Pistis Sophia berichtet, dass Jesus Christus noch elf Jahre nach der Auferstehung auf Erden gewirkt habe, und seine Jünger dabei die erste Stufe der Mysterien lehren konnte. Der Text beginnt mit einer Allegorie von Tod und Auferstehung Christi, die zugleich den Auf- und Abstieg der Seele beschreibt. Später werden die wichtigsten Gestalten der gnostischen Kosmologie behandelt und 32 fleischliche Begierden aufgezählt, die überwunden werden müssen, um Erlösung zu erlangen. Die Pistis Sophia gibt dem Archon Sabaoth ihre Tochter Zoe, die Lebenssophia, zur weiblichen Ergänzung. Pistis Sophia ist einer der ersten gnostischen Texte und hat Carl Gustav Jung beeinflusst.

Seiten 1–6 fehlen – Seite 7 [...] „Was ist die Materie? Wird sie ewig währen?" Der Erlöser antwortete: „Alles Geborene, alles Geschaffene, alle Elemente der Natur sind miteinander verwoben und verbunden. Alles Zusammengesetzte wird sich auflösen; alles geht zu seinen Wurzeln zurück; die Materie wird zu den Ursprüngen der Materie zurückkehren. Wer Ohren hat zu hören, der höre!" Petrus sprach zu ihm: „Da du uns die Elemente und Ereignisse der Welt deutest, so sage uns: Was ist die Sünde der Welt?" Der Erlöser sprach: „Es gibt keine Sünde. Ihr seid es, die der Sünde Bestand verleiht, wenn ihr den Gewohnheiten eurer ehebrecherisch verderbten Natur folgt; da ist die Sünde. Deshalb ist die Güte in eurer Mitte erschienen; sie hat sich mit den Elementen eurer Natur verbunden, um sie wieder mit ihren Wurzeln zu vereinen." Weiter fuhr er fort und sprach: „Deshalb leidet ihr und deshalb werdet ihr sterben, das ist die Folge eurer Taten; ihr tut, was euch entfernt ... Wer es fassen kann, der fasse es!" Seite 8 „Das Haften an der Materie erzeugt eine Leidenschaft gegen die Natur. So entsteht im ganzen Leib Verwirrung; deshalb sage ich euch: Seid in Harmonie! Wenn ihr verwirrt seid, lasst euch von den Bildern eurer wahren Natur leiten. Wer Ohren hat zu hören, der höre!" Als der Selige dies gesagt hatte, segnete er sie alle und sprach: „Friede sei mit euch – möge mein Friede in euch erweckt und vollendet werden! Seid wachsam, damit niemand euch in die Irre führe, mit Worten wie: ‚Seht hier, seht da.' Denn in eurem Innern wohnt der Menschensohn; folget ihm nach: Wer ihn sucht, der wird ihn finden. Erhebt euch! Verkündet das Evangelium vom Reich Gottes!"

Seite 9 „Stellt keine Regel auf, außer der, deren Zeuge ich war. Fügt den Gesetzen dessen, der die Thora gegeben hat, keine Gesetze hinzu, um nicht zu ihren Sklaven zu werden." Nach diesen Worten verließ er sie. Die Jünger aber waren betrübt; sie vergossen viele Tränen und sagten: „Wie sollen wir uns zu den Heiden begeben und ihnen das Evangelium vom Reiche des Menschensohns verkünden? Sie haben ihn nicht verschont; wie sollten sie uns dann verschonen?" Da erhob sich Maria, umarmte sie alle und sprach zu ihren Geschwistern: „Seid nicht in Sorge und Zweifel, denn seine Gnade wird euch begleiten und beschützen. Lasst uns vielmehr seine Größe preisen, denn er hat uns bereit gemacht. Er ruft uns auf, vollkommene Menschen zu werden." Mit diesen Worten wendete Maria ihren Sinn zur Güte, und sie ließen sich von den Worten des Erlösers erleuchten. Seite 10 Da sprach Petrus zu Maria: „Schwester, wir wissen, dass der Erlöser dich geliebt hat, anders als die übrigen Frauen. Sage uns die Worte, die er dir anvertraut hat, an die du dich erinnerst und von denen wir keine Kenntnis haben." Maria antwortete und sprach zu ihnen: „Was euch zu hören verwehrt blieb, das will ich euch verkündigen. Ich sah den Erlöser in einer Vision, und ich sagte zu ihm: ‚Herr, ich schaue dich heute in dieser Erscheinung.' Er antwortete: ‚Selig bist du, die dich mein Anblick nicht verwirrt. Denn wo der Nous ist, da ist der Schatz.' Da sprach ich zu ihm: ‚Herr, sage mir nun, wer deine Erscheinung schaut, in diesem Moment, sieht er sie durch die Psyche [Seele] oder durch das Pneuma [Geist]?' Der Erlöser antwortete und sprach: ‚Weder durch Seele noch durch Pneuma; sondern durch den Nous, der zwischen diesen beiden steht, er ist es, der sieht, und er ist es auch, der'" [... Seiten 11–14 fehlen] Seite 15 „‚Ich habe dich nicht herabsteigen sehen, nun aber sehe ich dich aufsteigen', sprach die Begierde. ‚Warum lügst du, wo du doch zu mir gehörst?' Die Seele antwortete: ‚Ich habe dich wohl gesehen, aber du, du hast mich nicht gesehen. Du hast mich nicht erkannt; ich war mit dir wie mit einem Gewand, und du hast mich nicht gespürt.' Als sie das gesagt hatte, zog sie jubelnd weiter. Darauf gelangte sie zum dritten Klima, das Unwissenheit heißt; die wollte die Seele aushorchen und fragte sie: ‚Wohin gehst du? Bist du nicht einer schlechten Neigung gefolgt? Ja, du warst ohne Verstand, und du warst unterjocht.' Da sprach die Seele: ‚Warum richtest du mich? Ich habe nicht gerichtet. Man hat mich beherrscht, obwohl ich nicht beherrscht habe; man hat mich nicht erkannt, aber ich selbst habe erkannt, dass alles Zusammengesetzte zerfallen wird, sowohl die irdischen als auch die himmlischen Dinge.'" Seite 16 „Vom dritten Klima befreit setzte die Seele ihren Aufstieg fort. Sie erblickte das vierte Klima. Das hatte sieben Gestalten: Die erste Gestalt ist die Finsternis; die zweite die Begierde; die dritte die Unwissenheit; die vierte die tödliche Eifersucht; die fünfte die Herrschaft des Fleisches; die sechste der törichte Wahn; die siebte die arglistige Klugheit. Dies sind die sieben Gestalten des Zorns, welche die Seele mit Fragen bedrängen: ‚Woher kommst du, Menschentöterin? Wohin gehst du, Raumüberwinderin?' Die Seele antwortete und sprach: ‚Was mich bedrängte, ist beseitigt worden; was mich umstellte, ist verschwunden, meine Begierde ist nun besänftigt, und ich wurde von meiner Unwissenheit befreit.'" Seite 17 „Die eine Welt verließ ich dank einer anderen Welt; die eine Gestalt ist verblichen durch eine höhere Gestalt. Künftig werde ich die Ruhe erlangen, dort, wo die Zeit in der Ewigkeit der Zeit ruht. Ich werde in die Stille eingehen.'" Nach diesen Worten schwieg Maria. Denn das war alles, was der Erlöser mit ihr gesprochen hatte. Da ergriff Andreas das Wort und wandte sich an seine Brüder: „Sagt, was denkt ihr über das, was sie uns gerade erzählt hat? Ich jedenfalls glaube nicht, dass der Erlöser so gesprochen hat; diese Gedanken sind anders als die, die wir gekannt haben." Petrus fügte hinzu: „Ist es möglich, dass der Erlöser so mit einer Frau geredet hat, über Geheimnisse, die wir nicht kennen? Sollen wir unsere Gewohnheiten ändern und alle auf diese Frau hören? Hat er sie wirklich erwählt und uns vorgezogen?" Seite 18 Da weinte Maria. Sie sprach zu Petrus: „Mein Bruder Petrus, was geht in deinem Kopf vor? Glaubst du, ich hätte mir ganz allein in meinem Sinn diese Vision ausgedacht oder ich würde über unseren Erlöser Lügen verbreiten?" Da ergriff Levi das Wort: „Petrus, du bist schon immer aufbrausend gewesen, und jetzt sehe, wie du dich gegen diese Frau ereiferst, so wie es unsere Widersacher tun. Wenn der Erlöser sie aber würdig gemacht hat, wer bist dann du, sie zurückzuweisen? Gewiss kennt der Erlöser sie ganz genau. Deshalb hat er sie mehr geliebt als uns. Vielmehr sollten wir Reue zeigen und das menschliche Wesen in seiner Vollkommenheit verwirklichen; Möge es Wurzel in uns fassen und wachsen, wie er uns aufgetragen hat. Lasst uns aufbrechen, das Evangelium zu verkünden, ohne andere Regeln und Gesetze aufstellen zu wollen als die, deren Zeuge er war." Seite 19 Als Levi diese Worte gesprochen hatte, machten sie sich auf den Weg, um das Evangelium zu verkünden.

Zum Abschluss sollte aber noch das im Jahr 1954 publizierte Evangelium der Maria der Berliner Papyrussammlung erwähnt werden (aus Papyrus Berolinensis 8502). Unabhängig von der koptischen Übersetzung existieren noch zwei kleinere griechische Fragmente aus dem 3. Jh. n. Chr., entstanden ist die Schrift wahrscheinlich schon im 2. Jh. n. Chr. entweder in Ägypten oder Syrien. Maria ist dort nicht nur diejenige, die der Erlöser mehr liebte als die anderen Frauen, sondern die auch mehr Wissen von ihm erhalten hat als die anderen Jünger. Am Ende ist der arme Petrus richtig eifersüchtig und wird von einem der Jünger zurechtgewiesen:

„Petrus, du bist von je her aufbrausend. Nun sehe ich, wie du dich gegen die Frau ereiferst wie die Widersacher. Wenn der Erlöser sie aber würdig gemacht hat, wer bist denn du, dass du sie verwirfst? Sicher kennt der Erlöser sie ganz genau. Deshalb hat er sie mehr als uns geliebt ..."

Die moderne Geschichte dieser alten Bücher aus dem Morgenland könnte Bibliotheken füllen. Papyrus Berolinensis 8502 wurde bereits 1896 im Antikenhandel in Kairo erworben. Der in Wien wirkende Koptologe Carl Schmidt (liebevoll „Kopten-Schmidt" genannt) kündigte 1905 die nahende Publikation an, doch zerstörte 1912 ein Rohrbruch in der Druckerei das Werk. Der I. Weltkrieg verhinderte die Wiederaufnahme der Arbeit und als diese neu aufgenommen wurde, verstarb der große Gelehrte 1938 in Kairo. Nach weiteren Verzögerungen erschien die erste Auflage fast 60 Jahre nach dem Fund. *Siegfried Richter*

Bild 6 *Evangelium nach Maria*
Codex Berolinensis Gnosticus 8502 Papyrussammlung
des Ägyptischen Museums Berlin

Erster Teil des Dialogs 13 Maria sagte: „Herr, siehe, [wenn ich] den Leib trage, woher (kommt es), [dass ich] weine oder woher, dass ich [lache]?" 14 Der Herr sagte: „[Der Leib] weint wegen seiner Werke [und dem, was] übrig bleibt, und der Verstand lacht [über die Früchte des] Geistes. Wenn jemand [nicht in der] Finsternis [steht], wird er [das Licht] sehen können. Ich belehre euch nun, [dass, was kein] Licht [hat], die Finsternis ist. [Und wenn jemand nicht] in [der Finsternis] steht, [wird er] das Licht [nicht] sehen [können]. [Die Kinder aber der] Lüge wurden (weg) genommen aus [...] ... [nach] ihr, werdet ihr [euch bekleiden mit Licht,] und [so] existiert [ihr] in Ewigkeit. [...] ... [Wenn ihr] einem [gleicht], [der] niemals [existiert hat], dann werden euch die Kräfte [mißhandeln], [alle], die oben sind und die, die unten sind. An jenem Ort [wird] Weinen und [Knirschen] der Zähne sein über das Ende von dem [allen]."

Dritter Teil des Dialogs 25 Maria fragte ihre Brüder [:] „Diese Dinge, wonach ihr den Sohn [des Menschen] fragt, wo werdet ihr sie lassen?" 26 [Der] Herr [sagte] zu ihr: „Schwester, [niemand] wird danach fragen können [ausgenommen] der, der (einen) Platz hat, sie in sein Herz zu legen, [und vermag] [aus der Welt] herauszukommen (und) hineinzugehen zum Ort [des Lebens], so dass [er] nicht niedergehalten wird [in] dieser armseligen Welt."

Vierter Teil des Dialogs 41 Maria [sagte zu ihm: „Siehe, ich] sehe [das] Böse, [das] sie von Anfang an [berührt,] wenn sie beieinander sind." 42 Der Herr sagte [zu ihr]: „Als du sie gesehen hast, [wurde dein Verstand] groß. Sie werden [dort] nicht bleiben. Wenn du aber den siehst, der in Ewigkeit existiert – jenes ist die große Erscheinung." 76 Der Herr sagte: „Alle Dinge, die ich euch gesagt habe, habt ihr begriffen, und ihr habt sie empfangen im Glauben. Wenn ihr sie erkannt habt, dann sind sie euer. Wenn nicht, dann sind sie euer nicht." 77 Sie sagten zu ihm: „Wie beschaffen ist der Ort, zu dem wir gehen werden?" 78 Der Herr sagte: „Der Ort, [zu dem] ihr gelangen könnt, dort steht!" 79 Maria sagte: „Ist alles, [was] geordnet ist, in dieser Weise sichtbar?" 80 Der Herr sagte: „Ich habe euch gesagt[:], (Nur) der Sehvermögen besitzt, der ist es, der enthüllt." 81 Es fragten ihn seine Jünger, die zwölf: „Lehrer, [in] Gelassenheit [...] lehre uns, [ob ...]." 82 Der Herr sagte: „[Wenn ihr begreift] jegliche Sache, die ich [euch gesagt] habe, werdet ihr [unsterblich] sein, denn ihr [werdet] jegliche Sache [bewahren]." 83 Maria sagte: „Ein einziges Wort ist es, was ich dem Herrn sagen will. Was das Mysterium der Wahrheit betrifft: In diesem stehen wir, aber sind wir den kosmischen (Wesen) sichtbar?" 84 Judas sagte zu Matthäus: „Wir wollen wissen, welche Art Kleidung es ist, mit der wir bekleidet werden, wenn wir aus der Zerstörung des [Fleisches] herausgehen." 85 Der Herr sagte: „Die Archonten [und] die Verwalter haben vergängliche Kleidung, die sie geben, die nicht bleibt. Ihr [aber] als Kinder der Wahrheit bekleidet euch nicht mit der vergänglichen Kleidung! Vielmehr sage ich euch: Ihr werdet selig sein, wenn ihr euch auszieht. Denn es ist keine große Sache, [das, was] äußerlich. [ist, abzulegen]." 86 [Judas (?) sagte [:] „Rede ich (und) empfange (?) ich [...]" 87 Der Herr sagte: „Ja, [der, der] euren Vater [als Gedanken bei sich empfangen wird]." Maria sagte [: „Welcher] Art ist das Senfkorn? Ist es vom Himmel oder von der Erde?" 89 Der Herr sagte: „Als der Vater den Kosmos für sich errichtete, ließ er viel übrig durch die Mutter des Alls. Deshalb sät er und handelt." 90 Judas sagte: „Du hast uns dies gesagt aus der Gesinnung der Wahrheit. Wenn wir beten, auf welche Weise sollen wir beten?" 91 Der Herr sagte [:] „Betet an dem Ort, [wo] keine Frau ist." 92 Matthäus sagte: „Indem er uns sagt: ‚Betet an dem Ort, wo [keine Frau] ist' (meint er): Zerstört die Werke der Weiblichkeit, nicht weil es (eine) andere [Geburt] gibt, sondern weil sie aufhören werden zu [gebären]." 93 Maria sagte: „Werden sie nicht zerstört werden in Ewigkeit?" 94 Der Herr sagte: „[Du] bist es, die weiß, dass sie [wieder] aufgelöst werden und dass [wieder zerstört] werden [die Werke] der [Weiblichkeit an

diesem Ort]." 95 Judas sagte zu Matthäus: „Die Werke der [Weib-
lichkeit] werden aufgelöst werden. [Dann werden] die Archonten
[ihre Orte anrufen]. So werden wir für sie bereit sein."

Bild 7 *Yale Papyrusfragment aus der gnostischen Bibliothek von Nag
Hammadi, Codex III, der den Dialog des Erlösers enthält (Yale Beinecke
Library); in: https://anthrowiki.at/Datei:Dialogue_of_the_Savior.jpg*

Hoheliedkommentar Buch II, 1,37

Selig sind also die Frauen Salomos, zweifellos die Seelen, die des Wortes Gottes und seines Friedens teilhaftig werden, selig seine Knaben, die sich immer in seiner Nähe aufhalten. Nicht die, die manchmal da sind und manchmal nicht da sind, sondern die, die sich immer und ohne Unterlass beim Wort Gottes aufhalten, sind wahrhaftig selig. So war auch jene Maria, die zu Füßen Jesu saß und ihm zuhörte, der auch der Herr selbst das Zeugnis ausstellt, indem er zu Martha sagt: „Maria hat den besten Teil gewählt, der ihr nicht genommen werden wird.“

Buch II, 5

„Erkenne dich selbst!“ Die Erkenntnis der Regungen und des Wesens der gottesebenbildlichen schönen Seele, die für sich selbst Sorge trägt, als höchste Glückseligkeit.

5,1. „Wenn du dich nicht erkennst, du gute“ – oder ‚schöne‘ – „unter den Frauen, geh hinaus auf den Spuren der Herden und weide deine Böcke bei den Zelten der Hirten!“ Von einem der Sieben, deren in der Weisheit überragender Ruhm bei den Griechen gefeiert wird, soll unter anderem dieser wunderbare Spruch stammen, der lautet: „Wisse um dich selbst!“ oder „Erkenne dich selbst!“ 2. Was jedoch Salomo betrifft, von dem wir in unserem Vorwort dargelegt haben, dass er diesen allen zeitlich wie auch an Weisheit und an Erkenntnis der Wirklichkeit vorangeht, so sagt er, indem er zur Seele wie zu einer Frau mit einer Art Drohung spricht: Wenn du dich selbst nicht erkennst, du schöne unter den Frauen, und nicht verstehst, dass die Gründe für deine Schönheit daher stammen, dass du nach dem Bild Gottes geschaffen bist, wodurch dir sehr viel natürliche Anmut innewohnt.

Buch II, 9,3

Wir wollen hier die Braut, die Kirche, als die Person der Maria ansehen, von der jedenfalls ganz passend erzählt wird, sie habe ein Pfund kostbaren Nardensalböls gebracht und die Füße Jesu gesalbt und mit ihren Haaren abgewischt, und irgendwie habe sie durch das Haar ihres Hauptes für sich selbst das Salböl, das von der Qualität und Kraft seines Leibes imprägniert worden war, zurückbekommen und wiedergewonnen, und indem sie durch das Salböl nicht so sehr den Geruch des Nardenöls als vielmehr den des Wortes Gottes selbst mit ihren Haaren, mit denen sie die Füße abtrocknete, an sich zog, habe sie nicht so sehr den Duft des Nardenöls als vielmehr den Duft Christi auf ihr Haupt getan und gesagt: Mein Nardenöl, das auf den Leib Christi getan wurde, gab mir den Geruch von ihm zurück. 4. Sieh schließlich, wie diese Dinge geschildert werden: „Maria", heißt es, „brachte ein Pfund kostbaren Nardensalböls und salbte die Füße Jesu und trocknete sie mit den Haaren ihres Hauptes. Das Haus aber", heißt es, „war ganz erfüllt vom Geruch des Öls." 5. Das weist gewiss darauf hin, dass der Geruch der Lehre, der von Christus ausgeht, und der Duft des Heiligen Geistes das ganze Haus dieser Welt oder das Haus der ganzen Kirche erfüllt hat. Doch sicherlich hat er das ganze Haus jener Seele erfüllt, die am Geruch Christi Anteil erhalten hat, indem sie zuerst die Gabe ihres Glaubens wie Nardensalböl dargebracht und daraus die Gnade des Heiligen Geistes und den Duft der geistigen Lehre zurückbekommen hat. 6. Was macht es also für einen Unterschied, ob im Hohelied die Braut den Bräutigam mit Salböl salbt oder im Evangelium die Jüngerin den Meister, Maria Christus, in der Hoffnung, wie wir gesagt

haben, dass von dieser Salbe der Geruch des Wortes und der
Duft Christi zu ihr zurückkehrt, wie sie auch selbst sagt: „Wir
sind ein Wohlgeruch für Gott?“ 7. Und da dieses Salböl voll von
Glauben und kostbarer Zuneigung war, deswegen stellte auch
Jesus ihr das Zeugnis aus: „Ein gutes Werk wurde an mir getan.“

Spruch 32: Es waren drei, die allezeit mit dem Herrn wandelten: Maria, seine Mutter, und ihre Schwester und Magdalene, die man seine Gefährtin nennt. Denn eine Maria ist seine Schwester und seine Mutter und seine Gefährtin. Spruch 55: Die Sophia, die man „die Unfruchtbare" nennt, sie ist die Mutter der Engel. Und die Gefährtin von Christus ist Maria Magdalena. Der Herr liebte sie mehr als alle anderen Jünger, und er küßte sie oftmals auf ihren Mund. Die übrigen Jünger, sie sagten zu ihm: „Weshalb liebst du sie mehr als uns alle?" Es antwortete der Erlöser, er sprach zu ihnen: „Weshalb liebe ich euch nicht so wie sie?"

Bild 8 *Heilige Maria Magdalena,*
Ikonenmosaik, © Maxsyd | Dreamstime.com

Hippolyt folgt insoweit der frühjüdischen Auslegungstradition, als auch er die Synagoge in der Rolle der Braut sieht, die allerdings durch die Kirche abgelöst worden ist. So ist für ihn die um den Kuss des Bräutigams bittende Braut ein Symbol für das um die Gegenwart des himmlischen Wortes bittende „Volk", weil es, durch den Kuss mit dem göttlichen Wort verbunden, den Heiligen Geist von ihm empfangen will, wobei der Begriff des bittenden Volkes bei Hippolyt wohl bewusst in der Schwebe bleibt. So ist für Hippolyt die Braut des Hohelieds deshalb schön, „weil ihr die Sünde vergeben ist", ohne dass sie eindeutig mit der Kirche identifiziert wird. Überhaupt wird eine solche Identifikation nur an einer Stelle explizit vorgenommen: In der Auslegung von Hld. 3,6: „Wer steigt da heraus aus der Wüste?", betont Hippolyt, dass es die Kirche sei, die aus der Wüste hervorsteige, damit sie für Christus zu einer Stadt werde. Damit sind seiner Meinung nach die Heiden gemeint, die lange Zeit für Gott eine Wüste waren, aber nun durch die Gnade Christi eine mit vielen Heiligen angefüllte Stadt Gottes geworden sind. Andererseits kann Hippolyt auch die jungen Frauen, die den Bräutigam lieben (Hld. 1,2), mit den „Kirchen", deren Gewand der Glaube der Kirchen ist, gleichsetzen. In Maria und Martha bekennt sich die Synagoge zur Auferstehung Christi, erst in der Ablehnung Christi trennen sich in Hippolyts Augen Synagoge und Kirche ... Eine ähnliche typologische Exegese, die die Aussagen des Hohelieds als Weissagungen über Christi Inkarnation und Wirken auf Erden bezieht, wendet Hippolyt auch auf die Aussage von Hld. 3,1.3: „Des Nachts suchte ich nach dem, den meine Seele liebgewonnen hat, ich fragte nach ihm und fand ihn nicht. Es fanden mich die Wächter, die die Stadt bewachten" im Blick auf das Geschehen nach Jesu Auferstehung an, als Maria und Martha den toten Jesus im Grab suchten und ihn dort nicht fanden und die Engel ihnen die Botschaft von der Auferstehung verkündigten (Lk. 24,1–11.22). In dieser Auslegung sind die den Gekreuzigten suchenden Frauen nicht nur als Maria und Martha benannt, sondern zugleich als Urbild der nach Christus fragenden Synagoge bezeichnet, die zugleich mit der Kirche gleichgesetzt zu werden scheint.

Hippolyt und Hohelied

Die Gleichsetzung der Braut oder Freundin des „Hohenliedes" mit Maria Magdalena, die Hippolyt im 3. Jahrhundert vornahm, erfolgt noch heute. Ein Vers aus dem „Hohenlied" gehört zu der Liturgie, mit der man den Festtag der Heiligen am 22. Juli begeht. In dem Text werden die Liebe der Braut zum Bräutigam, Maria Magdalenas leidenschaftliche und unsterbliche Liebe zu Jesus und, allegorisch, die Liebe der Kirche zu Christus besungen. *Susan Haskins*

GREGOR VON NYSSA (~335/340–~394)

Zweite Rede über die Auferstehung
unseres Herrn Jesus Christus

Petrus und Johannes, gläubig geworden durch das, was sie gesehen, kehrten nach Hause zurück, der Maria aber sagten sie nichts. Denn es ordnete der allein Weise es so, dass er sie von ihrem Unglauben mehr durch das, was sie sah, als was sie hörte, zurückbrachte. Sie stand also aussen vor dem Grabe und weinte. Und als sie sich vorwärts neigte, sah sie zwei weiße Engel in schimmerndem Gewande, von denen der eine am Haupte, der andere bei den Füßen saß an der Stelle, wo der Leichnam Jesu geruht hatte. Und obschon sie ihr Weinen hätte in Freude verwandeln sollen, so ließ sie doch von ihren Tränen nicht ab, so dass die Engel wie mit einem Vorwurf sagten: „Weib, warum weinst du?", wie wenn sie sagten: Diese Tränen sind weibisch und zeigen keinen verständigen Sinn. Denn wie läßt sich nach solchem Anblick das Weinen rechtfertigen? Und Jene ließ vom nämlichen Unglauben nicht ab – denn der leidende Zustand dauerte fort, damit sie durch allmählich Zunahme zum Glauben vollkommen gereinigt würde – und sagte zu ihnen: „Weil sie meinen Herrn aus dem Grabe genommen haben und ich nicht weiß, wo sie ihn hingelegt haben." Und als sie das gesagt hatte, wendete sie sich um und sah Jesum stehen und wußte nicht, dass es Jesus wäre, teils weil sie in Folge der Tränen umdunkelt und wie von Finsternis beschwert war, teils weil Jesus es so einrichtete, dass er von ihr nicht erkannt wurde. Deshalb sagte er auch: „Weib, warum weinst du? Wen suchst du?" Jene glaubte, es sei der Gärtner und sagte zu ihm: „Herr, wenn du ihn weggetragen hast, so nenne mir die Stelle, wo du ihn hingelegt, und ich werde ihn fortnehmen." Vielleicht aber hat sie nicht unpassend Jesum für den Gärtner angesehen. Denn in der That war er der wahre und unsterbliche Bebauer des Paradieses, der im Garten des Grabes wie im Paradiese das Weib zur Besserung führte, das aus Ungläubigkeit den Adam, den ersten Gärtner, hintergangen hatte. So ist also alles geheimnisvoll und erfüllt von göttlichem und erhabenem Sinne.

Aber als Maria das gesagt hatte und bei der Aufsuchung des Leichnams krankhaft aufgeregt war und bereits sich zum Rückweg anschickte, da entriß sie Derjenige, welcher bis zur Trennung der Seele und des Geistes, der Knochen und des Markes dringt und die Gesinnungen und Gedanken des Herzens erforscht, da er sie hinlänglich geängstigt sah, durch ein einziges Wort dem Unglauben und stärkte den Blick des Weibes, ihn zu erkennen, indem er nur, da er selbst sie erkannte, an sie gewendet ausrief: Maria! Und plötzlich wendete sie sich um und sprach zu ihm: Rabuni, d. h.: „Meister". Und sie suchte jene göttlichen Füße zu umklammern und vernahm die Worte: „Rühre mich nicht an, denn ich bin noch nicht zu meinem Vater aufgestiegen." Da du bereits die Gnade dieses Wortes erlangt, will er sagen, und mich mit der andern Maria berührt und angebetet und meine Füße umschlungen hattest, so hast du doch vor mir eine so geringe Achtung gehabt, dass du ungläubig warst, und hattest keine hohe Meinung von mir, sondern suchtest mich noch im Grabe, der ich in göttlicher Kraft oben bei dem Vater war. Und jetzt rühre mich nicht an, wenn du in gleicher Gesinnung glaubst, dass ich noch nicht zum Vater aufgestiegen sei. Denn nach deiner Meinung bin ich noch nicht zum Vater aufgestiegen. Vielmehr gehe zu meinen Brüdern und sage es ihnen: „Ich steige auf zu meinem Vater und euerm Vater, zu meinem Gott und zu euerm Gott." Da ich, will er sagen, dem Fleische nach der Erstgeborne unter vielen Brüdern bin, so will ich jetzt nicht für mich, sondern für euch Brüder dem Leibe nach aufsteigen zu meinem Vater und euerm Vater, zu meinem Gott und euerm Gott. Denn wenn er nicht mein Gott genannt würde, da er in mir die Tadellosigkeit der menschlichen Natur sieht, weil ich die Sünde nicht kenne, wie das Menschengeschlecht im Urzustande, so würde er nicht euer Vater oder der Gott Derjenigen heissen, die ihm entfremdet sind. Deshalb sagte auch Paulus im Brief an die Hebräer: „Denn nicht in ein von Menschenhänden gemachtes Heiligtum, als in das Bild des wahren, ist Christus eingetreten, sondern in den Himmel selbst, um jetzt für uns vor dem Angesichte Gottes zu erscheinen." ...

Es geht nun Maria Magdalena hin und meldet den Jüngern, dass sie den Herrn gesehen und er Dies zu ihr gesprochen hat. Als sie aber angelangt ist und ihre Botschaft hinterbracht hat, findet sie wieder die Maria, die Tochter des Jakobus und der Johanna, und Andere ausser ihnen, welche mit einem Vorrath von Wohlgerüchen und Salben zum Grabe eilten, als das Dunkel wich und der Morgen dämmerte, das heißt mit genauer Noth soeben seinen ersten Anfang nahm, wie Lukas sagt, und indem sie sich zu denselben gesellte, ging sie mit ihnen und schien wegen ihres heissen Verlangens nach Jesus unter ihnen den Vorrang zu haben, da sie von den Evangelisten auch zuerst aufgeführt ist, wegen des Ansehens, das sie hiedurch erlangte. Denn sie hatte das Verlangen, dass auch sie nicht durch Das, was sie von ihr und der andern Maria hören würden, sondern durch die göttliche Erscheinung selbst oder durch die von Engeln zum Glauben an die Auferstehung gelangen möchten, und sie wandelte unter ihnen in vernünftigem Stillschweigen, indem sie zu ihnen auf dem Wege kein Wort sagte, sondern das Zeugnis der Tatsachen abwartete und sich dem Glauben hingab, auch sie würden mit eigenen Augen auf irgend eine besondere Weise sich überzeugen. Und als sie nun den Stein vom Grabe weggewälzt sahen, traten sie ein, und als sie den Leichnam Jesu nicht fanden und in Verlegenheit waren, sahen sie zwei Männer in strahlenden Kleidern vor sich stehen und vernahmen von ihnen die Worte: „Was sucht ihr den Lebenden unter den Todten? Er ist nicht hier, sondern auferstanden" u. s. w. Und sie kehrten, heißt es, vom Grabe zurück und meldeten Dieß alles den Eilfen und allen Übrigen. Aber als ob sie zum großen Haufen gehört hätten, waren sie noch ungläubiger, spotteten über die Meldung und verachteten sie.

Denn ihre Worte erschienen ihnen als leeres Gerede, und sie glaubten ihnen nicht, so dass Petrus bei ihrem Unglauben sich erhob und selbst allmählich in Verwirrung versetzt und schwankend gemacht wieder zum Grabe eilte, hineinschaute und wieder die Leintücher liegen sah wie damals, als er früher hineingetreten war und die Sache genauer in Augenschein genommen hatte, weshalb er sich begnügte, nur hinzuschauen, und, als er keine Änderung wahrnahm, wieder verwundert und erstaunt über den Vorfall und unter Lobpreisungen Desjenigen, der Dieß in's Werk gesetzt hatte, fortging. Und wieder lief Maria Magdalena, wie sie mit den Begleiterinnen der Johanna, welche Salben und Wohlgerüche trugen, die sie vor dem Sabbat hergerichtet hatten, bei der ersten Dämmerung gegangen war, in der nämlichen Weise auch mit Salome, einem zu den übrigen Genannten neu hinzugekommenen Weibe, das wohl spät, aber gleichwohl Wohlgerüche, wenn auch nach dem Sabbat gekauft hatte, unverdrossen mit der nämlichen Gesinnung mit und nahm auch Maria, die Tochter des Jakobus, mit sich, so dass sie auch gemeinsam die Wohlgerüche angekauft zu haben scheinen. Denn da sie den Weg gemeinsam machten, so überlegten sie die ganze Unternehmung gemeinsam. Und ganz frühe am ersten der Sabbate gehen sie zum Grabe.

Nota bene: Gregor von Nyssa setzte die beiden Frauen kurzerhand gleich: Als erste Zeugin der Auferstehung habe Maria Magdalena „durch ihren Glauben wieder aufgerichtet, was sie durch ihren Sündenfall umgestürzt hatte", schrieb der Kirchenlehrer aus Kappadokien, dem heutigen Anatolien.

Brief an die Jungfrau Principia

... und besonders wie Maria von Magdala den Beinamen „gefestigt mit Türmen" wegen ihres Ernstes und ihrer Glaubensstärke erhielt und das Vorrecht genoß, den auferstandenen Christus noch vor den Aposteln als erste zu sehen.

Bild 9 1445 Rogier van der Weyden Die lesende Magdalena

4./5. JH. MANI (216–276/7)

Auch im Manichäismus erhielt Maria Magdalena eine heraus-
ragende Position gegenüber den anderen Jüngern. Sie wird als
„Geist der Weisheit" und sogar als „Netzewerferin" bezeichnet,
die die anderen Jünger, die sich verirrt hatten, wieder einfing.
Maria Magdalena, die auch in zentralasiatischer Tradition als
Myrophore, also Salbenträgerin, bekannt ist, kann als Idealtyp
einer manichäischen Electa betrachtet werden.

Psalm des Herrn Herakleides

(Mariam)me, Mariamme, erkenne mich, (aber) berühre (mich)
nicht. (Stille) die Träne deiner Augen und erkenne, dass ich
dein Meister bin. Berühre mich nur nicht, denn ich habe noch
nicht das Angesicht meines Vaters gesehen. Dein Gott wurde nicht heimlich weggetragen, wie du in deiner Kleinmütig-
keit denkst. Dein Gott ist nicht gestorben, sondern er wurde
Herr über den Tod. Ich bin nicht der Gärtner, ich habe gegeben und habe empfangen Ich bin dir (nicht) erschienen, bis
ich deine Träne und dein Leid sah – Wirf die Traurigkeit weg
von dir, und führe (diesen Di)enst aus: Werde für mich eine
Botin für die (verir)rten Wa(isen). (E)ile freudig und gehe zu
den (El)f. Du wirst sie versammelt finden am Ufer des J(or)
dans. Der Verräter überredete sie, Fisch(er) zu werden, wie
sie es früher waren, und ihre Netze niederzulegen, in (denen)
sie Menschen für das Leben fingen. Sage ihnen: „Erhebt euch,
laßt uns gehen, euer Bruder ist es, der euch ruft!" Wenn sie
meine Bruderschaft verhöhnen, sage ihnen: „Euer Meister ist
es!" Wenn sie mich als Meister unbeachtet lassen, sage ihnen:
„Euer Herr ist es!" Gebrauche alle Kunst und Klugheit, damit

du die Schafe zum Hirten bringst. Wenn du siehst, dass sie verwirrt sind, ziehe dir Simon Petrus hinzu. Sage ihm: Gedenke dessen, was ich zwischen mir und dir ausgesprochen habe. Gedenke dessen, was ich zwischen mir und dir auf dem Ölberg gesagt habe: „Ich habe etwas, was zu sagen ist, aber niemanden, dem ich es sagen könnte." „Rabbi, mein Meister, ich werde deinem Gebot dienen in der Freude meines ganzen Herzens. Ich werde meinem Herzen keine Ruhe, meinen Augen keinen Schlaf und (auch) meinen Füßen keine Ruhe geben, bis ich die Schafe in den Pferch gebracht habe." Die manichäische Versammlung: „Ruhm sei Mariammê, denn sie hat auf ihren Meister gehört, (sie di)ent(e) seinem Gebot in der Freude ihres ganzen Herzens. (Ruhm und) Sieg sei der Seele der glückseligen Maria."

Sarakoton-Psalm 24

Du bist eine Hymnenliebhaberin, du bist eine Musikliebhaberin, du bist eine Geliebte und spielst die Laute. Du (…) Du musizierst zu dem Vater, du spielst die Laute zu dem geliebten Sohn. Du (…) Du musizierst zu der Unsterblichkeit und du spielst die Laute zu dem König des Lebens Du musizierst zu dem Land des Lichts, du spielst die Laute zu der lebendigen Luft. Du (…) Du musizierst zu den Äonen, du spielst die Laute zu den Äonen der Äonen. (…) du musizierst zu dem Baum – du bist eine Geliebte. Du musizierst zu den Festzügen, du spielst die Laute zum Aufstieg. Du musizierst zu dem Thesaurus, du bist diejenige, die die Anordnung verkündet. Du musizierst zu ihnen, die Äonen der (…), die in dem Schweigen sind. (…) der Geist passiert sie … Wind und Tau … ihr Es gibt niemanden der dich sieht, Mutter … Jedes Tor ist geöffnet, Abendmahlzeit … für das Fest. Du (…) Du bist eine Hymnenliebhaberin, du bist eine (…) Laute, (und du mu)sizierst mit ihnen. Du bist eine Hymnenliebhaberin, du bist eine Musikliebhaberin, (d)u bist … sie musizieren mit dir. Du … Die Vollendung ist dies des Psal(ms der) Mar(ihamme. Du ... Die Vollendung, die gut erfüllt ist, ist der Psalm der Liebe des Vaters. Ehre und Ruhm für Jesus, den König der Heiligen. Du ... Und seinen heiligen Erwählten und der Seele der seligen Maria.

Lukaskommentar Achtes Buch
nach Lukas 16,14–19,27

Kapitel 55: allegorisch-mystische Reflexionen „Wo ein Leichnam ist, dort werden sich die Adler sammeln." Wir wollen nun zuerst erwägen, wer die Adler sind, um dann festzustellen, was der Leichnam bedeutet. Die Seelen der Gerechten nämlich werden mit Adlern verglichen, weil diese den Flug zur Höhe richten, das Niedrige verlassen und ein hohes Alter erreichen sollen. Darum spricht auch David zu seiner Seele: „Erneuern soll sich deine Jugend gleich der des Adlers." Haben wir nun die rechte Auffassung über die Adler gewonnen, so können wir über den Leichnam nicht mehr im Zweifel sein, namentlich wenn wir uns erinnern, dass Joseph von Pilatus den Leichnam empfing. „Scheinen dir nicht die Adler um den Leichnam Maria Kleophä und Maria Magdalena und Maria, die Mutter des Herrn, sowie der Kreis der Apostel zu sein? Scheinen sie dir nicht Adler um den Leib zu sein, wenn der Menschensohn mit den Wolken im geistigen Sinn kommen wird und jegliches Auge ihn schauen wird und die, welche ihn durchbohrt haben?" Kapitel 56: Es gibt auch einen Leib, von welchem gesprochen ward: „Mein Fleisch ist wahrhaft eine Speise und mein Blut ist wahrhaft ein Trank." Um diesen Leib schweben Adler, die mit geistigen Fittichen ihn umkreisen. – Auch das sind Adler rings um den Leib, welche glauben, dass Jesus im Fleische gekommen ist; denn „jeder Geist, welcher bekennt, dass Jesus Christus im Fleische gekommen ist, ist von Gott." Wo also der Glaube, da ist das Sakrament, da die Heilstätte der Heiligkeit. – Ein Leib ist auch die Kirche, in welcher wir durch die Taufgnade im Geiste erneuert werden, und der untergehende Abend des Alters zu neuem Lebensmorgen sich verjüngt.

Die zwei mahlenden Frauen (Luk. 17, 35) die Synagoge und die Kirche, bzw. die sündhafte und die tugendhafte Seele; die Mühle diese Welt

Kapitel 48: „Zwei beim Mahlen in der Mühle." Der Sinn zwar ist folgender: es scheinen damit solche bezeichnet zu werden, die insgeheim Nahrungsmittel sich verschaffen und aus der Verborgenheit an die Öffentlichkeit bringen. Dennoch bleibt zu untersuchen, was diese Frauen mahlen: ob nicht dies, was wir bei Jesaias lesen: „Wenn ihr Feinmehl herbeibringt, ist es umsonst." Lasst uns denn prüfen, wer die mahlenden Frauen sind, was sie mahlen, oder was die Mühle bedeutet! Vielleicht bedeutet die Mühle diese Welt. In ihr begegnet uns, wie ich noch passender glaube, das Bild des menschlichen Leibes wieder; in ihr ist unsere Seele gleichsam wie in einem leiblichen Kerker eingeschlossen, um himmlisches Brot, wenn sie damit vorlieb nimmt, zu bereiten. In dieser Mühle nun vermag die der Sündenschuld verfallene Synagoge, bez. die Seele, wenn sie den mürben, durch schwere Nässe verdorbenen Weizen mahlt, dessen inneren Gehalt nicht von der äußeren Kleie zu sondern und wird darum zurückgelassen werden, weil ihr Mehl kein Gefallen fand. Dagegen aber bringt die durch keine Sündenmakel befleckte Kirche, bez. Seele, die solchen Weizen mahlt, der vom warmen Strahl der ewigen Sonne ausgereift ist, den der Herr nach seinem Willen kleidete und die Engel von jedem Stäubchen Unrat reinigten, nur gutes Feinmehl aus dem Inneren des Menschen Gott dar und macht so ihre Opfergaben ihm genehm. Mose in kurzem Gewand schüttet Korn in die Mühle. Das Korn versinnbildet das Gesetz des Alten Testamentes, das den Israeliten am Berg Sinai verkündet wurde. Das Kreuz auf dem Rad der Mühle macht deutlich: Jesus Christus selbst, der Gesetzgeber des Neuen Testamentes, ist die Mühle. Der Apostel Paulus fängt das gemahlene Korn, das Gesetz des neuen Bundes und einer neuen Gerechtigkeit, auf. Im Gesetz das Alten Bunden war die Wahrheit verborgen, die Wahrheit, die durch das Kreuz Christi zu Mehl verwandelt wurde, dass seinerseits wieder zu Brot verbacken wird, zum Brot des Lebens. Der Betrachter des Kapitells ist eingeladen, sich auf diesen heilenden und heiligenden Prozess einzulassen.

Die begnadigte Sünderin aus dem Lobpreis über unseren Herrn

Unser Herr hat Großes durch Kleines gegeben, um bekannt zu machen, was diejenigen, die Großes verachteten, sich selbst beraubten. Denn wenn ein ähnliches Heilmittel heimlich aus den Fransen seines Gewandes gestohlen werden könnte, wer kann sich die Gesundheit vorstellen, die sein Wort offen verlieh? Und wenn durch das Küssen ihrer Füße die unreinen Lippen geheiligt wurden, wie viel mehr werden dann die reinen Lippen durch den Kuss ihres Mundes geheiligt, die sich bemüht hatte, ihr Sündenvergebung zu bringen? Mit der Salbe, die sie frei vergossen hatte, ruhte sie zu den Füßen ihres Arztes, der ihr einen kostenlosen Schatz an Gesundheit für ihre Leiden gebracht hatte. Wer den Hungrigen sättigt, ist also nicht eingeladen, seinen Bauch zu füllen, sondern der, der Sünder rechtfertigt, lädt sich im Hinblick auf die Buße des Sünders ein. Es waren nicht die Delikatessen des Pharisäers, nach denen Unser Herr hungerte, sondern Er hungerte nach den Tränen der Sünderin. Und als er gesättigt und der Tränenhunger gestillt war, machte er dem, der ihn nur zu einem Zwischenmahl eingeladen hatte, erneut Vorwürfe, um zu zeigen, dass er nicht aus Gründen der leiblichen Nahrung, sondern der geistigen Hilfe eingeladen worden sei. Nicht zum Vergnügen des Essens und Trinkens, wie der Pharisäer dachte, sondern um seine Lehre als Medizin des Lebens in die Nahrung der Sterblichen zu mischen. Bitterer Rat im Paradies an das Haus Adams anlässlich des Mahls, so gab der Gute anlässlich des Mahls seinen Rat lebendig an die Kinder Adams. Er war ein Fischer, der hinunterging, um um das Leben derer zu fischen, die umgekommen waren. Er sah, wie Zöllner und

Prostituierte in Maßlosigkeit und Trunkenheit stürzten, und
er beeilte sich, dort, wo sie sich trafen, seine Netze auszubrei-
ten, sie zu fangen und von der Nahrung, die den Körper fettet,
zum Fasten zu führen, das die Geister nährt. Der Autor spielt
hier auf den Anfang des Hoheliedes an, siehe Cant 1, 1: „Er küsse mich mit den Küssen seines Mundes." Damit wird deutlich,
dass sich alles Folgende auf die Braut Christi beziehen kann, auf
die Kirche und jedes ihrer Mitglieder, alle in der sündigen Frau
dargestellt ... Denn die Ströme der Tränen strömten herbei, um
zu verkünden, dass sie wie in der Gegenwart Gottes vergossen
wurden. Die Küsse voller Mitleid gaben Zeugnis, dass sie vom
Herrn die Schulden erhalten wollten, um die Quittungen der
Rechnungen zu zerreißen. Die reiche Salbe der Sünderin behauptete, die Bestechung der Buße zu sein. Dies sind die Arz-
neien, die die Sünderin ihrem Arzt anbot, damit er mit ihren
Tränen seine Flecken weiß, und mit ihren Küssen ihre Wunden
heilt und mit ihrer wohlriechenden Salbe ihren schlechten Ruf
süß wie das Aroma macht ihres Parfüms. Dies ist der Arzt, der
den Menschen mit den Medikamenten heilt, die er ihm bringt.
Dies sind die Wunder, die damals gesehen wurden, aber der
Pharisäer sah stattdessen nur Blasphemie. Woran hat uns der
Schrei der Sünderin denken lassen, wenn nicht, dass „dieser
die Sünder rechtfertigt"? Wenn nicht, urteile mit deinem Verstand, du dummer Lehrer. Warum dieser traurige Schrei in einem strahlenden Festmahl der Freude? Während sie sich an den
Köstlichkeiten labten, weinte sie bitterlich. Da sie eine Sünderin war, war es für sie angemessen, wollüstige Handlungen zu
vollziehen. Aber wenn sie sich, weit entfernt von der Leichtigkeit der Sünder, bei dieser Gelegenheit bescheiden verhalten
hat, erkennt sie, dass derjenige, von dem sie sagten, „kein Prophet" ist, derjenige ist, der leichte Menschen ehrenhaft macht.
Da sie wussten, dass sie eine Sünderin war, und seit sie sie reu-
ig sehen, fragen sie sich, welche Kraft sie hat verwandeln können. Er, der Pharisäer, soll niederfallen vor dem, der wortlos mit
seinem Schweigen rein macht. Im Hause des Pharisäers konnte man etwas Überraschendes und Wunderbares sehen: eine

sündige Frau, die sitzt und weint, ohne dass die weinende Frau sagt, warum sie weint, und ohne die, zu deren Füßen sie sitzt Sagen sie ihm warum. Fragt: „Warum weinst du?" Tatsächlich brauchte die Sünderin unseren Herrn nicht mit ihren Lippen zu bitten, denn sie glaubte daran, dass sie wie Gott die in ihren Tränen verborgenen Bitten kannte.

Und Unser Lieber Herrgott fragte ihn auch nicht: „Was tust du?", weil er wusste, dass sie mit seinen reinen Küssen für seine unreinen Sünden bezahlte. In ihrem Herzen sprach sie ihm ihre Gebete an, weil sie daran glaubte, dass er verborgene Dinge wusste. Denn wer das Verborgene kennt, braucht die äußeren Lippen nicht. Wenn also die Sünderin nicht mit ihren Lippen flehte, weil sie wusste, dass unser Herr Gott war, und wenn unser Herr sie nicht fragte, warum er als Gott ihre Gedanken sah, dann lernst du, rebellischer Pharisäer, nicht aus der Stille von uns beiden? Sie flehte ihn wie Gott in ihrem Herzen an, und wie Gott durchsuchte er schweigend ihr Inneres. Aber der Pharisäer konnte diese Dinge weder sehen noch verstehen, weil er ein Sohn Israels war, obwohl er sah, sah er nicht, und obwohl er zuhörte, verstand er nicht ... Unser Herr wusste, dass der Pharisäer schlecht dachte von ihm, so finde ich es weich und nicht hart. Denn Süße war von oben herabgekommen, um die Bitterkeit unserer schlechten Neigung zu mildern. So wies Unser Herr den Pharisäer von sich selbst an: „So wie ich, obwohl ich das Böse in deinem Herzen erkannte, mit Süße versucht habe, dich zu überzeugen, so habe ich es, obwohl ich das Böse kannte, mit Barmherzigkeit aufgenommen." ... Gott gab Israel die Gelegenheit, seine Untreue in der weiten Wüste zu verbreiten, damit Gott selbst sie mit dem scharfen Schwert bestrafen konnte, damit sich ihr Heidentum nicht unter den Nationen ausbreitete. Unser Lieber Herrgott erlaubte dem Pharisäer, krumme Dinge zu denken, damit er seinerseits mit Rechtschaffenheit die Stolzen mit Vorwürfen bedecken konnte. Tatsächlich hatte der Pharisäer schief über die Dinge nachgedacht, die die Sünderin mit Rechtschaffenheit getan hatte. Unser Herr machte ihm wiederum Vorwürfe für die richtigen Dinge, die er falsch gemacht hatte, schief. „Ich habe dein Haus betreten und du hast mir kein Wasser für meine Füße gegeben." Dies war eine Verletzung von etwas, das geschuldet war. „Diese hier hingegen hat sie mit ihren Tränen begossen." Dies war die fällige Zahlung. „Du hast mich nicht mit Öl gesalbt." Das war ein Zeichen von Nachlässigkeit. „Diese hingegen hat meine Füße mit parfümiertem Öl gesalbt." Dies war ein Zeichen von Sorgfalt. „Du hast mir den Kuss nicht gegeben", ein Zeugnis von Herzschmerz. „Diese hingegen hat nicht aufgehört, meine Füße zu küssen." Ein Zeichen von Hingabe. Unser Herr also berücksichtigte und zeigte, dass der Pharisäer all diese Dinge unserem Herrn schuldete, sich aber geweigert hatte, sie zurückzuzahlen. Die Sünderin trat ein und bezahlte alles, was er nicht hatte zahlen wollen. Und da sie die Schulden der Undankbaren bezahlt hatte, vergab ihr der Gerechte die Schuld ihrer eigenen Sünden. Maria salbte das Haupt des Leibes unseres Herrn als Symbol des besten Teils, das sie gewählt hatte. Die Salbe verkündete, was ihr Verstand gewählt hatte. Während Marta mit dem Dienen beschäftigt war, war Maria dagegen hungrig, mit den geistigen Realitäten dessen zufrieden zu sein, der uns auch mit körperlichen Realitäten zufriedenstellte. Maria erfreute sie daher mit der besten Salbe, nur wie er hatte er sie mit seiner besten Lehre entzückt. Maria brachte mit der Salbung ein Symbol für den Tod desjenigen ans Licht, der mit ihrer Lehre seine fleischliche Begierde getötet hatte. Die Sünderin hatte die Freiheit, mit dem Kapital der Tränen zu verhandeln, und gewann die Vergebung der Sünden von seinen Füßen.

Der Kirchenvater, auch „Harfe des Heiligen Geistes" genannt, setzte Maria Magdalena mit der namenlosen Sünderin, die Jesus die Füße salbte (Lukasevangelium 7, 37–38) und mit Maria von Bethanien gleich. In einer herrlichen, poetischen Homilie – oder „memrâ" – über die Nacht der Auferstehung schrieb Ephräm oder ein ihm nahestehender Autor: „Er zog Maria Magdalena heran, zu kommen und seine Auferstehung zu sehen. Und warum war es, dass er zuerst einer Frau seine Auferstehung zeigte und nicht den Männern? Hier zeigte er uns ein Rätsel, das anging seine Kirche und seine Mutter. Zu Beginn seines Kommens auf die Erde war es eine Jungfrau, die ihn empfing, und als er sich aus dem Grab erhob, war es eine Frau, der er die Auferstehung zeigte. An seinem Beginn und in seiner Erfüllung erklingt der Name seiner Mutter und ist gegenwärtig. Maria erhielt ihn durch die Empfängnis und sah einen Engel an seinem Grab." Ein wenig später schrieb derselbe Autor: „Aber Maria, Vertreterin der Kirche, blickte in die Gruft." Dadurch machte er deutlich, dass der Name Maria oder „Mariam", der sowohl die Jungfrau als auch Magdalena bezeichnet, für ihn (wie bei Petrus) ein funktioneller Titel für die Personifikation der Kirche geworden war. Ähnlich merkwürdig wirkt eine Stelle im Zwanzigsten Diskurs des Kyrill von Jerusalem (um 315–387), wo er behauptet, von der Jungfrau selbst erfahren zu haben, dass sie in Magdalia geboren worden sei und ebenfalls Maria Magdalena heiße.

In Joannis Evangelium

Siehe, diese Schwester des Lazarus (wenn sie es wirklich war, welche die Füße des Herrn salbte und das, was sie mit ihren Tränen gewaschen hatte, mit ihrem Haar trocknete) wurde wahrhaftiger von den Toten auferweckt als ihr Bruder – sie wurde von der Last ihrer bösen Gewohnheiten befreit ... Und von ihr hieß es: „Denn sie ist eine bekannte Sünderin.“

De consensu evangelistarum

Dann kam Maria Magdalena, die fraglos unübertrefflich inbrünstiger in ihrer Liebe war als diese anderen Frauen, die dem Herrn gedient hatten, so dass es nicht unvernünftig von Johannes war, sie allein zu erwähnen und diese anderen ungenannt zu lassen, die sie jedoch begleiteten, wie wir aus Berichten anderer Evangelisten entnehmen. *Susan Haskins*

5. JH. PETRUS CHRYSOGOLUS (~380–451)

Der Bischof von Ravenna behauptete im 5. Jahrhundert, dass die Apostelin Maria „nicht als Frau, sondern als Kirche" gesprochen habe. Denn bei anderen Gelegenheiten habe sie ja den Mund gehalten, wie es sich gehöre: „Sodass sie dort wie eine Frau schweigt, hier wie die Kirche verkündigt und redet."

Dreiundzwanzigster Vortrag (Mt 28,1–4) „Spät am Sabbat", heißt es, „in der Frühe des ersten Wochentages, kam Maria Magdalena und die andere Maria, das Grab zu sehen." Spät eilte das Weib zur Verzeihung, das so schnell eilte zur Schuld. Am Abend sucht sie Christus, sie, die am frühen Morgen den Adam, wie sie erkannte, für sich verloren hatte. „Es kam Maria und die andere Maria, das Grab zu sehen." Sie, die sich von dem [Baume des] Paradieses den Unglauben geholt hatte, eilt nun, sich den Glauben zu holen von dem Grabe; sie, die vom Leben[sbaume] den Tod sich geraubt hatte, eilt nun, dem Tode das Leben zu entreißen.

III. Vorträge über das Lukas-Evangelium Dreiunddreißigster Vortrag Lk 7,36–38 Vielleicht möchte ein ängstlicher Zuhörer sich verwundern, dass Christus zu einem Gastmahl, und dazu noch zu dem Gastmahl eines Pharisäers gekommen sei. [Doch] Christus betrat das Haus des Pharisäers, nicht um dort jüdische Speise zu sich zu nehmen, sondern um seine göttliche Barmherzigkeit zu erweisen; er setzte sich nicht zu Tische, um Becher zu trinken, die mit Honig versüßt und mit duftenden Blumen bekränzt waren, sondern um zu trinken die Tränen der Sünderin aus den Quellen der Augen selbst; denn Gott dürstet nach den Seufzern der Fehlenden, dürstet nach den Tränen der Sünder. „Ein Pharisäer", heißt es, „bat ihn, mit ihm zu essen. Und er kam in das Haus des Pharisäers und setzte sich zu Tische. Und siehe, als ein Weib, das in der Stadt eine Sünderin war, vernommen hatte, dass er im Hause des Pharisäers speise, brachte sie ein Alabastergefäß mit Salböl, stellte sich rückwärts ihm zu Füßen, benetzte mit Tränen seine Füße und trocknete sie mit den Haaren ihres Hauptes und küsste seine Füße und salbte sie mit dem Salböl."

Ihr seht, dass Christus zu dem Tische des Pharisäers kam, nicht um sich zu sättigen an leiblichen Speisen, sondern um in seinem Leibe sein himmlisches Amt zu offenbaren; nicht um zu kosten, was Menschen ihm vorgelegt, sondern um in göttlicher Weise das, was hinter ihm vor sich ging, zu bekunden. Denn wir sehen immer, dass Christus durch menschliche Handlungen göttliche Wundertaten vollbringt, indem alles, was von ihm leiblich geschah, sich als neu und gegen die Gewohnheit der Sterblichen geschehen erwies. Ein Pharisäer ladet Christum zum Essen ein. Was sucht dabei ein Weib, das nicht eingeladen ist? Kein Fremdling bricht in ein verschlossenes Haus ein; wer nicht eingeladen ist, erkühnt sich nicht, den ihm verwehrten Speisesaal zu betreten; kein Genußsüchtiger wag es, das Mahl zu stören, das aufgetragen ist zur Erfrischung des durch die Arbeit müden Geistes. Wie kommt doch dieses unbekannte, ja nur unrühmlich bekannte Weib, in schweren Trauerkleidern, aufgelöst in Tränen, aufschreiend in lautem Jammer, ungesehen vom Türhüter, ohne dass jemand es weiß, selbst von dem Gastgeber unbemerkt, wie kommt es hinein, dass es durchlaufen konnte alle Hallen des Hauses, dass es selbst durch alle Gemächer der Diener hin durcheilen konnte, ja selbst hinflieht zu dem verborgenen Speisesaal und das Haus der Freude verwandelt in ein Haus des Jammers und des Wehklagens? Brüder! Jenes Weib kam nicht ungerufen, sondern auf Befehl; sie trat aufgefordert ein, nicht durch eigene Anmaßung; denn jener hieß sie sich dort aufstellen, der durch himmlischen Machtspruch sie lossprechen wollte. Und gerade als der Pharisäer in glänzendem Gewande, auf dem ersten Platze an der Tafel sich breitmachend, selbst noch vor den Augen Christi prahlend, sich den Genüssen des Mahles hingibt, um sich an den Speisen zu laben, um Menschen, nicht Gott zu gefallen, da erscheint das Weib, und zwar kommt es von rückwärts. Denn das schuldige Gemüt kommt immer rückwärts, um Verzeihung zu erlangen; denn es weiß ja, dass es durch seine

Schuld das Recht verloren hat, das Antlitz vertrauensvoll zu erheben. [Das Weib] kam, um Gott genugzutun, nicht um den Menschen zu gefallen; sie kam, ein Mahl der Liebe, nicht der sinnlichen Freuden herzurichten, und darum rüstet sie ein Mahl der Buße, stellt die Gefäße der Reue auf, bringt herbei das Brot des Schmerzes, reicht in dem Becher den Trank der Tränen, und um die Gottheit ganz zu erfreuen, läßt sie die Stimme des Herzens und des Leibes in gleicher Weise ertönen, läßt als Orgeltöne ihr Klagegeschrei erschallen, ahmt die Zither nach durch langanhaltendes Seufzen, ihr Flehen gleicht den Klagetönen einer Flöte.

Und während sie ihre Brust zerschlägt, um ihr Gewissen zu züchtigen, lässt sie Jubeltöne erklingen, die Gott gefallen sollen, und indem sie so dem Auge Gottes eine Speise bereitete, trägt sie die ganze Fülle der Erbarmung davon. „Siehe, ein Weib, das in der Stadt eine Sünderin war." Der Evangelist betont besonders die Schandtat des Weibes, um die Größe der Güte des Begnadigers hervorzuheben. „In der Stadt eine Sünderin." In der Stadt hatte sie gesündigt, weil sie durch ihren schlechten Ruf den Ruf der ganzen Stadt angetastet hatte, und so war sie nicht nur selbst eine Sünderin, sondern war die Sünde der Stadt selbst. Sie hatte erkannt, dass die Sünde der Stadt nur durch den allein hinweggenommen werden konnte, der gekommen war, die Sünden der ganzen Welt zu tilgen.

Die Sünderin wagt nicht, zu dem Stehenden und nicht zu dem Sitzenden zu kommen; denn wenn Gott steht, so züchtigt er; wenn er sitzt, kommt er zum Gerichte. Aber mit den Darniederliegenden liegt er zusammen, wenn er zu Tische liegt. „Als sie vernommen hatte, dass der Herr im Hause des Pharisäers speise." Sie hat kennen gelernt, dass die göttliche Majestät geneigt sei zur Barmherzigkeit, und darum glaubte sie, dass er auch geneigt sei, ihr ebenso zu verzeihen, wie er bereit war, zu dem Gastmahl des Pharisäers zu erscheinen. „Sie brachte ein Alabastergefäß mit Salböl." Sie trug das Salböl, weil sie bei dem himmlischen Arzte Heilung für ihre Todeswunde suchte. „Stellte sich rückwärts ihm zu Füßen." Wer schnell Verzeihung sucht, eilt jeder Zeit zu den Füßen. Und ganz mit Recht heißt es „stehend", weil der nicht mehr fallen kann, der würdig war, zu den Füßen Christi zu kommen. „Stellte sich rückwärts ihm zu Füßen", um sich an die Fußsohlen Christi zu heften, um so den Weg des Lebens zu gehen, wie sie vorher gewandelt war auf dem Weg des Todes. „Benetzte mit Tränen seine Füße." Seht da die Umkehrung der Ordnung der Dinge. Sonst spendet der Himmel doch der Erde den Regen. Und seht: nun benetzt die Erde den Himmel, ja über die Himmel hinaus bis zu dem Herrn selbst steigt empor der Regen menschlicher Tränen, damit nach den Worten des Psalmisten auch von den Wasserbächen der Tränen gesungen werden könne: „Und die Wasser, die über dem Himmeln sind, sollen loben den Namen des Herrn."

O, welche Macht liegt doch in den Tränen der Sünder! Den Himmel benetzen sie, die Erde waschen sie ab, die Hölle löschen sie aus, sie heben auf das von Gott schon über jegliche Missetat verhängte Urteil. „Und trocknete sie mit den Haaren ihres Hauptes." Des Herrn Füße badet sie mit den Tränen und trocknet sie mit den Haaren. Darum hat auch die Armut keine Entschuldigung, wie die Gefühllosigkeit keine Verzeihung er hält, weil die Natur sich ganz genügt für den Dienst des Schöpfers. „Und trocknete sie mit den Haaren ihres Hauptes." Auf das Haupt der Sünderin floß zur Reinigung von den Verbrechen der Strom [der Tränen] zurück, damit das Weib abwasche aus eigener Quelle zu neuer Taufe den Schmutz der Sünden. „Und trocknete sie mit den Haaren ihres Hauptes"; denn sie sollte nach dem Psalmisten: „den Scheitel, mit dem sie gewandelt war in ihren Sünden", zur Heiligkeit wandeln durch diesen Dienst. „Und küsste seine Füße." Voraufgegangen waren die Fürsprache … Tränen, damit folgen könnten Küsse der Liebe; denn die Tränen sind ein Beweis der Buße, wie die Küsse ein Zeichen der Vergebung. „Und salbte sie mit Salböl." Aus der Erzählung des anderen Evangelisten haben wir erkannt, dass ein Weib Öl ausgoß auf das Haupt des Herrn. Darum hat auch die Tat dieses Weibes nicht den Charakter eines weichlichen und leiblichen Dienstes, sondern ist ein Geheimnis für die ganze Menschheit. Denn in dem Haupte Christi ist Gott, wie in den Füßen „derer, die den Frieden verkünden."

GREGOR VON ANTIOCHIEN (571–593)

Etwa zeitgleich zu Papst Gregor betonten in der Ostkirche Leontius von Byzanz (ca. 485–543 n. Chr.) und Gregor von Antiochien (Patriarch in Antiochia) den Vorrang von Maria Magdalena als Verkünderin der Auferstehung gegenüber Petrus, der als Vertreter der Westkirche gilt. Gregor von Antiochien betont in einer Predigt, in der er das Matthäusevangelium 29,8f kommentiert, das Versagen der Jünger. Er lässt zudem Maria Magdalena und weiteren Frauen einen erweiterten Verkündigungsauftrag Jesu zukommen „Verkündet meinen Jüngern, welche Mysterien ihr gesehen habt. Werdet die ersten Lehrer der Lehrer. Petrus, der mich verleugnet hat, soll lernen, dass ich auch Frauen zu Aposteln wählen kann.“

Bild 10 *Maria Magdalena mit Salbgefäß, rechter Innenflügel Altar,
Musée d'histoire du Valais Sion, Schweiz*

Homilie 25

Maria von Magdala, die in der Stadt eine Sünderin war, wusch in ihrer Liebe zur Wahrheit die Makel ihres Vergehens mit Tränen hinweg; so erfüllte sich das Wort der Wahrheit, wie es heisst: „Ihre vielen Sünden sind ihr vergeben, da sie viel geliebt hat" (Lk 7,47). Sie, die einst durch ihr Sündigen kalt geblieben war, glühte nämlich später heftig durch ihr Lieben. Denn nachdem sie zum Grab gekommen war und dort den Leichnam des Herrn nicht fand, glaubte sie, er sei fortgenommen worden, und meldete es den Jüngern. Diese kamen, sahen und glaubten, dass es sich so verhalte, wie die Frau gesagt hatte. Und über diese steht sogleich geschrieben: „Dann begaben sich die Jünger wieder nach Hause" (Joh 20,10). Und anschließend wird hinzugefügt: „Maria aber stand draußen am Grab und weinte" (Joh 20,11). Hierbei ist zu erwägen, welch machtvolle Liebe das Herz der Frau entflammt hatte, die vom Grab des Herrn nicht fortging, selbst als die Jünger fortgingen. Sie suchte den, den sie nicht gefunden hatte, sie suchte unter Tränen, und vom Feuer ihrer Liebe entflammt, brannte sie vor Sehnsucht nach dem, den sie fortgenommen glaubte. So kam es, dass ihn damals allein diejenige sah, die zurückgeblieben war, um zu suchen, da offenkundig die Beharrlichkeit die Kraft guten Tuns ist und die Stimme der Wahrheit spricht: „Wer ausharrt bis ans Ende, der wird gerettet werden" (Mt 10,22). Und durch eine Vorschrift des Gesetzes ist geboten, auch den Schwanz eines Opfertieres beim Opfer darzubringen (vgl. Lev 3,9). Im Schwanz ist ja das Ende des Körpers; und der opfert in rechter Weise, der das Opfer guten Handelns bis zum Ende der geschuldeten Tat durchführt. Darum heisst es bei der Beschreibung Josephs, er habe ein bis zu den Knöcheln reichendes Gewand getragen (vgl. Gen 37,3). Ein bis zu den Knöcheln reichendes Gewand bedeutet ja gutes Handeln bis zur Vollendung. 2. Als Maria nun so weinte, beugte sie sich vor und warf einen Blick in das Grab. Sicherlich, sie hatte das Grab schon leer gesehen, hatte schon gemeldet, dass man den Herrn fortgenommen habe. Weshalb beugt sie sich nochmals hinein, wünscht nochmals zu sehen? Einem Liebenden genügt es indes nicht, ein einziges Mal geschaut zu haben, da die Macht der Liebe die Achtsamkeit in der Suche vervielfacht. Sie hatte also zuvor gesucht und nichts gefunden; sie blieb beharrlich im Suchen, so dass es ihr gelang zu finden; und es geschah, dass die hingehaltene Sehnsucht sich steigerte und die gesteigerte Sehnsucht fassen konnte, was sie gefunden hatte. Daher rührt es nämlich, dass die Kirche über diesen Bräutigam im Hohenlied sagt: „Auf meinem Lager habe ich des Nachts gesucht, den meine Seele liebt; ich habe ihn gesucht und nicht gefunden. Ich will aufstehen und die Stadt durchstreifen; auf den Straßen und Plätzen will ich suchen, den meine Seele liebt" (Hld 3,1f). Sie greift die ergebnislose Suche noch einmal mit den Worten auf: „Ich habe ihn gesucht und nicht gefunden" (Hld 3,2). Doch da das Finden nicht lange auf sich warten lässt, wenn das Suchen nicht nachlässt, fügt sie hinzu: „Mich trafen die Wächter, die die Stadt bewachen. Habt ihr gesehen, den meine Seele liebt? Kaum war ich an ihnen vorüber, da fand ich, den meine Seele liebt" (Hld 3,3f) … 4. Die Engel fragen Maria: „Frau, warum weinst du?" Und sie antwortet ihnen: „Man hat meinen Herrn fortgenommen, und ich weiß nicht, wohin man ihn gelegt hat." (Joh 20,13). Die Heilige Schrift selbst, die uns die Tränen der Liebe hervorruft, läßt diese Tränen vergessen, wenn sie uns die Schau unseres Erlösers verheißt. Doch ist hinsichtlich des Berichtes über das Geschehnis zu beachten, dass die Frau nicht sagt: „Man hat den Leichnam meines Herrn fortgenommen", sondern: „Man hat meinen Herrn fortgenommen." Es ist nämlich in der Heiligen Schrift gebräuchlich, bisweilen das Ganze vom Teil her, bisweilen aber den Teil vom Ganzen her zu bezeichnen. Sie bezeichnet nämlich das Ganze vom Teil her, wenn von den

Söhnen Jakobs geschrieben steht: „Jakob zog mit siebzig Seelen hinab nach Ägypten" (vgl. Gen 46,27). Nach Ägypten zogen nämlich nicht Seelen ohne Leiber hinab; vielmehr wird durch die Seele allein der ganze Mensch bezeichnet, da durch den Teil das Ganze ausgedrückt ist. Nur der Leichnam des Herrn, indem sie offensichtlich vom Ganzen her den Teil bezeichnete. „Als sie dies gesagt hatte, wandte sie sich um und sah Jesus dastehen, wußte aber nicht, dass es Jesus war" (Joh 20,14).

Es ist zu beachten, dass sich Maria, die noch an der Auferstehung des Herrn zweifelte, umwandte, um Jesus zu sehen, da sie offensichtlich durch ihren Zweifel dem Angesicht des Herrn, den sie nicht auferstanden glaubte, sozusagen den Rücken zugekehrt hatte. Doch da sie gleichzeitig liebte und zweifelte, sah sie, ohne zu erkennen. Die Liebe zeigte ihn ihr, der Zweifel verbarg ihn. Ihre Unkenntnis wird zudem ausgedrückt, wenn es zusätzlich heißt: „Und sie wußte nicht, dass es Jesus war. Er sprach zu ihr: Frau, warum weinst du? Wen suchst du?" (Joh 20,14f). Die Ursache des Schmerzes wird erfragt, um die Sehnsucht zu steigern, so dass sie bei der Nennung dessen, den sie suchte, noch feuriger in der Liebe zu ihm erglühte. Sie meinte, es sei der Gärtner, und sprach zu ihm: „Herr, wenn du ihn fortgetragen hast, so sage mir, wohin du ihn gelegt hast, dann will ich ihn holen" (Joh 20,15). Vielleicht hat die Frau auch nicht völlig geirrt, als sie Jesus für den Gärtner hielt. War er etwa kein Gärtner in geistiger Weise, da er in ihrem Herzen durch die Samenkörner seiner Liebe blühende Tugenden einpflanzte?

Homilie 33

Wenn ich über die Buße Mariens nachdenke, dann möchte ich lieber weinen als etwas sagen. Denn wessen noch so steinernes Herz erweichen nicht jene Tränen dieser Sünderin, dem Beispiel der Buße zu folgen? Sie betrachtete nämlich, was sie getan hatte, und wollte sich nicht abhalten lassen von dem, was sie vorhatte. Während sie Mahl hielten, trat sie ein, kam unaufgefor dert, während des Mahles brachte sie Tränen dar. Erkennt, von welchem Schmerz die glüht, die sich nicht scheucht, sogar während des Mahles zu weinen. Lukas bezeichnet sie als eine Sünderin, Johannes aber als Maria; wir glauben, dass sie jene Maria ist, der, wie Markus bezeugt, sieben Dämonen ausgetrieben wurden. Und was wird durch die sieben Dämonen anderes bezeichnet als die Gesamtheit der Laster? Da nämlich durch sieben Tage die ganze Zahl erfasst wird, lässt sich zu Recht mit der Siebenzahl die Gesamtheit bezeichnen.

Sieben Dämonen besaß also Maria, die von sämtlichen Lastern erfüllt war. Doch seht, da sie die Makel ihrer Schändlichkeit erkannte, lief sie zur Quelle der Barmherzigkeit, um sich zu waschen, schämte sich nicht vor denen, die das Mahl hielten. Denn da sie sich innerlich zutiefst vor sich selbst schämte, glaubte sie, dass es nichts gebe, dessen sie sich äusserlich schämen müsste. Was sollen wir also bewundern, Brüder, dass Maria kommt oder dass der Herr sie aufnimmt? Soll ich sagen, dass er sie an sich zieht oder dass er sie an sich zieht? Ich will besser sagen, dass er sie an sich zieht und aufnimmt, da er sie offensichtlich voller Erbarmen innerlich an sich zog, während er sie voller Sanftmut äusserlich aufnahm. Doch wollen wir nun den Text des heiligen Evangeliums durchgehen und auch die Reihenfolge selbst betrachten, in der sie zur Heilung gelangte. „Sie brachte ein Alabastergefäß mit Salböl, trat von hinten an seine Füße heran und begann, mit Tränen seine Füße zu benetzen und mit dem Haar ihres Hauptes zu trocknen; und sie küßte seine Füße und salbte sie mit dem Salböl" (Lk 7,37f). Es ist deutlich, Brüder, dass die Frau, die zuvor unerlaubtem Tun ergeben war, das Salböl bei sich selbst anwendete, um ihrem Körper Wohlgeruch zu verleihen. Was sie also schändlicherweise sich selbst erwiesen hatte, dies brachte sie nun löblicherweise Gott dar. Mit den Augen hatte sie Irdisches begehrt, doch nun rieb sie sich diese in Buße und weinte. Das Haar hatte sie als Zierde für ihr Gesicht gezeigt, doch nun trocknete sie mit dem Haar die Tränen. Mit dem Mund hatte sie Übermütiges gesprochen, doch indem sie die Füße des Herrn küßte, drückte sie ihn auf die Spuren ihres Erlösers. So viele Freuden sie also in sich besessen hatte, so viele Ganzbrandopfer fand sie an sich selbst. Die Zahl der Verfehlungen verwandelte in die Zahl der Tugenden, damit in der Buße Gott restlos diente, was immer an ihr in der Schuld Gott verachtet hatte.

Nota bene: Papst Gregor der Große setzte in seinen Magdalenenpredigten Maria von Magdala, Maria von Bethanien und die namenlose Sünderin gleich: Die Prägung Maria Magdalenas als Sünderin erfolgte eindrücklich, bis schließlich im Barock die Sünden insbesondere auf die Wollust bezogen wurden und die Gleichsetzung Maria Magdalenas als Prostituierte manifestierte.

Brief an Gregoria, die Kammerfrau der Kaiserin

Das Schreiben, Eure Wohlgewogenheit, nach welchem ich mich gesehnt, habe ich empfangen. Ihr wolltet Euch in demselben über die Menge Eurer Sünden anklagen, allem ich weiß, dass Ihr große Liebe zum allmächtigen Gott habet, und vertraue deshalb zum allmächtigen Gott, dass der Mund der ewigen Wahrheit über Euch dasselbe Urteil spricht, welches einst über eine heilige Frau gesprochen wurde: „Ihr sind viele Sünden vergeben, weil sie viel geliebt hat." Wie vollständig ihr vergeben worden sei, geht auch aus dem nachmaligen Verhalten hervor, indem sie zu den Füßen des Herrn saß und das Wort aus seinem Munde vernahm. Dem beschaulichen Leben ergeben hatte sie sich bereits über das tätige Leben erhoben, welches ihre Schwester noch führte. Eifrig suchte sie den Herrn, nachdem er begraben war, und fand seinen Leichnam nicht, als sie sich über das Grab beugte. Aber selbst als die Jünger das Grab verließen, blieb sie weinend vor dem Eingang desselben stehen und verdiente so, den lebend zu sehen, den sie als Toten suchte, und verkündigte den Jüngern seine Auferstehung. Auch dies geschah durch eine wunderbare Fügung der göttlichen Güte, dass ein Weib die Lebenskunde brachte, nachdem Weibesmund im Paradiese den

Tod gebracht hatte. Zu einer andern Zeit sah sie mit der andern Maria den Herrn nach seiner Auferstehung, näherte sich ihm und umfasste seine Füße. Stelle Dir, ich bitte Dich, vor Augen: Wessen Hände umfassten, wessen Füße wurden umfasst? Jenes Weib, das eine stadtkundige Sünderin gewesen, jene Hände, die durch Sünde befleckt waren, berührten dessen Füße, der zur Rechten des Vaters über den Engelschören thront! Hierbei sollen wir erwägen, wenn es uns möglich, ein wir großes Erbarmen der göttlichen Güte es sei, dass ein Weib, welches sich durch die Sünde in den tiefsten Abgrund gestürzt hatte, sich auf den Schwingen der Liebe durch die Gnade in solche Höhe emporschwang.

Erfüllt ist, geliebte Tochter, ja gewiss erfüllt, was durch das Wort des Propheten von der gegenwärtigen Periode der heiligen Kirche geweissagt ist: „An demselben Tage wird das Haus David eine geöffnete Quelle sein zur Reinigung der Sünder und der Blutflüssigen." Das Haus David ist eine geöffnete Quelle zur Reinigung für uns Sünder, weil wir durch den Sohn Davids, unsern Erlöser, von den Makeln unserer Missetaten durch offenbar sich erweisende Barmherzigkeit gereinigt werden. Wenn aber Deine Wohlgewogenheit in dem Briefe noch beifügt, Du wollest mir keine Ruhe lassen, bis ich nicht schreibe, es sei mir die Vergebung Deiner Sünden geoffenbart worden, so hast Du damit etwas verlangt, was schwer zu erfüllen und überdies nutzlos ist. Schwer zu erfüllen, weil ich unwürdig bin, eine Offenbarung zu empfangen, nutzlos aber, weil Du wegen Deiner Sünden Dich nicht voller Sicherheit hingeben darfst, bis Du sie an Deinem Todestage nicht mehr beweinen kannst. Bis dieser Tag kommt, musst Du immer mit Zagen und Bangen Dich wegen Deiner Sünden fürchten und sie alle Tage mit Tränen übergießen. So war ja der Apostel Paulus schon in den dritten Himmel entrückt und in das Paradies geführt worden und hatte geheimnisvolle Worte gehört, die kein Mensch aussprechen darf, und doch sprach er noch mit Zagen: „Ich züchtige meinen Leib und bringe ihn in die Botmäßigkeit, damit ich nicht, indem ich andern predige, selbst verworfen werde." Der bereits in den Himmel eingeführt wird, fürchtet sich noch, und es will sich nicht fürchten, wer noch auf Erden weilt? Bedenke, liebste Tochter, dass die Sicherheit die Mutter der Fahrlässigkeit zu sein pflegt. Du sollst also in diesem Leben keine Sicherheit besitzen, die Dich nachlässig machen könnte. Denn es steht geschrieben: „Selig der Mann. der immer furchtsam ist." Und ebenso „Dienet dem Herrn in Furcht und frohlocket ihm mit Zittern!" Während der kurzen Zeit des Lebens also muss die Furcht Eure Seele beherrschen, damit Ihr darnach ohne Ende Euch der Freude voller Sicherheit hingeben könnet. Der allmächtige Gott erfülle Euer Herz mit der Freude seines heiligen Geistes und führe Euch nach den Tränen, die Ihr alle Tage im Gebete vergießet, zu den ewigen Freuden!

GREGOR VON TOURS (~538–594)

Frühester Magdalenenkult

Die erste Zwischenstation Maria Magdalenas nach ihrer Abreise aus Palästina scheint Gregor von Tours (um 538–94), dem Historiker der Franken, zufolge tatsächlich Ephesus gewesen zu sein. Dies war die Stadt der Artemis (oder Diana), wo Paulus so mühevoll gegen den Gnostizismus gekämpft hatte und wo der Evangelist Johannes seine Tage beschlossen haben soll. Auch die Jungfrau hatte anscheinend dort gewohnt. Heute können Besucher das Häuschen besichtigen, das im 19. Jahrhundert auf den Überresten eines Gebäudes aus dem 1. Jahrhundert rekonstruiert wurde. Die Überreste fand man aufgrund der Träume der deutschen Mystikerin Anna Katharina Emmerick. Die Jungfrau wohnte hier wahrscheinlich mit dem heiligen Johannes, in dessen Obhut Jesus sie bei seiner Kreuzigung gegeben hatte. (Schwester Anna Katharina hatte später auch lebhafte Visionen von Maria Magdalena.) Vom 6. Jahrhundert an war Maria Magdalenas Grab ebenfalls eine der heiligen Stätten von Ephesus. Modestus, Patriarch von Jerusalem (gest. 634), erklärte ihre Ankunft folgendermaßen: „… nach dem Tode Unseres Herrn schlossen sich die Mutter Gottes und Maria Magdalena dem vielgeliebten Jünger Johannes in Ephesus an. Dort beendete die Myrrhophore ihre apostolische Laufbahn durch ihr Märtyrertum, da sie bis zuletzt nicht von Johannes dem Apostel und der Jungfrau getrennt sein wollte." … Ihre Grabstätte lag anscheinend in der Nähe des Eingangs jener Grotte bei Ephesus, die als die Höhle der Sieben Schläfer bekannt war … Diese Verbindung zu den Sieben Schläfern verschaffte Maria Magdalena Eingang ins Reich der Reliquien und des Übernatürlichen; ihr Grab erwarb bald jenen Ruf, welcher der letzten Ruhestätte

einer solchen Heiligen zustand. Gregor von Tours machte eine
rätselhafte Bemerkung über ihr Grab: „In dieser Stadt ruht Maria Magdalena und hat nichts, sie zu bedecken“ – eine Beschreibung, welche den Interpreten seither Rätsel aufgab. Ein weiteres rostiges Schild, diesmal in Ephesus (das erste findet sich in
Magdala), weist einen Berg hinauf zur Höhle der Sieben Schläfer, wo der Tourist des 20. Jahrhunderts, nachdem er sich einen Weg durch Brombeergestrüpp und Unterholz gebahnt hat,
ein frühchristliches Mausoleum, aber keine Spur der Heiligen
mehr vorfindet. *Susan Haskins*

HRABANUS MAURUS (776–850)

„De Vita Beatae Mariae Magdalenae Et Sororis Ejus Sanctae Marthae", in: MS. Lat. 89 College Oxford UK.

MS. Lat. 89 ist eine Sammlung von Geschichten, die das Leben von Maria Magdalena und ihrer Schwester Martha mit Texten aus den Evangelien und späteren Legenden mischt. Wer genau diesen Text geschrieben hat, ist unklar. Die aus dem 15. Jahrhundert stammende Handschrift ist dem großen Lehrer und Gelehrten Hrabanus Maurus zugeschrieben … Zwei der frühesten Exemplare stammen aus der Zisterzienserabtei St. Bernard in Clairvaux, und zwei der anderen Exemplare sind mit Werken des Hl. Bernhard verbunden, was darauf hindeutet, dass sie, wer auch immer die Autoren waren, möglicherweise in einem Zisterzienserkontext gearbeitet haben.

MS. Lat. 89 beginnt mit der Erörterung der Geburt und des Nachlasses von Maria, Martha und ihrem Bruder Lazarus in Magdala und zwei verschiedenen Dörfern namens Bethanien, wobei aus Informationsfetzen in den Evangelien extrapoliert wird. Diese Geschichten führen dazu, dass Maria Magdalena in Ungnade fällt, weil äußere Schönheit selten mit Keuschheit verbunden ist und ein Reichtum an Besitztümern oft ein Feind der Enthaltsamkeit sein kann. Sie war eine junge Frau, die reich an Freuden war und ein edles Herzen hatte. Sie folgte, wie in diesem Alter üblich, den Freuden des Fleisches. Ihre Sünden werden ausführlich beklagt, bevor Hrabanus Maurus zum Schluss kommt, dass die Seele der Jugend eine Pilgerin ist: Sie lebte nur eine Zeit lang in irdischer Liebe, bevor sie sich beeilte, zur Gnade zurückzukehren …

Hrabanus Maurus bringt Maria Magdalena der eigenen Erfahrung des Lesers näher: Sie war jemand, der sich verirrt hatte, gesündigt hatte, aber dann Erlösung durch Christus fand, anstatt jemand, der besessen war. Dies erleichtert es dem Leser, sich in Maria Magdalenas Position zu sehen und zu verstehen, dass ihr Weg zur Erlösung ein Weg ist, dem der Leser folgen kann …

Der letzte Abschnitt des Textes erzählt Geschichten über das Leben von Maria Magdalena und Martha in Südfrankreich. Maria Magdalenas frühere irdische Begierden wurden gestillt, als Maria Magdalena im Geist nach dem Wort Gottes hungerte. Von der Süße ihres Geliebten angezogen, wurde sie betrunken vom himmlischen Verlangen.

Maria Magdalena folgte größtenteils dem ruhigen kontemplativen Leben, obwohl der Text darüber spricht, wie sie sich oft den Sündern als Beispiel der Bekehrung, den Büßern als Versprechen der sicheren Hoffnung auf Vergebung, den Gläubigen als Vorbild der Barmherzigkeit und präsentierte sich allen Christen als Beweis des göttlichen Mitgefühls.

Sie vollbrachte auch Wunder mit unbeschreiblicher Leichtigkeit, um die Wahrheit ihrer Worte festzustellen und das Vertrauen in ihren Zuhörer zu festigen. Der Text beklagt, dass die falsche Legende Wurzeln geschlagen hat, dass sie jeden Tag von Engeln in den Äther getragen und von ihnen zurückgetragen wurde; dass sie die Speise des höchsten Himmels aß, die die Engel ihr brachten. Der Text erklärt dann, dass Maria Magdalena in der Wüste Einsiedlerin war, unwahr ist (außer vielleicht in einem mystischen Sinn) …

Der größte Teil des restlichen Textes konzentriert sich auf Martha, die dem aktiven Leben folgt und viele Wunder vollbringt, in denen sie Aussätzige und Gelähmte heilte, die Toten wiederbelebte und sogar einen Drachen zähmte. Mit dem Zeichen des Kreuzes unterdrückte sie die Wildheit des Drachen, und mit ihrem eigenen Gürtel band sie seinen Hals, während die Leute von weitem aufmerksam zuschauten. „Warum hast du Angst?“, fragte sie. „Hier halte ich diese Schlange, und du hältst dich immer noch zurück. Nähere dich tapfer im Namen unseres Herrn und Erretters und zerreiße dieses giftige Tier.“

„Das beschauliche Leben der gesegnetsten Maria Magdalena, die mit der tiefsten Hochachtung und Huldigung als die süßeste Erwählte von Jesus genannt wurde und die von Jesus sehr geliebt war." – „dilectrix Christi et a Christo plurimum dilecta."

Schließlich starben beide Schwestern, und Bischof Maximinus baute Maria Magdalena ein kunstvolles weißes Marmorgrab in einer großen Basilika.

Der Text lässt einige Schlüsselelemente aus, die in anderen mittelalterlichen Leben von Maria Magdalena enthalten sind. Zum Beispiel enthalten sie aus der Legenda aurea von Maria Magdalena, die im Mittelalter als endgültig angesehen wurden, eine lange Sequenz, die den Prinzen von Marseille und seine Bekehrung durch Maria Magdalena einbezog, einschließlich einer Reise nach Rom und des Todes und der Auferstehung von Maria Magdalena. Die Legenda aurea erzählt auch zuversichtlich, wie Maria von Engeln gespeist wurde, was diese Geschichte widerlegt. Andere mittelalterliche Geschichten besagen, dass die Reise vom Heiligen Land nach Marseille eine wundersame Reise in einem ruderlosen Boot war, manchmal mit Joseph von Arimathäa, der die Gruppe auf seinem Weg nach Glastonbury begleitete.

Bild 11 1432 Lucas Moser Magdalenenaltar Tiefenbronn Bischof Maximinus segnet die sterbende Maria Magdalena und erteilt ihr die letzte Kommunion

GLASTONBURY

Dass Jesus in Glastonbury gelebt habe, ist eine Überlieferung aus Somerset, Cornwall, dem Osten Irlands und Südfrankreich. Offenbar war Joseph von Arimathäa, in dessen neuem Felsengrab der tote Christus beerdigt wurde, ein jüngerer Bruder von Marias Vater Joachim. Er importierte Zinn, Blei und Kupfer von Phönizien nach Cornwall, damals ein florierendes Geschäft ... Joseph brachte den Knaben Jesus auf einer seiner Reisen auf einem Schiff aus Tharsis (heute Cadiz in Spanien) mit. Aus Dankbarkeit für dieses Abenteuer hat Jesus seinem Großonkel angeblich anvertraut, wie man aus Wolfram Zinn gewinnen kann. Die beiden sollen sich in verschiedenen Gebieten Cornwalls und Somersets (auch „Sommerland") aufgehalten haben. Etwa 15 oder 20 Jahre später soll Jesus, der die Schönheit der Natur und die friedliche Stille der Gegend schätzte, auf eigene Faust nach Glastonbury zurückgekommen sein und sich dort niedergelassen haben. Er „baute mit seinen eigenen Händen eine kleine Einsiedelei aus Lehm und Flechtwerk und verbrachte einige Zeit mit Studium, Gebet und Meditation." ... Dies ist bei weitem nicht alles, was christliche Legenden über Glastonbury zu berichten haben. Auch die Jungfrau Maria soll auf der Flucht vor jüdischer und römischer Verfolgung dort gewesen sein und in Our Lady's Dowry, dem kleinen von Joseph von Arimathäa errichteten Haus in Avalon gelebt haben. Angeblich ist sie im Jahr 48 sogar in Britannien gestorben und beerdigt worden.

Glaubt man dieser Legende, so wurde Maria von Maria Magdalena und den zwei Schwestern aus Bethanien begleitet. Aufgrund ihrer schönen und kräftigen Singstimme war sie bei den Einheimischen beliebt und wurde schon zu Lebzeiten als Heilige verehrt. Die Hauptstraße von Glastonbury heißt heute Magdalene Street.

Bild 12 ~1123 Albani-Psalter, fol.31b, St. Godehard Hildesheim

Kyrie, e en pollais amartiais	Herr, die in viele Sünden verstrickte Frau
Kyrie, e en pollais amartiais	Herr, die in viele Sünden verstrickte Frau,
peripesoúsa gyn,	die, Deine Göttlichkeit gewahrend,
tin siin aisthomeene Theotita, miroforou	das Amt der Myrrhe-Überbringerin annahm,
analavousa taxin odiromene,	bringt unter Klagen Dir Myrrhe dar
mironsoi pro tou entafiasmou komizei.	vor der Bestattung und spricht:
oi moi légousa oti nix moi yparchei	Weh mir, da Nacht mich umfängt,
oistros akolasias,	der Lüsternheit Wahn,
zofodis tee ke aselinos,	düsteres, mondloses Verlangen nach Sünde!
eros tis amartias.	Empfange meiner Tränen Ströme,
déxai mou tas pigas ton dakrion,	der Du durch Wolken des Meeres Wasser vergießt.
o nefelais diex agon tis thalassis to ydor.	Neige Dich zu mir, zu meines Herzens Seufzern,
kamftheti moi pros tous stenagmous	der Du die Himmel wölbtest,
tis kardias,	Dich unsagbar erniedrigend.
o klinas tous ouranouous, ti afrasto sou kenosei.	Deine reinen Füße werde ich küssen
katafilésoo tous achrantous sou podas, aposmikso toutous de palin,	und sie wieder durch mein Haupthaar reinigen;
8. tois tis kefalis mou vosstrychois;	Die Füße, deren Klang Eva am Nachmittag
on en to paradeiso Eva ton deilinoon,	im Paradies hörte und sich vor Angst versteckte. (Gen. 2,8).
kroton tois osin echtheisa, to fovo ekrive.	Die Fülle meiner Sünden
amartion mou ta plithee,	und die Tiefe Deiner Urteilsfindungen,
ke krimaton sou abysous,	wer wird sie ergründen, Seelenretter,
tis exichniasei psichososta Sotir mou?	Du mein Erlöser?
mi mee tin sin doulin paridis,	übersieh mich nicht, Deine Magd,
o ametriton echon to eleoss.	der Du unendlich großes Erbarmen hast.

Bild 13 *Kassia. Moderne griechische Ikone: Die Schriftrolle zeigt die Worte „Herr, die vielen Sünden verfallene Frau, die Deine Göttlichkeit gewahrend, das Amt des Myrrhebringers annahm …"*

Kassias berühmteste Musikkomposition, die heute noch verwendet wird, ist ihr Troparion „Die gefallene Frau", auch bekannt als Bußhymne über Maria Magdalena. Es wird im orthodoxen Gottesdienst am Heiligen Mittwoch gesungen, aber auch am Ende des Vespergottesdienstes am Gründonnerstag gefeiert. Diese Hymne handelt von Maria Magdalena, einer gefallenen Frau, die die Füße Christi wusch, sie salbte und sie mit ihren langen Haaren trocknete (Lk 7,36–50). Es wird als teilweise autobiografisch angesehen. Kassia war die schönste Adlige gewesen, die an der Brautschau für Kaiser Theophilos teilgenommen hatte (ca. 830 n. Chr.). Die folgende Beschreibung der Brautschau wurde vom Historiker Edward Gibbon geschrieben:

„Mit einem goldenen Apfel in der Hand ging er langsam zwischen zwei Reihen konkurrierender Schönheiten hin und her; Sein Auge wurde von den Reizen Kassias gefangen gehalten, und in der Unbeholfenheit einer ersten Erklärung konnte der Prinz nur feststellen, dass in dieser Welt Frauen in Bezug auf Eva, die erste geschaffene Frau, Anlass zu viel Bösem gewesen waren."

„Und sicher, Herr", antwortete sie sachlich, „sie waren ebenfalls Anlass für viel Gutes" (in Bezug auf die Jungfrau Maria). Diese Beeinträchtigung des ungewöhnlichen Witzes missfiel dem kaiserlichen Liebhaber; er drehte sich angewidert zur Seite; Kassia verbarg ihre Demütigung in einem Kloster, und das bescheidene Schweigen Theodoras wurde mit dem goldenen Apfel belohnt.

Kassia bezahlte teuer für ihre Kühnheit und Schnelligkeit des Witzes, indem sie die Gelegenheit verlor, zu heiraten und Kaiserin zu werden. Sie akzeptierte dann das Klosterleben und gründete ihr eigenes Kloster. Kaiser Theophilios bedauerte später seine Entscheidung, Kassia nicht als seine Braut zu wählen, und versuchte, sich mit ihr zu treffen, um seinen Schmerz und seine Liebe auszudrücken. Obwohl sie ihn mied, fühlte sie in ihrem Herzen, dass sie seine Liebe erwidert und eine „gefallene Frau" geworden war.

Die Melodie und der Text dieser Hymne stammen von Kassia, aber Vers 8 wird der Legende nach Theophilos zugeschrieben. Kassia war gerade dabei, dieses Gedicht zu schreiben, als der Kaiser einen unerwarteten Besuch in ihrem Kloster machte.

Kassia sah ihn aus der Ferne, floh und ließ das Gedicht auf ihrem Schreibtisch liegen. Als der Kaiser ihre Klosterzelle betrat und ihr unvollendetes Gedicht sah, fügte er die Zeilen hinzu: „Die Füße, deren Klang Eva am Nachmittag im Paradies hörte und sich vor Angst versteckte." Nach seiner Abreise kehrte Kassia zurück, um ihr Gedicht zu vervollständigen, und fand den Zusatz mit seiner doppelten Bedeutung: Eva versteckt sich vor Gott oder Kassia versteckt sich vor Theophilos. Obwohl Kassia nicht mit dem Thema einer gefallenen Frau in Zusammenhang stand, behielt sie die Hinzufügung des Kaisers bei. Es ist dieses legendäre Element, das diese Hymne so bekannt gemacht hat, dass sie von Komponisten byzantinischer Musik nach Kassia arrangiert wurde. *Diane Touliatos*

„Die Buhlerin trat zu Dir hin, gießt unter Tränen über Deine Füße die Narde, Menschenfreund. Auf Dein Geheiss wird sie befreit von dem üblen Geruch der Sünden. Der Deine Liebe atmende Jünger trennt sich lieblos von der Liebe, vereint sich mit dem Schmutze der Geldgier, übt Verrat an Dir. Ehre sei, Christus, Deinem Erbarmen." Am Mittwoch wird in der orthodoxen Kirche auch das Sakrament der Ölsalbung (Ευχέλαιον) gefeiert. Diese besondere Krankensalbung kann an diesem Tage von allen orthodoxen Gläubigen, unabhängig davon, ob sie an einer leiblichen oder psychischen Krankheit leiden empfangen werden. Der Grund dafür ist, dass die orthodoxe Kirche die Sündenverhaftung des Menschen und seine daraus erwachsenden Leidenschaften als eine Krankheit der Seele begreift. Das besondere Charakteristikum dieses Sakramentsgottesdienstes sind die sieben Epistel-Lesungen, sieben Evangeliums-Lesungen und sieben Absolutionsgebete. Am Ende des Gottesdienstes werden die Gläubigen durch die anwesenden Priester mit dem geheiligten Öl des Heiles gesalbt.

In veneratione S. Mariae Magdalenae

Odo von Cluny Hymne	
Post fluxae carnis scandala Fix ex lebete phiala in vas translata gloriae de vase contumeliae.	Nach den Versuchungen der Fleischesschwäche wurde sie aus einem Kochkessel zu einem Weihrauchgefäß gemacht; sie wurde aus einem Gefäß der Schande in ein Gefäß des Ruhmes verwandelt.
Aegra currit ad Medicum vas ferens aromaticum: et a morbo multiplici Verbo curatur Medici …	Krank lief sie zum Arzt und trug das Gefäß mit Spezereien bei sich; und wurde durch des Arztes Wort von vielen Leiden geheilt.
Surgentum cum victoria Jesum videt ab inferis; prima meretur gaudia quae plus ardebat caeteris.	Sie sah Jesus siegreich von den Verstorbenen aufsteigen; sie hat es verdient, sich als erste zu freuen, denn sie liebte mehr als die anderen.

Maria, die zu Füßen des Herrn sitzend mit aufmerksamem Geist sein Wort hörte, ist das Symbol der Süße des kontemplativen Lebens; je mehr man seinen Geschmack verkostet, desto mehr veranlasst es die Seele dazu, von den sichtbaren Dingen und den Aufregungen der Sorgen der Welt Abstand zu nehmen.

Nach orthodoxer Überlieferung soll Maria Magdalena in Ephesos (heute Ruinenfeld bei Selçuk an der Ägäisküste der Westtürkei) gestorben und auch dort begraben worden sein. Ihre Gebeine soll der byzantinische Kaiser Leo VI. um das Jahr 899 nach Konstantinopel (seit 1453 Istanbul, Türkei) gebracht und in der Kirche zum Heiligen Lazarus in Konstantinopel beigesetzt haben.

Am Ende des 9. Jahrhunderts ließ Kaiser Leo VI., der Weise (886–912), die Überreste nach Konstantinopel überführen; dort wurden sie neben jenen des Lazarus in einem neuen, prächtigen Kloster beigesetzt, das man am Bosporus, unterhalb des alten Kaiserpalastes, gebaut und Magdalenas „Bruder" geweiht hatte. Der doppelten Überführung wurde am 4. Mai in byzantinischen liturgischen Büchern gedacht.

Interrogatio. Quem quaeritis in sepulchro, o Christicolae?	Frage: Wen sucht ihr im Grab, ihr Anhängerinnen Christi?
Responsio. Jesum Nazarenum crucifixum, o caelicolae.	Antwort: Jesus von Nazareth, den Gekreuzigten, ihr Himmelsboten.
Angeli. Non est hic. Surrexit, sicut praedixerat. Ite, nuntiate, quia surrexit de sepulchro.	Engel: Er ist nicht hier. Er ist auferstanden, wie er es vorausgesagt hat. Geht und verkündet, dass er aus dem Grab auferstanden ist.

Bild 14 *Quem-quaeritis-Tropus*

Die Verehrung Maria Magdalenas hatte sich während des 9. und 10. Jahrhunderts im Westen verstärkt: In Sakramentaren richtete man Gebete an sie, um im 10. Jahrhundert trat sie als eine der Myrrhophoren in „Quem quaeritis" auf, das während der Osterfeierlichkeiten wahrscheinlich zum ersten Mal im Kloster St. Gallen aufgeführt wurde.

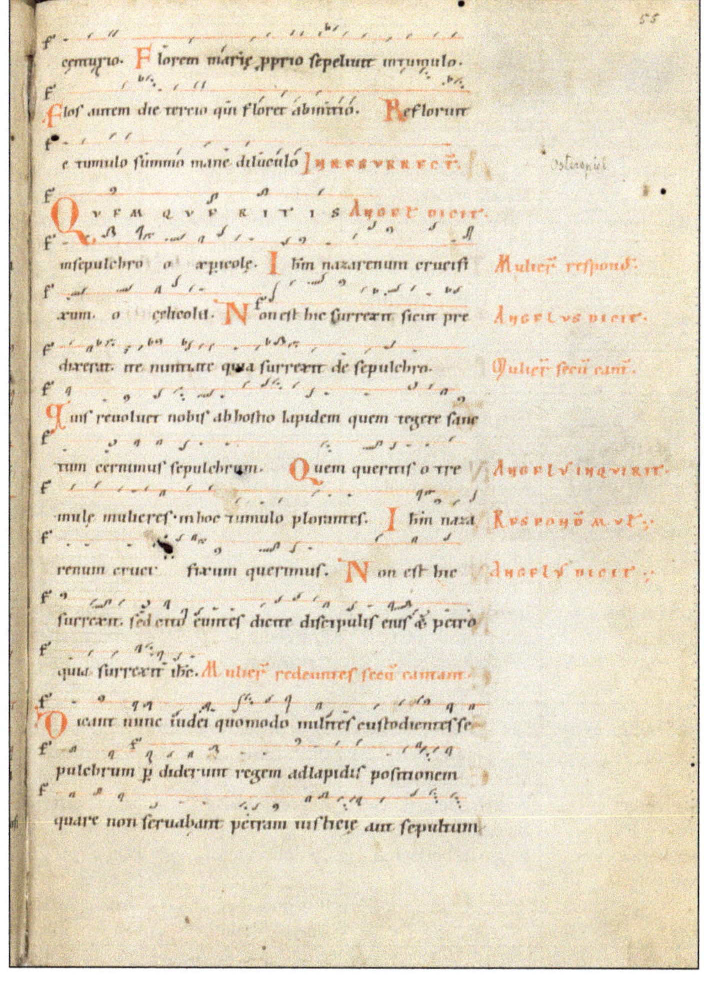

Bild 15 *Einsiedeln Stiftsbibliothek Codex 366 p. 55*

1040 WIPO (~1000–~1046)

	„Victimae paschali laudes"	Das Opferlamm lobt	
	1 Victimae paschali laudes Immolent Christiani.	1 Das Opferlamm lobt den unschuldigen Christen.	
2a Agnus redemit oves; Christus innocens Patri Reconciliavit Peccatores	2a Das Lamm hat die Schafe erlöst. Christus, der Schuldlose, hat die Sünder mit dem Vater versöhnt.	2b Mors et Vita duello Conflixere mirando; Dux vitae mortuus Regnat vivus.	2b Tod und Leben rangen in wundersamem Zweikampf. Der Fürst des Lebens, der gestorben war, herrscht jetzt lebend.
Einschub	Surgit Christus	cum tropheo,	
4a Dic nobis, Maria. Quid vidisti in via? Sepulchrum Christi viventis Et gloriam vidi resurgentis.	4a Sag uns, Maria, was hast du gesehen auf dem Wege? Das Grab Christi, der lebt, hab ich gesehen Und seine Herrlichkeit, da er auferstanden ist.	4b Angelicos testes. Sudarium et vestes. Surrexit Christus spes mea; Praecedet suos in Galilaeam.	4b und Engelszeugen, das Schweißtuch und die Leinentücher. Auferstanden ist Christus, meine Hoffnung. Vorangehen wird er den Seinen nach Galiläa.
5a Credendum est magis soli Mariae veraci Quam Judaeorum Turbae fallaci.	5a Glauben schenken muss man mehr Maria, der allein Wahrhaften, als der Juden trügerischer Schar.	5b Scimus Christum surrexisse A mortuis vere. Tu nobis victor Rex miserere. Amen. Alleluia	5b Wir wissen, Christus ist auferstanden wahrhaftig von den Toten. Du siegreicher König, erbarme dich unser! Amen. Alleluia

Die Strophe 5a gehört seit dem Missale Romanum von 1570 nicht mehr zum liturgisch verwendeten Text der Sequenzen. Sehr bedeutsam wurde im 12. Jahrhundert die Ostersequenz von Wipo, dem Kaplan Konrads II. und Heinrichs III.: „Victimae paschali laudes." Mit dieser noch heute im Ritual enthaltenen Sequenz trat zum ersten Mal eine Einzelperson auf. Das Vorzeigen der Tücher, wird später, wie auch im Innsbrucker Osterspiel, den Aposteln überlassen.

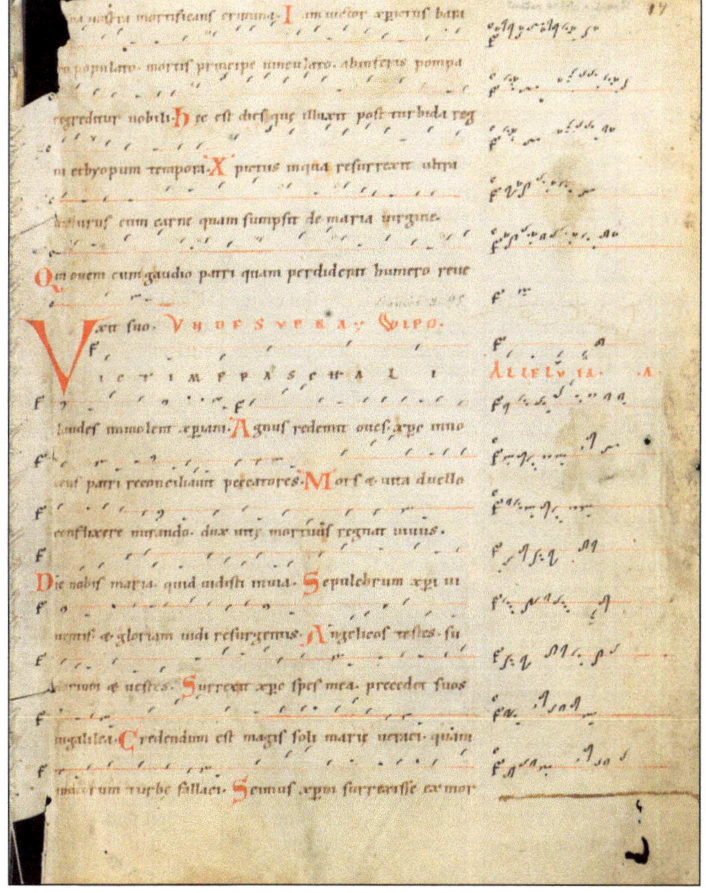

Bild 16 *Einsiedeln Stiftsbibliothek Codex 366 p. 17*

MÖNCH VON SALZBURG (14. JH.)

Surgit Christus nach Kovács	Mönch von Salzburg nach Spechtler			Mönch von Salzburg nach Spechtler	
1a Surgit Christus cum trophaeo, Nam ex agno factus leo Sollemni victoria.	I Christus erstuend mit siges van, do wart aus lamb ein leb getan mit hochzeitleicher sigeskraft.	1a Christus erstand mit Siegesfahnen, bereits war aus dem Lamm ein Löwe gemacht mit festlicher Siegeskraft.	1b Mortem vicit sua morte, Reseravit seras portae Suae mortis gratia.	1b den tot er stört mit seiner todes art und slows auf uns der helle port mit seines todes genadenschaft.	1b Die Qualen besiegt er mit seinem Tod, schließt er auf die helle Pforte mit seines Todes Gnadenschaft.
2a Hic est agnus, qui pendebat, Et in cruce redimebat Totum gregem ovium.	II Hie ist das lamb, das da hieng plos, an dem krewz es do erlost alle hert sein scheffelein.	2a Hier ist das Lamm, das erlöst hat, und im Kreuz uns errettete ganz der gute Hirte.	2b Cui nullus condolebat, Magdalenam consumebat Doloris incendium.	II dem do niemand het mitleiden Magdalena tet da beleiben in inprünstiger herzenpein.	2b Wer mit niemandem Schmerz empfindet den tröstet Magdalena, löscht die Schmerzen.
3a Dic Maria, quid vidisti Contemplando crucem Christi? „Vidi Iesum spoliari Et in cruce sublevari Peccatorum manibus."	III Sag, Maria, dein gesichte, zu beschawen das krewz Christe! IV „Ich sach Jesum gar enplecket und an das krewz sere gestrecket mit sunder hende aribait"	3a Sag uns, Maria, was hast du gesehen betend am Kreuz Christi? „Ich sah Jesus beraubt und er wurde ans Kreuz genagelt von den Händen der Sünder."	3b Dic Maria, quid vidisti Contemplando crucem Christi? ‚Spinis caput coronatum, Vultum sputis maculatum Et plenum livoribus."	IV Sag, Maria, dein gesichte, zu beschawen das krewz Christe! „sein Haupt was mit dorn bekrönet, sein anplikch mit spürz behönet und gar voller serikait."	3b Sag uns, Maria, was hast du gesehen betend am Kreuz Christi? „Sein Haupt war mit Dornen gekrönet, sein Antlitz mit Spott verhöhnet und gar voller Schmerzen."

4a Dic Maria, quid vidisti Contemplando crucem Christi? „Quod se Patri commendavit Et quod caput inclinavit Et emisit spiritum."	V Sag, Maria, dein gesichte, zu beschawen das krewz Christe! VI „er enphalich sich dem vater sein und naigt das hawpt in jamers pein. und sein geist er do auflie."	4a Sag uns, Maria, was hast du gesehen betend am Kreuz Christi? VI „Er empfahl sich seinem Vater und neigt das Haupt in Jammers Pein. Und seinen Geist gab er auf."	4b Dic Maria, quid vidisti Contemplando crucem Christi? „Hasta latus perforari, Manus pedes vulnerari, Vivi fontis exitum."	V Sag, Maria, dein gesichte, zu beschawen das krewz Christe! „Mit nageln seine hend gepunden, in sein seiten mit sper ein wunden, lebentigs wasser daraus gie."	3a Sag uns, Maria, was hast du gesehen betend am Kreuz Christi? „Mit Nägeln waren seine Hände gebunden, in seiner Seite mit ein Speer die Wunde, lebendiges Wasser daraus floss."
5a Dic Maria, quid fecisti, Postquam Iesum amisisti? „Matrem flentem sociavi, Quam ad domum reportavi Et in terram me prostravi Et utrumque deploravi."	VIII Sag, Maria, was du da tet, do du Jesum verloren het! „Die mueter waint, füegt ich mit mir her, die ich haim füert mit beger, auf das erdreich strakt ich mich ser, umb creaturn laid waint ich mer."	5a Sag Maria, was du getan hast, als du Jesus verloren hattest? „Die Mutter weinte als sie ihn zum Haus zurückbrachten, und jeder von beiden weinte laut."	5b Dic Maria, quid fecisti, Postquam Iesum amisisti? „Post unguenta praeparavi, Et sepulchrum visitavi, Nec inveni, quem amavi, Planctus meos duplicavi."	VIII Sag, Maria, was du da tet, do du Jesum verloren het! „darnach salben berait ich, zu dem grab kam ich snelliklich, nit vand ich der do lieb het mich, mein klage die zwifeltigt sich."	5b Sag, Maria, was du da tatest, als du Jesus verloren hattest! „Danach bereitete ich Salben, zum Grab kam ich schnell, nicht fand ich den, der mich lieb hat, meine Klage hat sich vermehrt."
6a O Maria, noli flere; Jam surrexit Christus vere.	IX O Maria, wain nicht mere; wann erstanden ist Christ, der here.	13. O Maria, weine nicht; Schon ist Christus wirklich auferstanden.	6b Certe multis argumentis Reddit signa resurgentis.	Petre, mit vil weiben behende sach ich zaichen der urstende.	Sicherlich viele Zeichen bezeugen Jesu Auferstehung.

Bild 17 *München Bayerische StaatsBibliothek Cgm 715 p. 85r: Registerüberschrift 85r: Surgit Christus cum tropheo zu Ostern, darinn Magdalena gevragt wirt menigerlei Überschrift: Surgit Christus cum tropheo dy sequenczen singt man an den freytagen darinn maria Magdalena meniger mal von den czwelfpoten vnd den vrawen gefragt wirt was sy gesehen hab pey dem krëwcz von vnnsers lieben herren leiden vnd pey dem Grab vnd an dem wege. Sig und säld ist czu bedewten*

Oratio LXXIV „Ad sanctam Mariam Magdalenam"

Heilige Maria Magdalena, die Du kamst mit einem Born von Tränen zu Christus, dem Born der Gnade; durch den Du, brennend vor Durst, reichlich erquickt wirst; durch den Du, eine Sünderin, erlöst wirst; durch den Du, bitterlich trauernd, süß getröstet wirst ... Was schließlich, was also sollte ich sagen – oder besser, wie sollte ich es sagen – davon, wie Du, vor Liebe zu ihm entbrannt, um ihn weintest, als Du ihn am Grab suchtest und ihn weinend suchtest? Wie gütig und wie freundlich er Dich, die er zu trösten kam, noch mehr entflammte; wie er sich vor Dir versteckte, als Du ihn sahst, und sich Dir offenbarte, als Du ihn nicht sahst; bis er selbst, den Du suchtest, Dich fragte, wen Du suchtest und weshalb Du weintest ...

Bild 18 *ca. 1000 Die Auferweckung des Lazarus, St. Georg, Insel Reichenau. Zu Jesu Füßen: Maria von Bethanien, die Schwester von Lazarus und Martha. Titulus: Lazare pergee foras quarto iam sole sepulte rumpe mors mortis hoc dat imago (patr ...)*

	De Sancta Maria Magdalena sequentia	Sequenz über die Heilige Maria Magdalena	
	1 Exsurgat totus almiphonus supercaelestium chorus cytharedorum omnifariam deo eulogyzans cum Alleluia!	1 Aufstehe der ganze holdtönende Chor der überhimmlischen Harfenspieler, der auf jede Weise Gott benedeit mit Alleluia!	
2a Suave et laudisonum unâ plus solito subclangat in iubilo organum, nostrarum iuvencularum chorea tympanistriarum.	2a Zugleich erschalle in den Jubel stärker als gewöhnlich die süße lobtönende Orgel, der Reigen unserer jungen paukenschlagenden Jungfrauen.	2b Necnon, unit quos unisonus omnes unâ uno pneumate christianismus, nunc Marie Magdalenae congratulentur sollemniis,	2b Und zugleich bringen alle, die der einstimmige Christenglaube in einem Geiste eint, nun Glückwünsche dar beim Fest Mariens von Magdala.
3a Quae septeno dudum daemone plena vesania cursitaverat pestilentiosa	3a Eben noch erfüllt von sieben Dämonen hatte sie gerast im fürchterlichem Wahnsinn	3b Per andronas lubricas Babylonis, cuius gaudet Bel gymnasiis anathematicis,	3b In den schlüpfrigen Gassen Babylons, an dessen fluchwürdigen Übungsplätzen Bel seine Freude hat.

4a Et ubi occur- sitant daemonia onocentauris, dracones praevo- lucres strutioque simul collusitant,	4a Und wo böse Geister und ungeschwänz- te Affen einander entgegenlaufen, blitzschnelle Drachen und Vogel Strauß miteinander spielen,	4b Absonius ululae lugubres et eligi- zant et syrenae delubris voluptatis coantiphonizant,	4b Wo so häßlich die traurigen Eulen heulen, und die Sirenen in den Tempeln der Wollust einan- der zusingen,
5a Pilosi et saltitant, lamia catulos lactat, foveam torvus struit ericius, ibix et corvus, cum onocrotalo horrisonum una discriminant,	5a Und wo Zottige hüpfen, das Nachtgespenst seine Jungen säugt, seine Höhle der wüste Igel baut, Ibis und Rabe mit dem Pelikan fürchterliche Laute von sich geben,	5b Basiliscus sibilat cerastes et imperitat: genus id multa minax, incarcerans, exterricula quaeque dirissima morsibus experta est Maria.	5b Wo der Basilisk zischt, die Hornviper herrscht: Viel Bedrohliches dergleichen, Been- dendes, alle grauenvollen Schrecknisse Bisse hat Maria erfahren.
6a Demum tacta divinitus memoria Syon, dilectae matris, tot furias abhorrens deserit metropolim Chaldaeorum,	6a Endlich berührt von Gott in Erinnerung an die geliebte Mut- ter Sion verließ sie voll Abscheu vor so vielen Furien die Mutterstadt der Chaldäer,	6b Iesum ardens medullitus, quem festina quaeritat mox ierar- chum, per quem liberetur captiva phantasma- tum hac phalange.	6b Glühend nach Jesus im Herzen, den als bald eilends als heiligen Gebieter suchte, damit er sie befreie aus der Gefangen- schaft bei dieser Gespens- ter-Phalanx.
7a Sciens ubi fuerit, quid fecit, non erubuit: sese amarius epulis tulit, veniae fontem turpis adiit, quo sese lavaret.	7a Wissend, wo sie gewesen, und was sie getan, errötete sie nicht: voll Bitternis ging sie zum Gastmahl, trat befleckt zum Quell der Vergebung, um dort rein zu werden,	7b Alabastrum attulit, pedes Iesu flendo compluit, crinibus tersit, osculans unxit: tot ferens holocaus- ta quot prius et oblec- tamenta.	7b Brachte ein Ge- fäß von Alabaster, benetzte Jesu Füße mit Tränen, trocknete sie mit ihren Haaren, salbte sie unter Küssen brachte so viel an Opfern wie zuvor an Ergöt- zungen.

8a Quam miseratus Conditor refugam suscipit, refovet Paraclytus luctuosam, diligentem diligit dimissamque flagitiis omnimodis liberrimam ire praecepit.	8a Der Schöpfer erbarmte sich und nahm die Flüchtige auf, der Tröster Geist richtet die Betrübte auf, liebte die Liebende vergab alle Vergehen und ließ sie völlig frei von dannen gehen.	8b Sic liberata bestiis de Babyloniis pedibus assederat salvatoris verbum illius audiens et intimae soli vacans theoriae arcem Syon felix ascendit.	8b So befreit von den Bestien Babylons saß sie zu Füßen des Erlösers, hörte sein Wort, hatte nur noch Raum für die innerste Betrachtung und stieg glücklich auf zur Burg Sion.
9a Cui Iesus architectus stratum tetragonium dans aequilaterum totum christallis luminosum sternit igneis carbunculis.	9a Ihr gab Jesus als Baumeister, ein viereckiges Lager von gleichen Seiten ganz leuchtend von Kristall und bestreute es mit feurigem Karfunkel.	9b Fundans saphyris Caeruleis miris candidat hanc unionibus iaspidibus et propugnatam munit gemmeis turriculis.	9b Gründete sie auf tiefblauem wunderbarem Saphir, kleidete sie weiß mit großen Perlen in Jaspis und befestigte die Bewehrte mit Edelsteintürmchen.
10a Anaglypharias margaritis portas, podismum cum plateis, basilicas cum tricliniis et illius omnia aureola mirificavit tamquam vitrum perlucida.	10a Er baute wunderbar ziselierte Tore aus Perlen, Gänge und Gassen, Paläste mit Zimmern. und alles an ihr golden, durchsichtig wie Kristall.	10b Quam gemmis rutilam et obrizo mundo rex regit Emanuel. divum ipse capitolium urbis manens omnia in omnibus, quos triumphali comit inibi laurea.	10b Die von Edelstein glänzende und von reinem Gold beherrscht als König Emmanuel. Er ist das göttliche Kapitol der Stadt, ist alles in allen, die er dort bekränzt mit Siegeslorbeer.
11a Hac speculativa iam plenarie nunc condelectans in aula fac, nos ut delectemur in dilecto tuo, suffragatix ardentissima Maria,	11a Die du dich nun erfreust gänzlich schon dieser Halle der Gottesschau, bewirke, dass auch wir uns freuen an deinem Geliebten, du glühendste Fürbitterin Maria,	11b Et ut letalibus arreptos, heu, vitiorum furiis reddat nos sane mentis miserans, ut solet, salutari curans indulgentia,	11b Und dass er uns, die wir, im Griff sind, ach, der tödlichen Furien der Laster, gesunden Verstandes mache, indem er uns erbarmungsvoll, wie er gewohnt ist, heilt durch seine rettende Vergebung,
12a Ut sic nequitiis adversariis fauste triumphatis corona regni tecum tripudiantes	12a Damit wir als glückliche Sieger über die Bosheit des Feindes unter der Krone des Himmelreichs mit dir tanzen	12b Collaudemus unâ et in cymbalis iubilationis deum deorum cum angelis in Syon 13 ys tus eonas ton eonon.	12b Und zusammen mit den Engeln und mit Zimbeln hellen Jubels den Gott der Götter in Sion loben 13 in alle Ewigkeit.

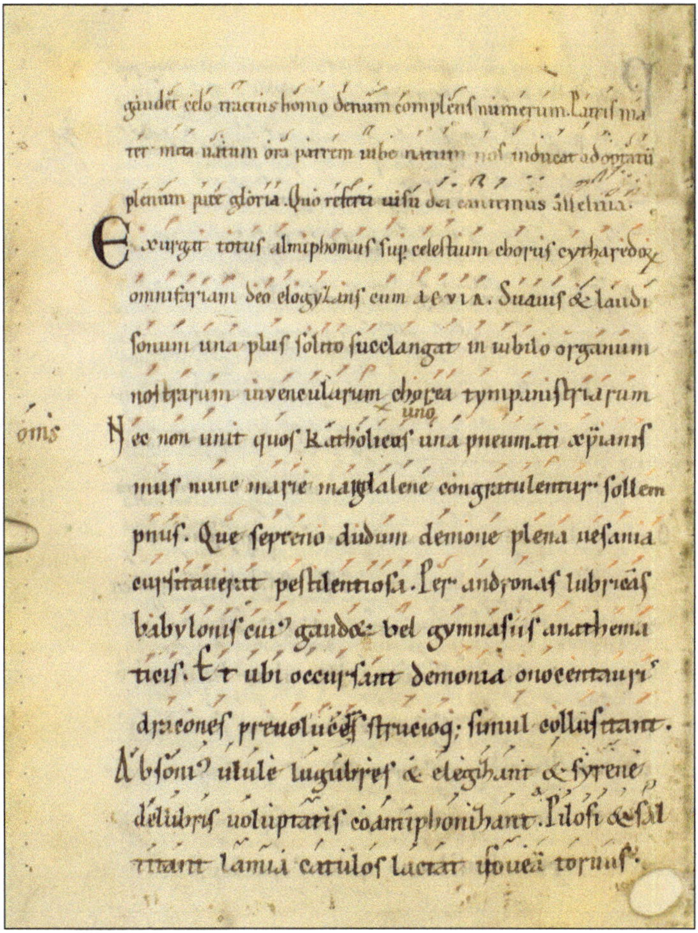

gaudet celo tractus homo denum complens numerum. Lauis ma
ter meta natum ora patrem iube natum nos inducat adoptatu
plenum patre gloria. Quio referta uisu dei canentinus alleluia.
Exurgat totus almiphomus sup celestium chorus cytharedo
omnifariam deo elogyzans cum aevia. Suauis & laudi
sonum una plus solito succlangat in iubilo organum
nostrarum inuencularum chorea tympanistriarum
uno
Hec non unit quos katholicos una pneumati xpianis
mus nunc marie magdalene congratulemur· sollem
pnus. Que septeno dudum demone plena uesania
cupsitauerat pestilentiosa. Per andronas lubricas
babylonis cur gaudet vel gymnasiis anathema
ticis. Et ubi occupsant demonia onocentauri
dracones preuoluens struciog; simul collustrant.
Absonus ululse lugubres & elegibant & syrene
delubris uoluptatis coamphonibant. Pilosi & sal
ttant lamia catulos lactat ibouea topnus.

Bild 19

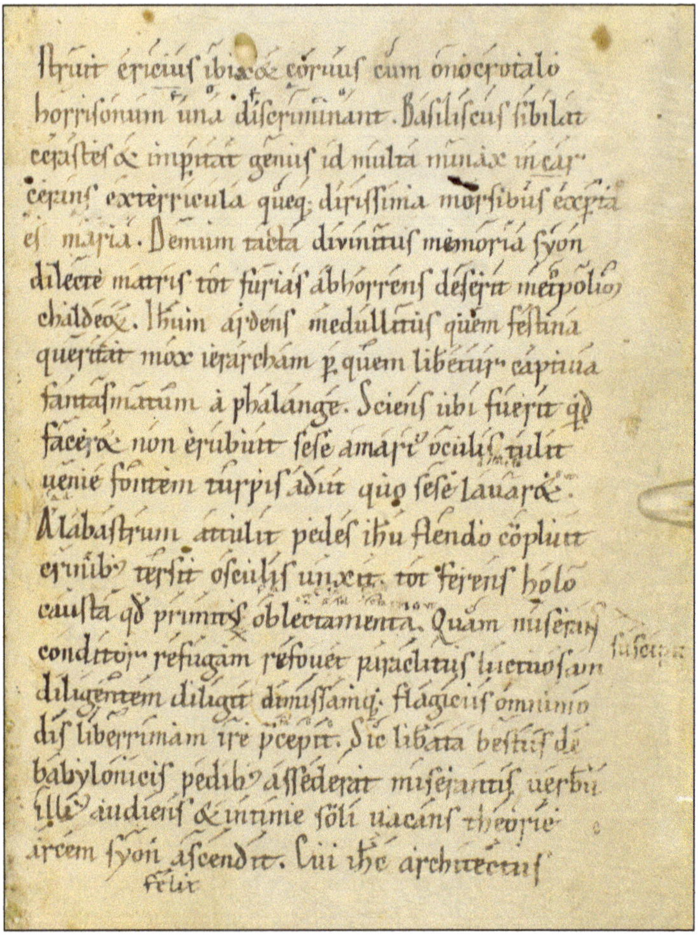

struit ericius ibisque coruus cum onocrotalo
horrisonum una discriminant. Basiliscus sibilat
cerastes & impritat genus id multa minax incap
cerunt exterricula queque dirissima morsibus excepta
es maria. Demum tacta divinitus memoria syon
dilecte matris tot furias abhorrens deserit metropolio
chaldeoq. Ihm ardens medullitus quem festina
queritat mox ierarcham p. quem libetur captiua
fantasmatum a phalange. Sciens ubi fuerit qd
faceret & non erubuit sese amari oculis tulit
uenie fontem turpis adiit quo sese lauaret.
Alabastrum attulit pedes ihu flendo coplun
crinib tersit osculis unxit tot ferens holo
causta qd primus oblectamenta. Quam miseris
conditor refugam refouet piraclitus luctuosam
diligentem diligit dimissamq. flagiciis omnimo
dis liberrimam ire pcepit. Sic libata bestiis de
babylonicis pedib assederit miserantis uerbu
ille audiens & intime soli uacans theorie
arcem syon ascendit. Cui ihc architectus
      felix

Bild 20

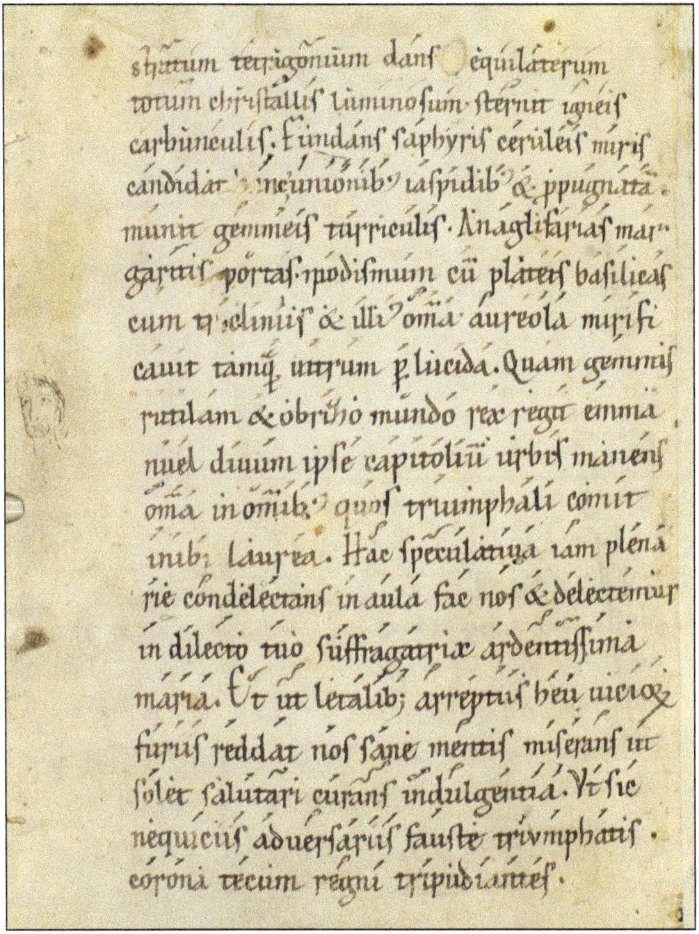

s hratum tetragonium dans equilaterum
totum christallis luminosum sternit igneis
carbunculis. Fundans saphyris ceruleis miris
candidat' in cunionib' iaspidib' & ppugnata
munit gemmeis turriculis. Anaglisarias mar-
garitis portas. podismum cu plateis basilicas
cum tricliniis & illi' omia aureola mirifi
cauit tamq; uitrum p lucida. Quam gemmis
rutilam & obriso mundo rex regu emma
nuel diuum ipse capitoliu urbis manens
omia in omib; quos truimphali comit
inib; laurea. Hac speculatiua iam plena
rie condelectans in aula fac nos & delectemur
in dilecto tuo suffragatrix ardentissima
maria. Et ut letalib; arreptus heu uicior
furus reddat nos sane mentis miserans ut
solet salutari curans indulgentia. Vt sic
nequicius aduersarius fauste triumphatis.
corona tecum regni tripudiantes.

Bild 21

Bild 22

Bild 19–22 *Stiftsbibliothek Admont, Codex 257, folio 220v–222r:
neumierte und teils linierte Maria-Magdalena-Sequenz,
Hermannus Contractus*

Von Kindheit an gelähmt, verbrachte Hermannus Contractus ab 1020 sein ganzes Leben im Benediktinerkloster Reichenau im Bodensee.

Mit Werken in den „Septem artes liberales", dem mittelalterlichen Fächerkanon als Grundlage für die Gründung der Universitäten ab dem 13. Jahrhundert, legte Hermannus ein beeindruckendes Oeuvre vor:

„Chronicon": umfassende Weltgeschichte von Jesu Geburt bis 1054.

Astronomie-, Mathematik-, Geometrie-Schriften: Formulierung eines Prinzips der „aequalitas" (Germann), die göttliche Einheit, die im klaren Gegensatz zum Konzept der kirchen- und reichspolitischen Disposition seiner Zeit stand.

Dichtung „Opusculum": humorvolle Lebensschule der acht Laster. Die am Ende des Werkes angekündigte Fortsetzung in den acht Tugenden ist nicht erhalten.

Hermannus wirkte als Pädagoge in der Klosterschule, verband Musiktheorie und Kompositionen für die Liturgie als „cantor": Angeregt durch die Musiktheorie seines Abtes Berno entwickelte Hermannus seine auf Boethius und Tinctoris aufgebaute Musiktheorie und verband als „cantor" in der klösterlichen Liturgie Theorie mit den Kompositionen Afra- und Wolfgang-Offizium und den fünf Sequenzen. Das 11. Jahrhundert titulierte Hermannus als „Mirakel". Sein Werk und Wirken gerieten jedoch bereits 50 Jahre nach seinem Tod in Vergessenheit. Man hat sogar angenommen, dass die Abfassung der Weltchronik auf das Drängen Kaiser Heinrich III. und des Papstes Leo IX., der aus dem Elsaß stammte, zurückzuführen sei.

PAPST LEO IX. (1002–1054)

Ex Rhythmo Paenitentiae	Bußrhythmus
O pater aeterne Deus, de caelis, altissime, Respice iacentem multis perforatum iaculis, Singultibus in extremis supirantem ultimis.	O Vater, ewiger Gott, im Himmel, dem Höchsten, Schau, wie viele Lügen, von Pfeilen durchbohrt, nach dem Äußersten zuletzt keuchen.
Respice nunc, Iesu Christe, pietatis unicae, Flecte visum tuum ad me, flagito, piissime, Ut respectus queam mea plangere facinora.	Schau jetzt, Jesus Christus spaltet die Frömmigkeit, Neige deinen Blick zu mir Ich verlange, sehr fromm Wie kann ich meine Liebe respektieren über Untaten weinen?
Respexisti et Mariam peccatricem animam, Quae compuncta sub momento haud se dedit nuntio, Pedibus sed provoluta deflevit flagitia.	Er sah Marias sündiges Leben; Die in einem Moment durchbohrt wurde er gab keine Nachricht, Aber auf die Füße fallend, weinte sie über ihre Sünden.
O sancta tua voluntas, creator, et bonitas, Respicis qui te credentes, ut a morte revoces, Bonus pastor oves tuis reportas in umeris.	Oh, dein heiliger Wille Schöpfer und Güte Schau dir die an, die glauben, dass sie vom Tod zurückgerufen werden, Der gute Hirte ist dein Schaf bring es zurück auf deinen Schultern.

Respexisti quondam Petrum	Du solltest dir Petrus ansehen
Respexisti quondam Petrum peccato obnoxium, Qui respectus flevit dure divino ex munere, Ad gratiam restauratus permansit apostolus.	Du solltest dir Petrus ansehen sündig; Er sah zu, weinte heftig das göttliche Geschenk der Gnade wurde wieder eingesetzt der Apostel fuhr fort.
Respexisti et latronem, sceleratum hominem, Ut te Deum maiestatis fateretur humilis; Meruit sic paradisi tecum portas ingred.	Sie sollten den Räuber bemerken der berüchtigte Mann Für dich, den Gott der Majestät der demütige Mann gestand; Es hat das Paradies verdient Ich bin mit dir durch die Tore gegangen.
Sic, sic, pastor, nunc iacenti languido ac debili Elevandum manum praebe, velis me erigere, Ut erectus possim stare coram te, dulcissime.	So, so lügt der Hirte jetzt, lustlos und schwach Hebe die Hand Du möchtest mich erziehen, Ich kann aufrecht stehen vor dir, süßester Freund.
Hoc des, pater ingenite, nate spiritus ab utroque procedens paraclite, Deus unus, sempiterna regnator per saecula.	Du gibst das, Vater, den guten Geist beide voranschreitender Paraklet, Ein Gott, ewig, Herrscher für immer

1098 GOTTSCHALK VON AACHEN (~1050–~1107

Sequentia de S. Maria Magdalena			
	1 Laus tibi, Christe: qui es creator et redemptor, idem et salvator	1 Preis dir, Christus: der der Schöpfer und Erlöser und Retter ist	
2a Coeli, terrae, maris, angelorum et hominum.	2a Himmel, Erde, Meer, Engel und Menschen.	2b Quem solum Deum confitemur et dominum.	2b Welchen allein vor allen als Gott und Herrn wir bekennen.
3a Qui peccatores venisti ut salvos faceres,	3a Der du gekommen bist, um die Sünder all' zu erlösen,	3b Sine peccato peccati assumens formulam.	3b Ohne die Sünde der Sünden ließest du dir die Gestalt gefallen.
4a Quorum de grege, ut Chananeam, Mariam visitasti Magdalenam.	4a Von ihrer Herde, wie Kanaaniter, sie haben Maria Magdalena besucht.	4b Eadem mensa verbi divini illam micis, hanc refovens poculis.	4b Ihn mit dem Brote des Wortes und sie mit dem Tranke erquicktest;
5a In domo Simonis leprosi conviviis accubans typicis	5a Im Hause Simons, des Aussätzigen saßen sie zu Tisch,	5b Murmurat Pharisaeus, ubi plorat femina criminis conscia.	5b Der Pharisäer murmelt, wo die Schuldbeladene weint, ihrer Schuld bewusst.
6a Peccator contemnit conpeccantem: peccati nescius poenitentem exaudis: emundas, foedam adamas, ut pulchram facias.	6a Er, der Schuldige, höhnt die gleichfalls Schuldige Aber Du vergissest der Schuld erhörst die Bittende, reinigst die Besudelte, liebst sie, damit du sie schöner machest.	6b Pedes amplectitur dominicos, lacrymis lavat, tergit crínibus, lavando, tergendo, unguento unxit, osculis circuit.	6b Und sie umfaßt die Füße des Herrn, mit Tränen sie waschend, Sie mit den Haaren trocknend, salbend mit köstlicher Salbe, Deckend mit Küssen.

7a Haec sunt convivia, quae tibi placent, o Patris sapientia.	7a Solch' ein Mahl gefällt dir, o Weisheit des ewigen Vaters.	7b Natus de virgine, qui non dedignaris tangi de peccatrice.	7b Du von der Jungfrau Gebor'ner verschmähst nicht der Sünderin Nah'n.	7a Solch' ein Mahl gefällt dir, o Weisheit des ewigen Vaters.
8a A Pharisaeo es invitatus: Mariae ferculis saturatus.	8a Vom Pharisäer eingeladen, erquickt dich Marias Speise.	8b Multum dimíttis multum amanti, nec crimen postea repetenti.	8b Viel verzeihst du der Liebenden, welche nun nicht mehr sündigt.	8a Vom Pharisäer eingeladen, erquickt dich Marias Speise.
9a Daemoniis eam septem mundans septiformi spiritus;	9a Reinigtest sie von den Dämonen, dem siebengestalteten Geiste;	9b Ex mortuis te surgentem das cunctis videre priorem.	9b Dann von den Toten erstanden, erscheinst du vor allen zuerst ihr.	9a Reinigtest sie von den Dämonen, dem siebengestalteten Geiste;
10a Hac, Christe, proselitam signas ecclesiam: quam ad filiorum mensam vocas alienigenam.	10a Also wurde die Jüngerin Bild der heiligen Kirche: die du, o Christe, führst als Fremde zum Tische der Söhne.	10b Quam inter convivia legis et gratiae spernit Pharisaei fastus, lepra vexat heretica.	10b Und Dank des Mahles und dem Gesetz der Gnade wird der Stolz des Pharisäers zur Seite gestossen und mit ketzerischem Aussatz verfolgt.	10a Also wurde die Jüngerin Bild der heiligen Kirche: die du, o Christe, führst als Fremde zum Tische der Söhne.
11a Qualis sit tu scis: tangit te, quia peccatrix, quia veniae optatrix.	11a Doch du kennst sie, die dich berührt, du kennst ihre Wünsche.	11b Quidnam haberet aegra si non accepisset, si non medicus adesset.	11b Ach, was würd aus der Kranken, wärst du der Arzt nicht zugegen?	11a Doch du kennst sie, die dich berührt, du kennst ihre Wünsche.
	12 Rex regum dives in omnes: nos salva, peccatorum tergens cuncta crimina, sanctorum spes et gloria. Alleluja!	12 Christus, König, so reich für alle, erlös uns und wasche rein uns von Sünden, o du der Heiligen Hoffnung und Ehre! Alleluja!		

1190 ROBERT DE BORON (12.–13. JH.)

Die Geschichte des Heiligen Gral

Und Judas, den Gott doch so sehr liebte, bekam eine Abgabe, die man Zehnten nannte; darüber war er der Verwalter unter den Jüngern Jesu. Und darob wurde er neidisch und habsüchtig und war nicht so liebenswürdig zu den Jüngern, wie sie selbst untereinander waren und einander liebten. Er begann sich ihnen zu entfremden und manchmal sich fern zu halten; er war auch hartherziger als er früher zu sein pflegte, so dass jeder ihn fürchtete. Unser Herr aber wußte das alles wohl, denn ihm kann man nichts verheimlichen. Zu jener Zeit also herrschte die Sitte, dass die Kämmerer den Zehnten von allem nahmen, was man ihren Herren schenkte, und das war ihr Eigentum. Nun geschah es am Tage des Abendmahls, dass sich Maria Magdalena in das Haus Simons begab. Sie fand dort Jesus mit seinen Jüngern an der Tafel sitzen, und Judas saß Jesus gegenüber beim Essen. Sie verbarg sich unter der Tafel und kniete zu Füßen Jesu nieder. Sie begann bitterlich zu weinen und benetzte die Füße unseres Herrn mit ihren Tränen; dann trocknete sie die Füße mit ihren überaus schönen Haaren und salbte sie mit einem edlen, kostbaren Salböl, das sie gebracht hatte; und das Haupt Jesu salbte sie ebenfalls. Da erfüllte sich das Haus mit dem köstlichen Geruch des Salböls, und jeder der Anwesenden staunte ob des süßen Duftes. Judas dagegen geriet in heftigen Zorn darüber: war doch das Öl dreihundert oder noch mehr Silberlinge wert. Und dafür hatte er nun seine Steuer verloren; denn der Zehnte davon war dreißig Silberlinge, und die hätten ihm gebührt. So begann er bei sich nachzudenken, wie er die dreißig Silberlinge wieder einbringen könne ...

Bild 23 *Gotisches Fresko Maria Magdalena mit
Salbgefäß, Tingsted, Dänemark*

Der wahre Gott war inzwischen als Herr und Prophet in die
Hölle hinabgestiegen; Er befreite seine Freunde daraus, Eva
und Adam und ihre Nachkommenschaft, die der Widersacher

in seiner Gewalt hatte; heilige Männer, heilige Frauen, die ganze gute Menschheit, denn Er ließ von den Guten keinen einzigen zurück. Alle holte Er, die Er losgekauft hatte, für die Er dem Tod überliefert worden war …

Als unser Herr dies ausgeführt, so wie es Ihm gefiel und geziemte, da erwachte Er vom Tode zur Auferstehung, und niemals konnten es die Juden erfahren noch sehen. Er erschien vor Maria Magdalena, das ist gewiß, und ebenso vor seinen Aposteln und den Jüngern, die Ihn leibhaftig salben.

Das goldene Zeitalter von Sainte-Marie-Madeleine Vézelay

Der Glanz der Abtei von Cluny (gegründet um 910) erstrahlt über die ganze Christenheit. Ihr Einfluss erstreckt sich auch schrittweise auf Vézelay – zu der Zeit im Verfall begriffen – durch die Einsetzung von Abt Geoffroy (1037–1052) an seine Spitze (1050). Er entfachte besonderen religiösen Eifer für die Verehrung der Heiligen Maria Magdalena: „Ebenso wie Christus die Heilige Magdalena von ihren Sünden befreit hat, so möge er auch durch sein Wirken alle diejenigen befreien, die in Ketten liegen." Die von Cluny ausgehende Förderung ihres Kultes führte dazu, dass Vézelay unter Abt Geoffroy die Heilige unter seine Schutzheiligen aufnahm, in dieser Form erstmals durch ein Privileg Papst Leos IX. belegt (Epist. 36, PL 143,642).

Die besondere Beziehung Papst Leos IX. (1002–1054) zu Maria Magdalena zeigt sich in der Touler Vita: „In dieser Kugel wurden ihm (Papst Leo) vor allem zwei Menschen herrlichen Aussehens gezeigt. Als er ihre Namen zu erfahren begehrte, drang folgende Stimme zu seinen Ohren: ‚Dies sind – nimm es zur Kenntnis – Maria Magdalena und Bischof Galienus. In der zukünftigen Welt wirst du die Freude haben, ihre Gemeinschaft genießen zu dürfen.' Und als er die Kugel freudig in die Hände nahm und in seinen Schoß legen wollte, erwachte er aus seinem die Zukunft kündenden Schlaf. Es ist aber nicht verwunderlich, dass ihm vorausgesagt wurde, er werde der heiligen Maria zugesellt werden, da die gleiche tiefe Liebe zu Gott und der gleiche unaufhörliche, wie Quellwasser sprudelnde Tränenstrom ihn ihrer Verdienste teilhaftig gemacht hat."

Bulle Leo IX. 27. April 1050 Außerordentliche Zufälle scheinen zur Entstehung des Magdalenenkults in Vézelay beigetragen zu haben. Geoffroy hat nicht nur in Cluny gewirkt, sondern 1049 auch am Konzil von Reims teilgenommen, wo er den Bischöfen von Verdun und Besançon begegnete. In beiden Diözesen waren heilige Stätten zu Ehren Maria Magdalenas gebaut und im selben Jahr von Papst Leo IX., unter dessen Ägide das Konzil stattfand, geweiht worden. Außerdem hatte Geoffroy dem Konzil von Rom im Lateran am 29. April 1040 beigewohnt, also zwei Tage, nachdem Leos Bulle die Schirmherrschaft Magdalenas in Vézelay bestätigt und sogar die Jungfrau Maria verdrängt hatte. Anscheinend hatte der Abt dieses Ziel hartnäckig verfolgt.

Abt Geoffroy bestätigte die Existenz der Reliquien Maria Magdalenas. Er hatte die geniale Idee, unter ihrer Schirmherrschaft den ersten „Gottesfrieden" einzurichten, der für Cluny und später für das gesamte römische Reich von großer Bedeutung war. Die Heilige war ideales Vorbild der Buße und der Einheit mit Gott. Sie wurde um die Befreiung der Gefangenen im Heiligen Land angerufen, deren Zahl mit den Kreuzzügen nach 1095 ständig wuchs.

Auf die Bitte von Papst Eugen III. hin kommt der Hl. Bernhard von Clairvaux (1090–1153) 1146 nach Vézelay, um außerhalb des Schutzwalls der Stadt einen mitreißenden Aufruf zum zweiten Kreuzzug zu halten. 1129 nennt er als Patron der Tempelritter Maria Magdalena in einem seiner Werke die „Braut Christi" und schwört 1129 den Orden der Zisterzienser auf Maria Magdalena ein.

Es waren die Tempelritter gewesen, welche die mächtigen Notre-Dame-Kathedralen von Frankreich erbauen ließen. Sie wollten so das weibliche Prinzip in der mittelalterlichen Gesellschaft wieder verankern. 1307 wurde der Ritterorden, nachdem er der Ketzerei bezichtigt worden war, zerschlagen. Mit seinem Untergang verschwand auch der Geist dieser großartigen Baukunst. Wichtigster Glaubenssatz der Templer war das kosmische Gesetz der Harmonie zwischen den männlichen und weiblichen Kräften, dessen steinerner Ausdruck die Kathedrale von

Chartres ist. Die wunderbaren „Fensterrosen" aus vielfarbigem Glas sind ein Beispiel für das Wiedererwachen des Weiblichen unter den Baumeistern der mittelalterlichen Kirchen zu Ehren „unserer Herrin" (Notre Dame).

Bild 24 *Ste-Marie-Madeleine Vézelay*

Sequenz Sancta Maria Magdalena	
Magnum salutis gaudium. Ietetur omne seculum, Iesus redemptor gentium sanavit orbem languidum.	Große Freude herrscht über die Rettung, es freut sich die ganze Welt. Jesus, der Erlöser der Völker hat den ermatteten Erdkreis gerettet.
Sex ante pasche ferias advenit in Bethaniam, ubi pie post triduum resuscitavit Lazarum.	Sechs Tage vor dem Paschafest ist er nach Bethanien gekommen, wo er fromm am vierten Tag Lazarus wiedererweckt hat.
Nardi Maria pistici sumpsit libram mox optimi, unxit beatos Domini pedes rigando lacrimis.	Maria hat ein Pfund besten gemahlenen Nardenöls genommen, hat die Glücklichen des Herrn gesalbt und mit Tränen ihre Füße benetzt.
Honor, decus, imperium sit Trinitati unice: Patri, Nato, Paraclito per infinita secula. Amen.	Ehre, Zierde, Macht sei dem einen und dreifaltigen Gott, dem Vater, Sohn, dem Tröster-Geist in alle Ewigkeit. Amen.

Hymnarius Paraclitensis In Festis SS. Mulierum 124. n 1 . Nocturno Libellus Terzius	
1. Ab utroque sexu plagam traximus, Ab utroque medelam suscepimus, Virum Deus induit in virgine, Quo salventur tam viri quam feminae; Orta salus est ex femina, Unde culpa, coepit gratia.	1. Von beiden Geschlechtern haben die beiden Verurteilten den Mann einer Jungfrau verurteilt, Durch die sowohl Männer als auch Frauen gerettet werden; Und es gibt Erlösung für die Liebe der Frauen, wo es Sünde gab, beginnt Gnade.
2. Quo post culpam sexus hic abjectior, Per naturam fuerat inferior, Hoc nimirum divina clementia Hunc maiori sublimavit gratia. Quod ab eius matre virgine Per singulos gradus inspice.	2. Wem nach der Schuld das Geschlecht abscheulich ist, weil die Gnade fehlt, Das ist die göttliche Barmherzigkeit Er erhob sie zu größerer Gnade; Das Mädchen weg von ihrer Mutter. Sieh dir jeden Schritt an.
3. Quis sanctarum eam aemulantium Numerare possit choros virginum? Post has esse quis nescit innumeras Sacrum votum amplectentes viduas, Nec deesse matrimonio, Quae flagrent hoc desiderio?	3. Wer von den Heiligen konkurriert mit ihr? Kannst du die Tänze der Jungfrauen zählen? Wer weiß nach diesen unzähligen Heilige Gelübde an Witwen Nicht heiraten wollen Wer brennt vor diesem Verlangen?
4. Post has omnes si scorta respiciam Magdalenae iungens Aegyptiacam, Ubi culpa prius abundaverat, Cerno, qu ia virtus post exuberat. Ipsi decus, ipsi gloria, Qui tot facit mirabilia.	4. Schließlich werde ich auf diese Prostituierten zurückblicken Verbindung von Magdalena mit der Ägypterin, Wo Fehler vorher im Überfluss vorhanden waren Ich sehe, welche Tugend danach im Überfluss vorhanden ist. Ihr Ehre, Ihr Ehre Wer tut so viele wunderbare Dinge.

De S. Maria Magdalena 128. Hymnus prior.	**Über die Heilige Maria Magdalena 128. erster Hymnus**
1. Peccatricis beatae sollemnitas Peccatores maxime laetificat, Post hanc nemo desperet de venia, Quantumcunque praecedant flagitia, Si lamenta paenitentiae Subsequentur loco victimae.	1.Das gesegnete Fest der Sünder, Er erfreut die meisten Sünder Danach verzweifelt niemand an Verzeihung, Egal wie viele Skandale vorher sind, Wenn Tränen dem Opfer nachfolgen.
2. Cor contritum, tribulatus spiritus Holocaustis gratius est omnibus. Ibi quisque mactat intus vitia, Hic mactantur foris animalia; Ibi quisque se sacrificat, Hic aliud pro se immolat.	2. Ein gebrochenes Herz, ein aufgewühlter Geist Brandopfer sind für alle gut. Dort tötet jeder die Laster in sich Hier werden Tiere geschlachtet; Jeder dort opfert sich Eines opfert er für sich.
3. Ibi rerum est ipsarum veritas Hic figurae quaedam [adest] falsitas, Ibi corpus hic est umbra corporis, Illud manet, cum haec evanuerit; Hoc exhibens felix meretrix Res pro signis ipsas obtulit.	3. Es gibt die Wahrheit der Dinge Diese Figur ist unwahr, Dort der Körper, hier der Schatten eines Körpers Ersteres bleibt, wenn letzteres geschmacklos geworden ist; Indem die glückliche Hure das Haus selbst zeigt.
4. Lacrimarum pingue sacrificium, Medullatum holocaustum fletuum, Multa brevi consummarunt tempora Impetrata statim indulgentia. Ipsi decus ipsi gloria, Super eius tanta gratia.	4. Tränen für das Opfer; Das Mark verbrennende Verwirrung, Viele beendeten schnell ihre Zeit Und haben den Genuss erhalten. Von Ihm ist die Herrlichkeit, Für seine so große Gnade.

De S. Maria Magdalena 129. Hymnus alter.	
1. Poenitentium severa correptio Et eorum longa satisfactio Crebris carnem edomant ieiuniis Asperisque cruciant cilciis, Et eiectos ab ecclesia Cunfundit erubescentia.	Der Büßenden strenge Maßregelung und ihre lange Buße züchtigen durch häufiges Fasten das Fleisch, und mit rauhen Bußgewändern quälen sie es. Und die Verstoßenen aus der Kirche überläuft Schamröte.
2. In hac nihil actum est hoc ordine, Mitiorem sensit Deum homine, Rex et iudex idem legem temperat Nec attendit, qui cor vere iudicat, Tam temporis longitudinem Quam doloris magnitudinem.	An ihr ist nichts geschehen nach dieser Ordnung, sanftmütiger als den Menschen empfand sie Gott, als König und Richter mäßigt derselbe das Gesetz, und es achtet nicht, wer das Herz wahrhaft richtet, so sehr der Zeit Länge wie des Reueschmerzes Größe.
3. Pharisaeus Domini clementiam, Quam ignorat, credit ignorantiam, Et intra se dum super hanc murmurat, Iudex cordis murmur hoc diiudicat, Ut collatis multis dixerit, Cur veniam haec meruerit.	Der Pharisäer hält des Herrn Milde, die er nicht kennt, für Unkenntnis, und während er in seinem Innern über sie murrt, wägt der Richter des Herzens dieses Murren ab, damit er im Vergleich mit vielen zu sagen vermag, warum diese Gnade verdient hat.
4. Quam multorum peccatorum vinculis Quasi septem absolvens daemoniis, Quanti fides, quanti sit dilectio. Tam felici docuit indicio. Ipsi decus ipsi gloria, Super eius tanta gratia	Von wie vieler Sünden Fesseln löst sie sich, als wären es die sieben Dämonen, wie viel wert ist ihr Glaube, wie viel ihre Liebe! Mit so Glück verheißendem Zeichen lehrte er es. Ihm die Zierde, ihm der Ruhm für seine gewaltige Gnade!

Sermo XIII In die Paschae	Predigt 13 Am Ostertag
Sumpsit ergo Maria prophetissa, soror Aaron, tympanum in manu. Egressaeque sunt omnes mulieres post eam, cum tympanis et choris, quibus praecinebat, dicens: Cantemus Domino, gloriose enim, etc. (ibid., 20). Quod quidem feminarum canticum quanto mysterio plenum describatur, diligenter attendite. Hic quippe Maria, quae choro illi feminarum praecinebat, quae cum virum habuisse non legatur, virgo intelligitur, ut non solum voce cantici, sed etiam privilegio dignitatis praeiret caeteris, non solum cantasse memoratur, sicut Moyses vel populus, sed etiam prophetes esse describitur, et tympanum in manu tenuisse. Quid enim prophetes, nisi videns interpretatur? Cum visionem autem, id est revelationem cantat, cui verborum quoque mysteria Dominus revelat; cum in illa videlicet populi liberatione, et hostium submersione non tam corporum salutem attenderet, quam animarum figurari prospiceret, quam quotidie in sacramento baptismatis divina operatur gratia. Tympanum autem quod manu gestabat, mortificationem carnis insinuat, quam habebat in opere, quo ejus canticum Deo magis esset acceptum. Unde et Psalmista in tympano Deum laudare nos adhortans, ait: Laudate eum in tympano, etc. (Psal. CL, 4). Saepe, autem tympanum in ore magis quam in manu habemus, cum sanctorum mortificationem carnis ita praedicamus, ut eam opere non imitemur.	Da nahm Maria, die Prophetin, die Schwester Aarons, das Tamburin in ihre Hand. Und alle Frauen gingen ihr nach mit den Pauken und Tänzen, zu denen sie sang, und sagten: Lasst uns dem Herrn singen zur Ehre. (ebd., 20). Passt gut auf, das Lied dieser Frau wird als voller Mysterien beschrieben. Das ließ Maria tanzen, diese Frauen sangen, die, wenn sie keinen Mann gehabt haben soll, als Jungfrau verstanden wird, so dass sie die anderen nicht nur durch die Stimme eines Liedes, sondern auch durch übertraf das Vorrecht der Würde, erinnert sich nicht nur daran, als Moses oder das Volk gesungen zu haben, sondern wird auch als Prophet bezeichnet, das Tympanon in der Hand zu halten. Denn was bedeutet ein Prophet anderes als ein Seher? Aber wenn er von einer Vision singt, das heißt von einer Offenbarung, dem der Herr auch die Geheimnisse der Worte offenbart; denn bei dieser Befreiung des Volkes und dem Untertauchen des Feindes dachte er nicht so sehr an die Errettung der Leiber, als er für die Gestalt der Seelen sorgte, die die göttliche Gnade täglich im Sakrament der Taufe wirkt. Die Pauke, die er in der Hand trug, vermittelt die Abtötung des Fleisches, die er in der Arbeit hatte, in der sein Lied für Gott annehmbarer war. Daher sagt auch der Psalmist, der uns ermahnt, Gott auf der Pauke zu preisen: Lobt ihn mit der Pauke. (Psalm 150:4). Oft aber haben wir eine Pauke eher im Mund als in der Hand, wenn wir die Abtötung des Fleisches der Heiligen so verkünden, dass wir sie nicht in der Tat nachahmen.

Tanto diligentius Mariae cauticum describitur, quanto ipsum devotius et Deo gratius fuisse intelligitur. Quod si Novi quoque Testamenti revolvamus seriem, et in hac Maria et caeteris cum ea feminis alteram Mariam, et cum ipsa devotas feminas, quibus primum Dominus suae resurrectionis gaudium exhibuit, competenter intelligamus, reperimus singula his convenienter aptari. Illa quippe prophetes memoratur, hae Nautem apostola dicta est, hoc est legatorum legata: quod eam Dominus ad apostolos primum direxerit, ut eis resurrectionis gaudium nuntiaret.	Je sorgfältiger Marias Vorsicht beschrieben wird, desto hingebungsvoller ist es ihr, frommer und Gott wohlgefälliger gewesen zu sein. Aber wenn wir die Reihe des Neuen Testaments umblättern, und in dieser Maria und mit den anderen Frauen mit ihr und mit den anderen frommen Frauen, denen der Herr zuerst die Freude seiner Auferstehung gezeigt hat, finden wir, dass jede angepasst ist. An erstere erinnert man sich als Prophetin, aber sie wurde Apostelin genannt, das heißt Vermächtnis der Gesandten, weil der Herr sie zuerst zu den Aposteln führte, damit sie ihnen die Freude der Auferstehung verkünde.
Ubi praeposterus quidem ordo beatior et honorabilior pensandus est. In veteri quippe Pascha praedicti viri primitus, etiam postmodum feminae cecinisse memorantur; in nostro autem Pascha, hoc est Dominicae resurrectionis die, spiritale canticum exsultationis de apparitione resurrectionis prius feminae quam viri adeptae sunt.	Wo die absurde Ordnung als die gesegnetere und die ehrenhafteste zu betrachten ist. Denn beim alten Pessach wurden die besagten Männer zuerst erwähnt und auch die Frauen nachher besungen; und in unserem Pessach, das heißt am Tag der Auferstehung, dem geistlichen Jubelgesang über das Erscheinen der Auferstehung, haben sich die Frauen zuvor angeeignet.
Maria illa caeteris in cantico praecinebat, et haec ante alias, gaudio resurrectionis primo est potita; et haec prima nuntiando praecinit quod prima viderat. Maria illa caeteris in cantico praecinebat, et haec ante alias, gaudio resurrectionis primo est potita; et haec prima nuntiando praecinit quod prima viderat. Post ipsam vero, ad caeteras feminas hoc gaudium resurrectionis priusquam ad apostolos vel quoslibet viros pervenit. Quas etiam Dominus ad apostolos dirigens ait: Ite, nuntiate fratribus meis ut eant in Galilaeam (Matth. XXVIII, 10).	Dass Maria in einem Lied zu den anderen sang und vor dem anderen die Freude der Auferstehung genoss; und indem er diese Dinge verkündet, sagt er zuerst voraus, was er zuerst gesehen hatte. Dass Maria in einem Lied zu den anderen sang und vor dem anderen die Freude der Auferstehung genoss; und indem er diese Dinge verkündet, sagt er zuerst voraus, was er zuerst gesehen hatte. Aber nach ihr kam diese Freude der Auferstehung zu den anderen Frauen vor den Aposteln oder anderen Männern. Und der Herr leitet sie zu den Aposteln und sagt: Geht, sagt meinen Brüdern, dass sie nach Galiläa gehen können (Mt 28,10).

Maria-Magdalena-Fenster

Maria Magdalena ist einen Weg der Seelenverwandlung gegangen, der sie von der praktischen Weltzugewandtheit zur innigen Hingabe und Liebe dem Christus gegenüber geführt hat, einen Weg, der sie dazu gebracht hat, weit entfernt von der Heimat aus der Fülle ihres mit dem Christuslogoslicht durchglühten Herzens völlig fremde Menschen zu erreichen und damit den Boden für das Christentum in Westeuropa zu schaffen. Schließlich hat sie ihre letzten drei Lebensjahrzehnte in der kargen bergigen Abgeschiedenheit Südfrankreichs verbracht. Sie lebte als asketische Einsiedlerin ohne Kontakt zu Menschen und ernährte sich rein von geistiger Speise, wie es bildhaft die Legenden berichten. Diese dreifache Seelenverwandlung von unten (Welt, Physis) über die Mitte (Seele) nach oben (Geist) wird als wesentliches Merkmal ihrer Person durch Chartres herausgearbeitet. In fast allen Medaillons des Glasfensters finden wir Hinweise auf die Trinität, gleichzeitig ist damit aber auch die dreifache Seelenverwandlung der Maria Magdalena angesprochen – und damit selbstverständlich der dreistufige Schulungsweg von Chartres.

Maria Magdalena ist die erste Christin, die Frankreichs Boden betreten hat. Chartres unterstreicht diesen Aspekt ihres Wesens. Sie ist die Bringerin des Christentums und hat sein Wesen mit der keltischen Grundsubstanz, mit dem keltischen Substrat verbunden, wie das Boot als Bild für die christliche Kirche durch einen keltischen Knoten mit dem Land vertäut ist. Es ist ein klares Bekenntnis zum johanneischen Christentum, das in diesem Medaillon ausgedrückt wird, umso mehr als Maria Magdalena vor ihrem Herzen nicht das Salbgefäß sondern das Buch trägt. Johannes hat das Christentum zu den Menschen und Völkern in Kleinasien gebracht. Johannes steht für die geistige Dimension in der christlichen Lehre. Maria hat das johanneische Logos-Christentum nach Frankreich und damit nach Europa gebracht. Maria Magdalena steht für die seelische Dimension der christlichen Lehre.

Dass diese beiden Fenster in Chartres nebeneinander platziert sind, zeigt den Charakter der Chartreser Gemeinschaft. Nicht so sehr hierarchisch ist hier die Ausprägung der Kirche, sondern paritätisch-geschwisterlich, man könnte auch sagen brüderlich. Als Apostel Christi sind Mann und Frau gleichwertig. Dass dies eigentlich ein zukünftiges soziales Modell sein müsste, wird in Chartres tief empfunden worden sein und fand wohl auch deshalb seinen Ausdruck in den Glasfenstern. Der weiblichen Spiritualität Nachdruck zu verleihen, ist die ureigene Stärke von Chartres. So wird die salbende Maria Magdalena als Vermittlerin des (weiblichen) Geistes gezeigt, als erste Apostelin und als Überbringerin des Wortes nach Frankreich.

In Chartres verband man philosophische mit literarischen Interessen. Prägend war der gemeinsame Platonismus, der – da man von Platons Werken nur den „Timaios" kannte – speziell auf dem Gebiet der Mathematik und Naturlehre zur Geltung kam. Besonderen Anklang fand Platons Konzept einer Weltseele als kosmologisches Prinzip. Neben dem hochwertigen Unterricht bot der einzigartige Reichtum der Bibliothek hervorragende Voraussetzungen für die Bildungsbemühungen der Schüler. Unterrichtsfächer waren wie auch anderswo die Sieben Freien Künste (Artes liberales): Das Trivium bildeten Grammatik, Rhetorik und Dialektik, das Quadrivium bildeten Arithmetik, Geometrie, Musik und Astronomie; eine Besonderheit von Chartres war das relativ große Gewicht, das auf die Artes gelegt wurde, und die Gründlichkeit, mit der man sie studierte. Eine wichtige Rolle spielte die Kommentierung des „Timaios"; in Logik und Sprachphilosophie machte sich der Einfluss des Aristoteles geltend. Ein Merkmal der „Chartres" zugerechneten Gelehrten war eine für damalige Verhältnisse relativ hohe Wertschätzung der

Philosophie im Verhältnis zur Theologie und der Vernunft gegenüber der Autorität.

Gegen Ende des 12. Jahrhunderts nahm die Bedeutung von Chartres als Ausbildungsstätte stark ab, was mit einem verminderten Interesse an den dort besonders gepflegten Lehrinhalten zusammenhing. Paris als Universitätsstadt trat zunehmend in den Vordergrund. Allerdings war den Werken der Gelehrten, die in Chartres tätig gewesen oder von der dortigen Tradition beeinflusst waren, teils eine erhebliche Nachwirkung bis ins Spätmittelalter beschieden. *Sophie Aleemi*

Bild 25 *Maria-Magdalena-Fenster, Kathedrale von Chartres*

Gastmahl des Simon Phariseus – Weltleben der Maria Magdalena – Bekehrung der Maria Magdalena – Salbung Jesu durch Maria Magdalena – Weltleben der Maria Magdalena

Ansatzpunkt für die Analyse der Entwicklung der Magdalenenszene ist zunächst die sehr unterschiedliche Darstellung in Bezug auf die Todsünden Superbia (Hochmut) und Luxuria (Wollust), derer Maria Magdalena sich nach gängiger Deutung schuldig macht. Während die Beschreibung in den rein lateinischen Fassungen auf die Körperpflege und die im Tanz zum Ausdruck gebrachte Körperlust beschränkt ist, und es somit bei Anspielungen bleibt, werden in den mischsprachigen Passionsspielen Hurerei und Freude an der eigenen Schönheit klar benannt. In diesem Zusammenhang ist auch eine Bemerkung Günter Bernts zu sehen, die Aufnahme volkssprachiger Strophen zeige, dass die geistlichen Spiele zunehmend nicht nur Kleriker, sondern ein größeres Publikum ansprechen sollten. Diesbezüglich könnte sich neben der Verständlichkeit der Sprache auch die Darstellungsform zugunsten der Popularität des Passionsspiels ausgewirkt haben.

Günter Bernt sieht die Figur der Maria Magdalena im Magdalenenspiel als Verkörperung des Menschen, „der den Freuden des Diesseits ergeben ist." Nicht zuletzt der Beginn der Magdalenenszene des Benediktbeurer Passionsspiels mit Maria Magdalenas ersten Worten „Mundi delectatio" („Sei gepriesen, Lust der Welt") in ihrem als Vagantenstrophe verfassten Auftrittslied (V. 19–26) spricht für diese Deutung.

So entsteht ein Kontext, in dem das dem Auftrittslied folgend in das Benediktbeurer Passionsspiel aufgenommene Min-

nelied „Chramer, gip die varwe mier“ (V. 35–52) auf einer neuen
Bedeutungsebene erscheint. Das ursprünglich „unschuldige Lie-
dchen“ werde, so Helmut de Boor und Richard Newald, zur Cha-
rakterisierung einer Sünderin herangezogen und damit „pervertiert“. In dem mittelhochdeutschen Lied kauft Maria Magdalena
Schminke, mit dem Ziel, sich für Männer attraktiv zu machen:

„Chramer, gip die varwe mier / diu min wengel roete / da mit
ich die iungen man / an ir danch der minneliebe noete“ („Krä-
mer, gib die Schminke mir / die meine Wangen röte / damit ich
die jungen Männer / mir gefügig machen kann“).

De Boor und Newald sehen hier auch einen Hinweis auf den
Wandel, der dem hochmittelalterlichen Wertesystem im Spätmittelalter widerfahren sei. Ehemalige Werte würden nun als
Laster gedeutet. Unter Berücksichtigung der ursprünglichen
Bedeutung von Minne wird die Grundlage dieser Argumenta-
tion im zweiten Teil des Lieds besonders deutlich. Dort heißt
es: „Minnet, tugentliche man / minnekliche vrawen / minne
tuot iu hoech gemut / unde lat euch in hoehen eren schauwen“
(„Schenkt, rechtschaffene Männer / gütlich den Frauen eure
Liebe / Liebe macht euch stolz / und bringt euch Ehre“). Insbesondere im Zusammenhang mit dem folgenden Refrain „Seht
mich an, iungen man / lat mich iu gefallen“ („Seht mich an, ihr
jungen Männer / lasst mich euch gefallen“) aus dem Mund der
sich den weltlichen Verlockungen bedingungslos hingebenden
Maria Magdalena erhält der Text eine von seinem Ursprung als
Minnelied entfremdete Bedeutung, die de Boor und Newald in
die Nähe von „Hochmut und Sexualität, ja Prostitution“ rücken.

Bekehrung der Maria Magdalena

Typisch für die überlieferten Magdalenenszenen ist der plötz-
liche Sinneswandel der Maria Magdalena, die Bekehrung. Die
Darstellung dieses Vorgangs im Benediktbeurer Passionsspiel
verbildlicht als einzige eines mischsprachigen Spiels den inneren
Zwiespalt der Maria Magdalena. Tagsüber singt sie, vom Teu-

fel regiert, weltliche Lieder, nachts erscheint ihr ein Engel, der ihr die Botschaft vom Wirken Jesu Christi überbringt. De Boor und Newald sehen hier einen Hinweis auf das Spannungsfeld zwischen Himmel und Hölle, in dem sich der Mensch in all seinem irdischen Handeln bewege, „in andauernder Auseinandersetzung mit ihren Verlockungen und Forderungen."

Nach ihrem unvermittelten Sinneswandel (V. 114ff.) tauscht Maria Magdalena ihre weltliche Kleidung zum Zeichen der Bekehrung gegen ein schwarzes Gewand und bittet Jesus mit Erfolg um Vergebung ihrer Sünden. Während weder für das Weltleben noch für die Bekehrung eine Textgrundlage in der Bibel existiert, ist die Salbung Jesu im Zusammenhang mit der Sündenvergebung offensichtlich auf Basis ähnlicher Schilderungen in den vier Evangelien entstanden. Die Sündenvergebung selbst (V. 157) geschieht sogar in biblischem Prosatext. Am Ende der Szene entfernt sich Maria Magdalena und stimmt unter Tränen den Klagegesang „Awe, awe, daz ich ie wart geborn!" („Wehe mir, dass ich je geboren wurde!") an.

Bild 25 a 1472 Maria Magdalena,
Fresko Silvesterkapelle Münster Konstanz

Sektion V … Ihesus: Grifent har an mine hant: 90 ih wil mih erbarmen vber uh uil armen, vnd wil iuh losen mit chraft von dirre geselleschaft vnd von starcher erebeit, 95 swem ez si liep old leit.	Sektion V … Jesus: Langt her in meine Hand: 90 ich will mich euch erbarmen, ihr gar Armen, mit Macht will ich euch lösen aus dieser Bindung und aus gewaltiger Not, 95 wem es lieb ist oder leid.
Antonius: Lieber paltenere, hastu iht buhsen lere, dar in so tuo uns balsama vnd nuwe aromata 100 eines phundes gewiht, völlechlih vnd minder niht! daz wellen wir dir gelten wol.	Maria Magdalena: Lieber Krämer, hast du etwa leere Büchsen, dann gib uns Salböl hinein und frische Spezereien 100 von einem Pfund Gewicht, reichlich und nicht weniger! Wir wollen sie dir gut bezahlen.
Institor: Die drie buhsen die sint vol (daz spriche ih uf min truwe) 105 der selben salben nuwe. vb ir die choffen wellent, so wil ih dc ir cellent dar vmbe mit gedinge mir zwencic shillinge. 110 dez enlaze ih niht en ort.	Der Krämer: Die drei Büchsen, die sind gefüllt (das sage ich bei meiner Treu') 105 mit der frischen Salbe da. Wenn ihr sie kaufen wollt, so will ich, dass ihr zahlt dafür als Preis mir zwanzig Schillinge. 110 Ich lasse davon kein Stück nach.
Maria Magdalena: Wir wen niht velshen din wort: nim hin die phenninch gar vnd gib vns die buhsen har! wir wellen vurbaz cheren.	Maria Magdalena: Wir wollen deinen Preis nicht mindern: nimm hin die ganzen Pfennige und gib uns her die Büchsen! Wir müssen weiterkommen.
Institor: 115 Vrowe, ih wil uh eren. dar wider mac ih niht sin, doh wa::: rt ez nie dar vmbe min.	Der Krämer: 115 Ihr Frauen, ich will euch beschenken: ich will damit zufrieden sein, doch ich habe es nicht dafür bekommen.
Maria (Magdalena): Owe nu gat vns sorge zvo hute an disem morgen vrvo! – 120 wir mugen heben eine – nu sin wir ce chleine – der uf dc grap ist geleit, er ist swere vnde breit: wie sol er chomen danne? want uns von cheinem manne niender helfe mac gevromen.	Maria Magdalena: O weg, jetzt naht uns Sorge heute an diesem frühen Morgen! – wie wir allein (den Stein) abheben sollen – wir sind ja zu schwach –, der auf dem Grabe liegt, er ist schwer und groß: wie soll er von der Stelle gebracht werden? Denn von keinem Menschen will uns Hilfe kommen.

Maria:	Eine andere Maria:
Got sol uns ce helfe chomen.	Gott wird uns zu Hilfe kommen;
vf des helfe svn wir gan …	im Vertrauen darauf wollen wir gehen …

Section VI Antonius	Sektion VI Maria Magdalena
– vnd ist so chranh vnser chraft,	– und sind so schwach unsere Kräfte,
daz ih mir vurhte sere.	dass ich mich sehr fürchte.
doh sun wir diner lere	Doch müssen wir deiner Weisung
volgen und niht verzagen.	folgen und dürfen nicht verzagen.
5 ih han doh ie gehoret sagen,	5 Habe ich doch stets sagen gehört,
swer sih an gottes hulde lat,	wer immer sich auf Gottes Huld verläßt,
daz der ein senftez wesen hat.	dass der ein sanftes Leben hat.

Der engel:	Der Engel:
Ir gutv wip, wen suochent ir	Ihr guten Frauen, wen suchet ihr
(daz sulent ir besheiden mir)	(das sollt ihr mir sagen)
10 alsus vrv in disem grabe	so früh an diesem Grabe
mit soliher ungehabe?	mit solchen Klagen?
gant vurbaz und enzagent niht,	Geht weiter und verzaget nicht,
want uh von mir nih geshiht!	denn durch mich geschieht euch nichts:
ir sulent haben uwer bet.	eure Bitte soll erfüllt werden.

Antonius:	Magdalena
15 Jesum von Nasaret, den	Jesus von Nazareth,
unser vursten viengen	den unsere Fürsten gefangennahmen
und an daz chrúce hiengen.	und an das Kreuz schlugen.
des ist húte der dritte tac,	Heute ist es der dritte Tag,
daz (er) in des todes banden lac,	dass er in Todes Banden lag,
20 want er den tot vershulte nie,	obwohl den Tod er nicht verdiente;
den suchen wir gemeine hie,	den suchen wir zusammen hier,
als ih dir gecellet han.	wie ich dir erzählt.

Der engel:	Der Engel:
Da von ih wol gesagen chan.	Davon kann ich wohl berichten.
sit uwer rede ist also,	Da es sich so verhält,
25 vurhtent niht vnd wesent vro!	fürchtet euch nicht und seid froh!
want des ir also geruchent	Denn der, den ihr so begehrt
vn in hie suchent,	und den ihr hier sucht:
der:: ist hvte erstanden	der … ist heute erstanden
von des todes banden.	von des Todes Banden.
30 dc ist diu rehtiv warheit.	Das ist die rechte Wahrheit.
sehent wa er wc geleit!	Seht, wohin man ihn gelegt!
ir sulent snellichlihe gan,	Eilends sollt ihr gehn,
daz sunt ir d:::::::: en lan,	das sollt ihr dem Petrus wissen lassen,
vnde sagent in besunder	und berichtet ihm besonders
35 vnd den anderen daz wunder,	und auch den anderen das Wunder,
daz Jesus erstanden ist:	dass Jesus erstanden ist:
si svlen chomen in surder vrist	sie sollen kommen ohne Säumen
hin ce Galilea,	nach Galiläa,
so gesehen si da –	dann sehen sie dort –

Sektion VII Maria Magdalena:	Sektion VII Maria Magdalena:
– vb mir div selde mac gesehen,	– wenn mir das Heil widerfährt,
daz ih in noh mac gesehen,	dass ich ihn noch einmal sehe,
so muz ih minem hercen … –	dann muß ich in meinem Herzen … –
Ihesus:	Jesus:
Maria … –	Maria … –
5 … lip.	5 … Leib.
ih bin erstanden, sih!	Sieh, ich bin auferstanden!
Maria Magdalena	Maria Magdalena
So la mih, here, ruren dih!	So lass mich dich anrühren, Herr!
Ihesus:	Jesus:
Maria, daz mac niht sin:	Maria, das darf nicht sein: ich bin noch
ih cham noh niht ce dem vater min.	nicht zu meinem Vater gekommen.
Maria Magdalena	Maria Magdalena
10 Suzer got, here Christ,	10 Süßer Gott, Herr, Christ,
der ie waz und iemer ist,	der immer war und immer ist!
Ihesus einer megde sun,	Jesus, einer Jungfrau Sohn,
der suzen Mariun! … –	der süßen Maria! … –
du geshufe si, div dih gebar	du erschufst sie, die dich gebar
15 ane wibes chumber gar,	15 ganz ohne die Mühsal des Weibes,
geweren menshen vnde got,	wahren Menschen und Gott,
in des gewalt vnd des gebot	in dessen Macht und dessen Herrschaft
der himel vnd div erde stat.	der Himmel und die Erde stehn.
Swaz vliuget, vliuzet olde gat,	Was flieget, fließet oder geht,
20 daz stat vil gar in diner hant.	20 das liegt alles ganz in deiner Hand.
genedechliher heilant,	Gnadenreicher Heiland,
din marter tet mir harte we:	dein Martertod tat mir sehr weh:
so we wirt mir niemer me,	so weh wird mir nimmermehr,
so do ih din vngemach,	wie da, als ich dein Leiden,
25 here, an deme chriuze sah.	25 Herr an dem Kreuze sah.
da wider bin ih aber vro,	Hinwieder aber bin ich froh,
sit mir ist gelungen so,	seit mir das Glück geschehen,
daz du, svezer Ihesus Christ,	dass du, süßer Jesus Christ,
von deme tode erstanden bist,	vom Tode auferstanden bist,
30 vnd mir div selde ist beshehen	30 und mir das Heil ist widerfahren,
dc dih, here, hant gesehen	dass dich, Herr, haben gesehen
vil selichlihe togen	auf heilig wunderbare Weise
min sundigen ogen.	meine sündhaften Augen.
aller sundere trost,	Aller Sünder Trost,
35 hilf mir dc ih werde erlost	35 hilf mir, damit ich erlöst werde
von minen sunden manicvalt	von meinen vielen Sünden
vnd von des tieuels gewalt!	und aus der Gewalt des Teufels!
la mih niht verderben!	Lass mich nicht zugrunde gehn,
want sol ih sus ersterben,	denn müßte ich so sterben,
40 so bin ih an der sele tot!	40 dann bin ich an der Seele tot!
hilf mir von der helle not,	Hilf mir aus der Hölle Not,
des bitte ih, svzer Jesu, dih!	darum bitte ich, süßer Jesus, dich!
uf din genade ergibe ih mih,	In deine Gnade ergebe ich mich.
du eren starcher heilant,	Du machtvoller Heiland,

45 dem elliv dinc sint erchant,
offen vnde togen,
dc weist du ane logen,
bedenke minen smercen
::: en hercen,
50 dc ih dih, here, minne,
von rvwechlihem sinne!
sih an mih vil armen
vnd la dih min erbarmen!
min sunde sint so manicvalt,
55 daz si belibent vngezalt.
ih weiz wol daz nie man noh wip
so sundic wart so min lip.
da von vurht ih vil sere,
daz ih iem er mere
60 an der sele si verlorn.
ce troste han ih dih erchorn.

45 dem alle Dinge bekannt,
Offenbares und Verborgenes,
du weißt es in Wahrheit –
denke an meinen Schmerz ... Herz –,

50 Dass ich, Herr, dich liebe,
aus reuigem Sinn!
Schau auf mich, die so Arme,
und lass dich meiner erbarmen!
So mannigfaltig sind meine Sünden,
55 dass ungezählt sie bleiben.
Wohl weiß ich, dass weder Mann noch Weib
so sündig war wie ich.
Darum fürchte ich gar sehr,
dass für immerdar
60 meine Seele ist verloren.
Zum Troste habe ich dich erkoren.

Section VIII
Maria Magdalena
– ih ergibe mih in din gebot.
du bist vil gewere
en behaltere
aller sndigen diet.
5 vertrip mih, here, von dir niet! ... – ... du
getete die gotheit
vns losen von dem tode,
von der helle sode.
din tot was vnser leptac,
10 vnser tot ist dir en slac,
da von du hast den tot erlitten.
din tot wer niht gvot vermitten,
want vns din tot hat gegeben
ein vil selechlihez leben
15 iemer mere an ende.
doh du vil behende
bist von dem tode erstanden.
nu loese mih von shanden
vnd von der helle grunde
20 dur tine vunf wunde,
die dir die Juden taten,
die dih da hant verraten.
gip mir dine hvlde,
die ih mit rehter shulde,
25 svezer got, verloren han!
daz ih den muot ie gewan,
der minem hercen dc geriet!
daz sih der lip von dir shiet
mit starchen sunden manicvalt
30 vnd in des tievels gewalt
mih sere hat gesenchet,

Sektion VIII
MariaMagdalena
– ich gebe mich in deine Gewalt:
du bist wahrhaftig
ein Erlöser
der ganzen sündigen Menschheit.
5 Stoß mich, Herr, nicht von dir! ... – ... die
Gottheit,
uns zu erlösen von dem Tode,
von dem Pfuhl der Hölle.
Dein Tod war unser Leben.
10 Unser Tod ist dein Verderben,
durch das du den Tod erlitten.
Nicht recht vermieden werden konnte dein
Tod, weil uns dein Tod gegeben
ein gar seliges Leben
15 ewig ohne Ende.
Doch du bist gar schnell
vom Tode auferstanden.
Erlöse mich jetzt aus leidvoller Schande und
aus dem Höllengrunde
20 durch deine fünf Wunden,
die dir die Juden schlugen,
die dich da verraten haben!
Schenk mir deine Huld,
die ich, recht mit Schuld,
25 süßer Christus, verloren habe!
Dass jemals ich den Leib besaß,
der meinem Herzen solches riet!
Dass sich der Leib von dir löste,
mit großen, mannigfachen Sünden
30 und mich der Gewalt des Teufels
mit Macht anheimgab,

vil vaste mih daz chrenchet
vnd muz mih riuwen iemer.
ih wil gesehen niemer
35 cheiner slahte bilde,
weder zam noh wilde,
swenne ih vrodelosez wip
niht me mac sehen dinen lip.
des warte ih an min ende.
40 genade, here! wende
von vns, diner hantgetat,
div an dir en bilde hat,
den vil erbermechlihen tot
dur tie bitterlichen not,
45 die du an dem chriuce litte,
da wir sin behalten mitte
iemer ewechlihe:
des hilf uns, trehtin rihe!

Jesus
Maria, lose, waz ih sage!
50 ih han gehoret dine chlage
vnd han din gebet vernomen:
ih wil dir ce helfe chomen.
dv genuzest diner riuwe
vnd diner steter triuwe.
(Das Ende ist verloren.)

so sehr bekümmert mich das
und muss mich immer mit Reue erfüllen.
Nimmer will ich anschauen
35 eine Kreatur,
sei schlimm sie oder nicht,
wenn ich freudeloses Weib
nicht mehr sehen kann deine Gestalt.
Bis an mein Ende warte ich darauf.
40 Gnade, Herr, wende
von uns, deiner Schöpfung,
die in dir ein Vorbild hat,
den sehr erbärmlichen Tod
mit der bitteren Not,
45 die am Kreuze du erlittest,
damit wir durch sie errettet sind
für alle Ewigkeit.
Hilf uns dazu, mächtiger Gott!

Jesus:
Maria, höre, was ich sage!
Ich habe gehört deine Klage
und habe dein Gebet vernommen:
ich will dir zur Hilfe kommen.
Du wirst belohnt für deine Reue
und deine stete Treue.
(Das Ende ist verloren.)

Bild 26 1303/05–1320 Giotto di Bondone „Die Auferstehung (Noli me tangere)“, Fresko in der Magdalena-Kapelle in der Unterkirche der Basilika di San Francesco in Assisi

	De Sancta Maria Magdalena	Über die Heilige Maria Magdalena	
	Mane prima sabbati surgens Dei filius, Nostra spes et gloria,	Frühmorgens, am ersten Tag der Woche, ist der Sohn Gottes auferstanden, Unsere Hoffnung und unser Ruhm.	
Victo rege sceleris Rediit ab inferis Cum summa victoria;	Er hat den König der Ruchlosigkeit überwunden und ist aus der Unterwelt mit größtem Sieg zurückgekehrt.	Cuius resurrectio Omni plena gaudio Consolatur omnia.	Seine Auferstehung tröstet alles ganz voller Freude.
Resurgentis itaque Maria Magdalene Facta est praenuntia	Und so ist Maria Magdalena die Verkünderin des Auferstandenen geworden;	Ferens Christi fratribus Eius morte tristibus Exspectata gaudia.	Sie bringt den über seinen Tod traurigen Brüdern Christi die erhofften Freuden.
O beati oculi, Quibus regem saeculi Morte iam deposita Prima est intuita!	O glückselige Augen, mit denen der König der Zeiten, schon als Toter bestattet, gesehen wurde.	Haec est illa femina, Cuius cunca crimina Ad Christi vestigia Eius lavit gratia.	Dies ist jene Frau, deren sämtliche Vergehen Christi Verzeihung fanden, als sie seine Füße wusch.
Quae dum plorat Et mens orat, Facto clamat, Quod cor amat Iesum super omnia.	Während sie weint und ihr Geist betet, zeigt ihre Tat, was ihr Herz liebt, Jesus über alles.	Non ignorat, Quem adorat Quid precetur; Sed deletur, Quod mens timet conscia.	Der, den sie anbetet, erkennt, was erbeten wird; getilgt wird, was die schuldbewusste Einsicht fürchtet.
O Maria, Mater pia, Stella maris Appellaris Operum per merita,	O Maria, gütige Mutter, Stern des Meeres wirst du genannt, durch die Verdienste deiner Werke.	Matri Christi Coaequata Dum fuisti Sic vocata, Sed honore subdita.	Als der Mutter Christi Gleichgestellte, bist du so genannt worden, aber in unterwürfiger Hochachtung.

Illa mundi impera- trix, Ista beata peccatrix, Laetitiae primordia Fuderunt in ecclesia;	Jene nämlich ist die Pforte gewesen, von der das Heil ausgegangen ist; diese erfüllt die Welt durch die Nachricht des Auferstandenen mit Freude.	Illa enim fuit porta, Per quam salus est exorta; Haec resurgentis nuntia Mundum replet laetitia.	Jene ist die Herr- scherin der Welt, diese da, die glückse- lige Sünderin, beide sind Ursprung der Freude, sie ergießen sie in die Kirche.
O Maria Magdalena, Audi vota laude plena, Apud Christum Chorum istum Clementer consilia,	O Maria Magdalena, höre die Stimmen voller Lob. bringe diesen Chor gütig vor Christus, Mitgefühl berät,	Ut fons summae pietatis, Qui te lavit a pec- catis Servos suos Atque tuos Mundet data venia.	dass der Quell der größten Gnade, der dich von Sünden reinwäscht, auch seine Diener und die deinen durch die verliehene Gnade reinige.
	Amen dicant omnia.	Lass sie alle Amen sagen.	

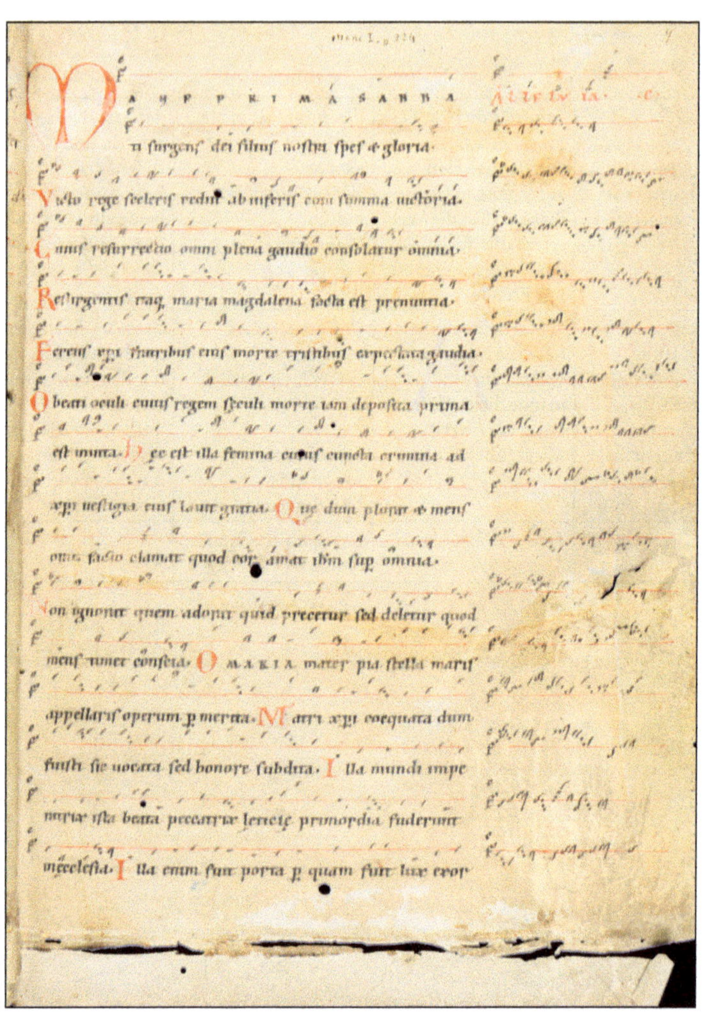

Bild 27 *Einsiedeln Codex 366, p. 9 „De sancta maria magdalena":*
Mane prima sabbati

Legenda aurea

Maria heißt „das bittere Meer", oder „die Erleuchterin" beziehungsweise „die Erleuchtete". An diesen drei Begriffen erkennen wir die drei besten Teile, die sie für sich erwählt hat: den Teil der Buße, den Teil der inneren Betrachtung und den Teil des himmlischen Ruhms. Von diesen dreien hat der Herr gesagt: „Maria hat den besten Teil erwählt, das soll man ihr nicht mehr nehmen." Den ersten Teil wird man ihr wegen des Endes, nämlich der Erlangung der Seligkeit, nicht mehr nehmen, den zweiten wegen der Beständigkeit, denn die Betrachtung des Wegs geschieht durch die Betrachtung des Vaterlands, und den dritten, weil der Ruhm ewig ist. Weil sie den besten Teil der Buße erwählte, heißt sie das bittere Meer, denn sie hatte davon viel Bitternis; das erkennen wir daran, dass sie genug Tränen vergoß, um damit dem Herrn die Füße zu waschen. Weil sie den besten Teil der inneren Betrachtung erwählte, heißt sie die „Erleuchterin", denn daraus schöpfte sie mit Begier, was sie später im Überfluss wieder zurückgab; daraus empfing sie das Licht, mit dem sie später die anderen erleuchtete. Weil sie den besten Teil des himmlischen Ruhmes erwählte, heißt sie „die Erleuchtete", denn sie ist jetzt erleuchtet im Geiste mit dem Licht der vollkommenen Erkenntnis und wird später in ihrem Leib mit dem Licht der Klarheit erleuchtet sein.

Magdalena bedeutet so viel wie manens rea, „die schuldig bleibt", oder es heißt „die Gefestigte" oder „die Unbezwingbare", oder „die Prächtige". Dadurch soll gezeigt werden, was sie vor, während und nach ihrer Bekehrung für ein Mensch war. Vor ihrer Bekehrung blieb sie nämlich schuldig, weil sie die ewige Strafe verdient hatte; in ihrer Bekehrung war sie gefes-

tigt oder unbezwingbar durch die Rüstung der Buße, denn sie
gürtete sich bestens mit den Waffen der Buße, weil sie jetzt so
viele Opfer brachte, wie sie vorher Zeitvertreib gesucht hatte.
Nach ihrer Bekehrung war sie prächtig durch das Übermaß ihrer Gnade, denn wo vorher Sünde im Überfluss war, war jetzt
auch Gnade im Überfluss.

Maria Magdalena hat ihren Beinamen von der Burg Magdalum. Sie war von edelster Abstammung, denn sie ging aus
königlichem Geschlecht hervor; ihr Vater hieß Syrus und ihre
Mutter Eucharia. Zusammen mit ihrem Bruder Lazarus und ihrer Schwester Marta besaßen sie die Burg Magdalum, die zwei
Meilen vom See Genezareth entfernt liegt, das Dorf Bethania
in der Nähe von Jerusalem und einen großen Teil der Stadt von
Jerusalem selbst. Die Geschwister teilten alles unter sich auf, so
dass Maria Magdalum besaß, weshalb sie Magdalena genannt
wurde, Lazarus jenen Teil von Jerusalem und Marta das Dorf
Bethania. Weil nun aber Magdalena sich ganz der fleischlichen
Lust hingab und Lazarus sich nur um den Kriegsdienst kümmer-
te, verwaltete Marta klug und gewissenhaft den Anteil der beiden und sorgte für ihre Krieger und Knechte und für die Armen.
Nach der Himmelfahrt des Herrn verkauften die Geschwister allerdings ihr ganzes Hab und Gut und legten den Erlös den Aposteln zu Füßen. Weil Maria Magdalena Reichtum im Übermaß
besaß und die Wollust sich gerne großem Besitz zugesellt, gab
sie sich in gleichem Maße der Lust hin, wie sie reich und schön
war, und man nannte sie deshalb schon nicht mehr bei ihrem
richtigen Namen, sondern nur noch „die Sünderin". Als Christus predigend durch das ganze Land zog, kam sie durch göttliche Fügung ins Haus des Pharisäers Simon, denn sie hörte, dass
Christus dort essen wollte. Weil sie eine Sünderin war, wagte
sie jedoch nicht, unter den Gerechten Platz zu nehmen; so blieb
sie hinter dem Herrn zu seinen Füßen und wusch sie mit ihren
Tränen, trocknete sie mit ihrem Haar und salbte sie mit einer
köstlichen Salbe. Die Leute dieser Gegend hatten nämlich wegen der sengenden Hitze die Gewohnheit, sich oft zu baden und
zu salben. Da dachte der Pharisäer Simon bei sich: „Wäre die-

ser Mann ein Prophet, dann ließe er sich nicht von einer Sünderin berühren." Der Herr zürnte ihm jedoch sehr wegen seines überheblichen Gerechtigkeitssinns und vergab der Frau all ihre Sünden. Das ist also jene Maria Magdalena, der der Herr so große Wohltaten erwies und so viele Zeichen seiner Liebe gab. Er trieb sieben böse Geister aus ihr, entzündete sie gänzlich in der Liebe zu ihm, machte sie zu seiner vertrautesten Freundin, zu seiner Gastgeberin und zu seiner Verwalterin auf seinem Weg und entschuldigte sie stets mit milden Worten.

Er verteidigte sie nämlich gegen den Pharisäer, der sie unrein nannte, gegen ihre Schwester, die ihr ihren Müßiggang vorwarf, und gegen Judas, der sie verschwenderisch schalt. Wenn er sah, dass sie weinte, konnte auch er seine Tränen nicht zurückhalten. Aus Liebe zu ihr erweckte er ihren Bruder wieder zum Leben, der vier Tage im Grab gelegen war, und heilte ihre Schwester Marta vom Blutfluss, an dem sie sieben Jahre lang gelitten hatte; um ihretwillen geschah es auch, dass Martilla, eine Dienerin ihrer Schwester, diese süßen und seligen Worte aussprechen durfte: „Selig sei der Leib, der dich getragen hat" (Lukas, 11,27). Denn laut Ambrosius sprach der Herr an dieser Stelle von Marta als der Frau, die er vom Blutfluss heilte, und von ihrer Dienerin Martilla, die die genannten Worte sprach. Und ich sage auch, dass Maria Magdalena es war, die mit ihren Tränen die Füße des Herrn wusch, sie mit ihren Haaren trocknete, sie einsalbte und die zur Zeit der Gnade als erste feierlich Buße tat. Sie war es, die den besten Teil dabei für sich erwählte, die zu seinen Füßen saß, um das Wort Gottes zu hören und sein Haupt zu salben, die neben dem Kreuze stand, als der Herr litt, die die Salbe zubereitete, um damit seinen Leib zu salben, die nicht von seinem Grab wich, als schon alle Jünger weggegangen waren, und der Christus nach seiner Auferstehung als Erster erschien und sie zur Apostolin der Apostel machte.

Nachdem der Herr bereits in den Himmel aufgefahren war, nämlich vierzehn Jahre nach seinem Leiden, als die Juden schon lange den Stephanus getötet hatten und die übrigen Jünger aus ihrem Land vertrieben hatten, zogen die Jünger in viele heidnische Länder, um das Wort Gottes auszusäen. Zu dieser Zeit war der selige Maximinus, einer von den zweiundsiebzig Jüngern des Herrn, bei den Aposteln. Seiner Obhut hatte der selige Petrus Maria Magdalena empfohlen. Als nun die Jünger sich zerstreuten, geschah es, dass der selige Maximinus, Maria Magdalena, ihr Bruder Lazarus, ihre Schwester Marta mit ihrer treuen Magd Martilla und auch der heilige Cedonius, der von Geburt blind war, aber vom Herrn geheilt wurde, zusammen mit mehreren anderen Christen von den Heiden in einem steuerlosen Schiff auf dem Meer ausgesetzt wurden, wo sie alle ertrinken sollten; durch göttliche Fügung gelangten sie aber nach Massilia. Dort fanden sie niemanden, der ihnen Unterschlupf gewähren wollte und blieben deshalb in der Vorhalle eines heidnischen Tempels.

Als Maria Magdalena sah, wie das Volk zu dem Heiligtum strömte, um den Götzen zu opfern, stand sie auf und begann mit sanfter Miene, heiterem Gesicht und milden Worten die Leute vom Götzenkult abzukehren und predigte ihnen ohne Unterlaß vom christlichen Glauben. Da wunderten sich alle Leute über ihre Schönheit, ihre Beredsamkeit und ihre süßen Worte. Und tatsächlich ist es kein Wunder, dass die Lippen, die die Füße unseres Erlösers mit so frommen und so süßen Küssen bedeckten, besser als alle anderen den Duft von Gottes Wort verströmten.

2. Später aber kam der Fürst jener Provinz mit seiner Gattin, um ein Opfer zu bringen, damit ihnen ein Kind geschenkt werde. Magdalena predigte ihnen von Gott unserem Herrn und riet ihnen von dem Opfer ab. Einige Tage verstrichen, und Magdalena erschien der Frau des Fürsten im Traum und sprach zu ihr: „Weshalb laßt ihr es zu, dass die Heiligen Gottes von Hunger und Kälte bedrängt werden, während ihr im Reichtum lebt?" Sie drohte ihr auch, dass der Zorn des allmächtigen Gottes über sie käme, wenn sie ihren Gatten nicht dazu überrede, den Heiligen zu helfen. Die Frau aber wagte es nicht, ihrem Mann von der Erscheinung zu erzählen; deshalb erschien Maria Magdalena ihr in der folgenden Nacht erneut und sprach ähnliche Worte. Weil die Frau sich noch immer nichts zu sagen traute, erschien sie ihnen ein drittes Mal beiden zusammen in der Stille der

Nacht voll Zorn und mit glühendem Angesicht, dass es schien, als brannte das ganze Haus. Dabei sprach sie: „Schläfst du etwa, Tyrann, du Glied deines Vaters, des Teufels, zusammen mit deiner Frau, dieser Schlange, die dir meine Worte nicht verkünden wollte? Ruhst du, du Feind des Kreuzes Christi, nachdem du deinen Bauch mit allen möglichen Speisen vollgestopft hast, und lässt es zu, dass die Heiligen Gottes an Hunger und Durst zugrunde gehen? Da liegst du in deinem Palast unter seidenen Decken und siehst, wie jene verzweifeln, weil sie kein Dach über dem Kopf haben, aber es kümmert dich nicht. Aber so kommst du nicht davon, du böser Mensch, so nicht; du wirst nicht ungestraft bleiben, weil du ihnen so lange nichts Gutes getan hast."

So sprach sie und verschwand. Die Frau erwachte unter Zittern und Seufzen und sprach zu ihrem Mann, dem es ebenso erging wie ihr: „Mein lieber Herr, hast auch du solch einen Traum gehabt?" „Ja", antwortete er, „und ich kann nicht aufhören, mich zu wundern und zu fürchten. Was sollen wir tun?" Da sagte sie: „Es ist besser, zu tun, was sie verlangt, als den Zorn ihres Gottes auf uns zu ziehen." Deshalb nahmen sie die Heiligen in ihr Haus auf und sorgten für sie.

Eines Tages, als Maria Magdalena predigte, sprach derselbe Fürst zu ihr: „Kannst du den Glauben, von dem du predigst, auch verfechten?" Sie antwortete: „Natürlich bin ich dazu in der Lage, ebenso wie er durch die Wunder, die täglich geschehen und die Predigt meines Meisters Petrus in Rom bekräftigt wird." Da sprach der Fürst mit seiner Gattin zu ihr: „Pass auf, wir wollen deinen Worten in allen Dingen gehorsam sein, wenn du erreichst, dass der Gott, von dem du predigst, uns einen Sohn schenkt." „Daran soll es nicht liegen", entgegnete Magdalena und betete für sie zum Herrn, er möge so gnädig sein, ihnen einen Sohn zu schenken. Der erhörte ihre Bitte, und die Frau des Fürsten empfing. Da wollte ihr Mann zu Petrus nach Rom reisen, um sich zu versichern, dass Magdalena die Wahrheit von Christus verkündet habe. Seine Frau sprach zu ihm: „Willst du etwa ohne mich reisen, lieber Herr? Das fehlte noch, denn wenn du fährst, so komme ich auch, wenn du ruhst, so ruhe ich auch." Er aber antwortete ihr: „Das soll nicht geschehen, liebe Herrin, du bist schwanger, und auf dem Meer lauern tausend Gefahren, in die du geraten könntest. Bleib deshalb lieber zu Hause und gib acht auf unser Gut." Sie ließ jedoch nicht davon ab, ihn zu bitten, und wie es die Art der Frauen ist, warf sich ihm weinend zu Füßen und erreichte auf diesem Weg schließlich doch, was sie wollte. Maria heftete also das Kreuzzeichen auf ihre Schultern, damit der alte Feind ihnen auf ihrem Weg keinen Schaden zufügen konnte, und sie brachen auf, nachdem sie das Schiff reichlich mit allem Notwendigen ausgestattet und ihre Habe der seligen Maria Magdalena zum Schutz anvertraut hatten. Als sie einen Tag und eine Nacht gesegelt waren, wurde das Meer plötzlich unruhig, und der Wind erhob sich zum Sturm.

Alle wurden von der tobenden See hin- und hergeworfen und bekamen große Angst, besonders die Frau, die durch ihre Schwangerschaft geschwächt war. Plötzlich setzte der Wehenschmerz ein, und sie gebar unter den Schmerzen ihres Leibs und den Ängsten des Sturms einen Sohn und starb alsbald. Das neugeborene Kind zitterte und suchte die Brust der Mutter; weil es keinen Trost fand, begann es jämmerlich zu schreien. Welch ein Schmerz! Der Säugling war am Leben, die Mutter aber war bei seiner Geburt gestorben; was erwartete ihn anderes als der Tod, wo doch niemand da war, der ihm zu essen geben konnte. Was sollte der arme Pilger tun, der mitansehen mußte, wie seine Frau tot dalag und sein wimmernder Sohn mit klagender Stimme nach der Mutterbrust suchte? Er weinte und klagte und rief: „Oh weh, ich Armer, was soll ich tun? Ich habe mich so nach einem Sohn gesehnt, und nun habe ich die Mutter zugleich mit dem Sohn verloren!" Die Seeleute aber schrien: „Werft den Leichnam ins Meer, bevor wir alle miteinander zugrunde gehen! Solange wir ihn nicht los sind, wird der Aufruhr nicht nachlassen!" Und sie packten den leblosen Körper und wollten ihn ins Meer werfen. „Haltet ein", schrie der Pilger, „haltet ein. Wenn ihr schon mich und die Mutter nicht schonen wollt, so erbarmt euch wenigstens dieses wimmernden Kindes! Wartet nur ein wenig, vielleicht ist sie in ihrem Schmerz nur ohnmäch-

tig geworden und atmet noch!“ Und siehe, unweit von ihrem
Schiff sahen sie einen Felsen aus dem Meer ragen. Bei seinem
Anblick glaubte der Fürst, es sei besser, den Leichnam und das
Kind dort abzusetzen, als sie den Ungeheuern des Meeres zum
Fraß vorzuwerfen. Mit großer Mühe erreichte er von den See-
leuten durch Bitten und Versprechungen, dass sie dort anlegten. Weil der Fels aber so hart war, dass er kein Grab schaufeln
konnte, brachte er den Leichnam an einen verborgenen Ort des
Felsens, bettete ihn auf seinen Mantel und legte den Knaben
der Mutter an die Brust. Dabei schluchzte er: „Oh Maria Magdalena, zu meinem Verderben bist du in Massilia gelandet! Warum hab ich Unseliger auf deinen Rat hin diese Reise unternom-
men? Hast du Gott darum gebeten, dass meine Frau empfangen
hat, um zu sterben? Siehe, nun wurde sie schwanger und hat bei
der Geburt den Tod gefunden, und ihre Leibesfrucht wurde geboren, um zu sterben, weil niemand das Kind ernähren kann.
Siehe, das habe ich durch deine Fürbitte gewonnen. Ich hab all
mein Gut dir anvertraut und gebe mich selbst ganz in die Hand
deines Gottes, wenn du es vermagst, so denk an die Seele dieser
Mutter und bete zu Gott, dass er sich erbarmt und das Kind am
Leben läßt.“ Dann hüllte er den Leichnam und das Kind fest in
seinen Mantel und ging wieder auf das Schiff …

Als er zu Petrus kam, begegnete er ihm schon auf der Straße; als Petrus das Kreuzzeichen auf seiner Schulter sah, fragte
er ihn, wer er sei und woher er käme. Als er ihm alles der Reihe
nach erzählt hatte, sprach Petrus zu ihm: „Friede sei mit dir, du
hast wohl daran getan zu kommen und bist einem guten Rat gefolgt. Betrübe dich nicht, dass deine Frau schläft und dein Kind
mit ihr ruht, denn der Herr hat die Macht, wen er will zu be-
schenken, sein Geschenk wieder zu nehmen und es wiederzu-
geben, und er kann deine Trauer in Freude verwandeln.“ Dann
führte er ihn nach Jerusalem und zeigte ihm alle Orte, an denen
Christus gepredigt und seine Wunder vollbracht hatte, und auch
den Ort, wo er gekreuzigt wurde und in den Himmel auffuhr.
Nachdem Petrus ihn sorgfältig im Glauben unterwiesen hatte,
bestieg er nach Ablauf von zwei Jahren wieder sein Schiff, um

in seine Heimat zurückzukehren. Auf der Heimfahrt gelangten
sie durch Gottes Führung wieder in die Nähe des Felsens, wo der
Fürst seine Gemahlin und seinen Sohn zurückgelassen hatte,
und wieder erreichte er durch Bitten und Versprechungen, dass
sie dort anlegten. Der Knabe war in der Zwischenzeit von Maria
Magdalena behütet worden und heil und gesund geblieben; er
lief oft zum Strand und spielte dort mit Sand und Steinen, wie
die Kinder es gerne tun. Als der Vater nun den Knaben nach ge-
wohnter Weise am Meeresstrand spielen sah, wunderte er sich
sehr und sprang aus dem Kahn, um zu sehen, was da geschah.

Der Knabe aber hatte so etwas noch nie gesehen und erschrak
beim Anblick des Fremden sehr; er floh an die Brust seiner Mutter und versteckte sich unter dem Mantel. Der Pilger aber trat
näher, um besser sehen zu können, und fand ein wunderschö-
nes Kind, das an der Brust seiner Mutter saugte. Er nahm es in
seine Arme und rief: „Oh selige Maria Magdalena, wie glücklich
wäre ich, und wie gut hätte alles sich gefügt, würde meine Frau
doch atmen und mit mir heimkehren können! Ich weiß nämlich
und hege nicht den geringsten Zweifel, dass du, die du mir den
Knaben geschenkt hast und ihn zwei Jahre lang auf diesem Felsen beschützt hast, auch seine Mutter durch dein Gebet wieder
gesund machen kannst." Während er so sprach, schlug die Frau
die Augen auf und sagte, als sei sie eben vom Schlaf erwacht:
„Lob sei dir und Herrlichkeit, selige Maria Magdalena; du hast
mir Hebammendienste geleistet in meiner schweren Stunde und
das Amt einer Magd in all meinen Nöten versehen." Als der Pilger sie so reden hörte, wunderte er sich und sprach: „Lebst du,
meine geliebte Frau?" Sie antwortete: „Ja, ich lebe und komme
wie du gerade von der Pilgerfahrt; wie der heilige Petrus dich
durch Jerusalem führte und dir all die Stätten zeigte, an denen
Christus gelitten hat, gestorben und begraben ist und auch verschiedene andere Orte, so habe auch ich unter der Führung der
heiligen Maria Magdalena euch begleitet und mir alles, was ich
sah, wohl gemerkt." Und sie zählte ihm alle Stätten, an denen
Christus gelitten hatte, und alle Wunder, die sie gesehen hatte, auf und beschrieb sie genau, ohne sich einmal zu täuschen.

So gewann der Pilger seine Gattin und seinen Sohn wieder; sie bestiegen voll Freude das Schiff und erreichten wenig später den Hafen von Massilia. Als sie die Stadt betraten, fanden sie die selige Maria Magdalena, wie sie mit ihren Jüngern predigte; sie warfen sich ihr unter Tränen zu Füßen und erzählten ihr alles, was geschehen war. Dann empfingen sie vom heiligen Maximinus die Taufe und zerstörten alle Heidentempel in der ganzen Stadt. Dafür erbauten sie christliche Kirchen und wählten einstimmig den heiligen Lazarus zum Bischof der Stadt.

Danach kamen sie durch Gottes Führung in die Stadt Aix und bekehrten dort das Volk durch viele Wunder zum Christenglauben. Zum Bischof der Stadt wurde der heilige Maximinus ausersehen. In der Zwischenzeit begehrte Maria Magdalena nach höherer Betrachtung; sie ging in die rauheste Wildnis und lebte dort dreißig Jahre lang unerkannt an einem Ort, den die Hände von Engeln für sie geschaffen hatten. An diesem Ort gab es weder ein Bächlein noch Bäume oder Gras als Trost. Daran wird deutlich, dass unser Herr sie nicht mit irdischer Nahrung, sondern mit himmlischer Speise sättigen wollte. Jeden Tag aber wurde sie zu den sieben Gebetsstunden von Engeln in die Lüfte gehoben und hörte mit ihren leiblichen Ohren den Gesang der himmlischen Heerscharen. So wurde sie alle Tage mit dieser süßen Kost gespeist und dann von denselben Engeln wieder an ihren Platz auf die Erde zurückgebracht, so dass sie keiner irdischen Nahrung bedurfte.

Nun aber sehnte ein Priester sich nach dem Einsiedlerleben und baute sich zwölf Meilen von ihr entfernt seine Klause. Eines Tages öffnete der Herr diesem Priester die Augen, und er sah mit seinen leiblichen Augen ganz deutlich, wie die Engel zu dem Ort kamen, an dem Maria Magdalena lebte, und sie in den Himmel erhoben und nach einer Stunde unter göttlichem Lobgesang wieder herausbrachten. Der Priester wollte die Wahrheit über diese wunderbare Erscheinung herausfinden, empfahl sich Gott im Gebet und eilte mit frommer Kühnheit zu dem Ort. Als er nur noch einen Steinwurf entfernt war, begannen seine Gebeine ihm zu schlottern, und heftige Furcht nahm ihm den

Atem. Er ging zurück, und seine Gebeine gehorchten ihm wieder, sooft er aber wieder in die andere Richtung einschlagen und zu dem besagten Ort zurückkehren wollte, wurden seine Glieder schwer und sein Geist träge. Da erkannte der Gottesmann, dass dies ohne jeden Zweifel ein himmlisches Geheimnis sei, zu dem menschliche Erkenntnis keinen Zugang habe. Deshalb rief er den Namen des Erlösers an und sprach: „Ich beschwöre dich bei Gott dem Herrn: Bist du ein Mensch oder irgendeine vernünftige Kreatur, der du in dieser Höhle wohnst, so antworte mir und sage die Wahrheit über dich." Diese Worte wiederholte er dreimal, da antwortete ihm die selige Maria Magdalena:

„Komm näher, und du wirst die Antwort erfahren über alles, was dein Herz begehrt." Als er zitternd in die Mitte des Raumes trat, sprach sie zu ihm: „Erinnerst du dich aus dem Evangelium an jene berühmte Sünderin Maria, die die Füße des Erlösers mit ihren Tränen wusch, mit ihrem Haar trocknete und Vergebung für ihre Sünden erwarb?" Der Priester erwiderte: „Sicherlich, seither sind mehr als dreißig Jahre verstrichen, dass die heilige Kirche dies glaubt und bekennt." „Ich bin diese Frau", vertraute sie ihm an. „Ich habe hier dreißig Jahre lang von allen Menschen unerkannt gelebt, und wie es mir heute erlaubt war, dich zu sehen, so werde ich jeden Tag von den Händen der Engel zum Himmel emporgehoben und darf jeden Tag siebenmal mit meinen leiblichen Ohren den süßen Chor der himmlischen Heerscharen vernehmen. Weil nun der Herr mir offenbart hat, dass ich bald von dieser Welt scheiden werde, bitte ich dich, geh zum heiligen Maximinus und sag ihm, er möge am Tage des nächsten Osterfestes, an welchem er für gewöhnlich früh morgens aufsteht, alleine in die Kirche kommen. Dort wird er mich von den Engeln geleitet finden." Der Priester jedoch vernahm zwar ihre Stimme wie die eines Engels, konnte aber keinen Menschen sehen. Also ging er eilends zu Maximinus und erzählte ihm alles der Reihe nach. Der wurde von übergroßer Freude erfüllt und dankte Gott von ganzem Herzen; an dem Tag und zu der Stunde, die ihm angegeben waren, ging er allein in die Kirche und sah die heilige Maria Magdalena im Chor der Engel, die sie hergeführt hatten. Sie war zwei Ellen von der Erde emporgehoben und stand inmitten der Engel und betete mit ausgebreiteten Armen zum Herrn. Weil der selige Maximinus nicht wagte näherzutreten, wandte sie sich zu ihm und sprach: „Tritt heran mein Vater, und fürchte dich nicht vor deiner Tochter." Er trat näher und sah, wie wir in seinen eigenen Büchern lesen, dass ihr Antlitz vom immerwährenden Anblick der Engel so strahlte, dass man eher in die Strahlen der Sonne als in ihr Angesicht schauen konnte. Maximinus versammelte den gesamten Klerus und rief den vorher genannten Priester herbei; dann empfing die selige Maria Magdalena den Leib und das Blut des Herrn unter vielen Tränen aus der Hand des Bischofs, streckte ihren Körper vor den Stufen des Altars weit aus und verschied. Nach ihrem Tod verblieb in der Kirche ein solch süßer Duft, dass er noch sieben Tage lang von allen, die in die Kirche kamen, wahrgenommen wurde. Ihren heiligen Leib salbte der selige Maximinus mit vielen Wohlgerüchen und bestattete ihn mit allen Ehren.

Hegesippus oder auch Josephus, stimmen in dieser Geschichte überein. Er sagt nämlich in einem seiner Traktate, dass Maria Magdalena nach der Himmelfahrt des Herrn aufgrund ihrer brennenden Liebe zu Christus und wegen des Überdrusses, den sie der Welt gegenüber empfand, keinen Menschen mehr sehen mochte. Deshalb ging sie, nachdem sie in die Gegend von Aix gekommen war, in eine Wüste und lebte dort unerkannt dreißig Jahre lang und wurde jeden Tag zu den sieben Gebetsstunden von einem Engel zum Himmel emporgehoben. Er sagt auch, dass der Priester sie in ihrer Zelle eingeschlossen fand, als er zu ihr kam; auf ihre Bitte reichte er ihr seinen Mantel, den sie anzog und dass sie dann mit ihm zur Kirche ging. Dort empfing sie das Abendmahl, breitete die Arme aus zum Gebet und entschlief in Frieden neben dem Altar.

... 3. Zu den Zeiten Karls des Großen, um das Jahr des Herrn 769, war ein Herzog in Burgund, Gerhardus (Gyrardus) mit Namen, der mochte von seinem Weib keinen Sohn gewinnen, darum gab er mit milder Hand all sein Gut den Armen und baute viel Kirchen und Klöster. Als er das Kloster Vézelay hatte ge-

gründet, sandten er und der Abt des Klosters einen Mönch mit
würdigem Geleit gen Aix, dass er von dort, so es möchte sein,
Reliquien bringe von Sanct Marien Magdalenen. Da der Mönch
zu der Stadt kam, fand er sie durch die Heiden von Grund auf
zerstört; doch er fand ein Grab in Marmor gehauen, das Bild-
werk zeigte an, dass Sanct Marien Magdalenen Leichnam darin
läge, denn auf dem Grab war mit wundersamer Kunst ihre Geschichte in Stein gehauen. In der Nacht brach er das Grab auf,
nahm die Reliquien und trug sie in seine Herberge. Da erschien
ihm Maria Magdalena in derselben Nacht und sprach, er sollte
sich nicht fürchten, sondern das Werk zu Ende führen, das er
hätte begonnen. Also machte er sich auf den Heimweg. Aber da
er noch eine Meile von seinem Kloster war, mochte er die Reliquien in keiner Weise mehr von der Stelle bringen, bis der Abt
mit den Mönchen in feierlicher Prozession ihm entgegen ging,
und die Reliquien in großen Ehren heimführte.

Bild 28 *1432 Lucas Moser (ca. 1390 – nach 1434) Magdalenenaltar Tiefenbronn. Die Hauptseite des Altars trägt an den Außenrändern der Innenflügel folgende Inschriften: Schri kvnst schri vnd klag dich ser din be-
gert iecz niemen mer so o we 1432 („Schrei Kunst schrei, und beklag dich
sehr, deiner begehrt jetzt niemand mehr so, o weh. 1432.") (links von Szene Marseille) LVCAS MOSER MALER VON WIL MAISTER DEZ WERX
BIT GOTT VIR IN (rechts von Szene Marseille) Dedikation: B(EA)TA MA-
RIA MAGDALENA (über von Szene Marseille) Giebelfeld: Maria Magdalena wäscht Jesus die Füße; über Maria Magdalena: Gastgeber Simon;
rechts: Martha. Mitte links: Meerfahrt auf dem steuerlosen Schiff; Maria Magdalena, Cedonius, Maximinus, Martha. Mitte: Maria Magdalenas
erscheint dem Fürstenpaar in Marseille im Schlafgemach und bittet um
Aufnahme in die Stadt darunter: Cedonius, Maximinius, Martha, Lazarus schlafen vor den Mauern Marseilles Rechts: Die letzte Kommunion
Maria Magdalenas in der Kathedrale von Aix durch Bischof Maximinius
Predella: Gleichnis von den klugen (links) und törichten Jungfrauen; rechts
außen: Maria Magdalena; oben rechts das Wappen der „Meiser von Berg"*

Bild 28

1267 König Ludwig IX. (1214–1270)

Schenkung an Abt Jean von Vézelay

„Es schien uns angemessen, dass einige Reliquien des Erlösers so in die Nähe einiger Reliquien dieser allerheiligsten Frau gebracht werden, die ihm mit solcher Liebe zugetan war, dass sie dafür die große Vergebung ihrer Sünden empfing – jener Frau, die ihm so vertraut war, dass sie ihn berühren konnte."

1283 Heilig-Blut-Reliquie Weißenau

Was Weißenau seit 700 Jahren neben kostbaren liturgischen Geräten und Gewändern jedoch besonders auszeichnet, ist seine Heiligblutreliquie. In einem Glasröhrchen enthält sie mit Blut vermengte Erde, wurde 1709 vom Haus Habsburg in Gold und Edelstein neu gefasst und mit der um 1520 gestalteten Kreuzigungsgruppe geschmückt. Die lateinische Umschrift erinnert daran, dass Maria Magdalena das Blut unter dem Kreuz Christi gesammelt habe. Einer Legende zufolge soll es dann nach Marseille (St. Maximinus) gelangt sein. Über gallische Bischöfe sei die Kostbarkeit später in den Besitz der Merowingerkönige gekommen. Dagobert I. (629–639) habe das Reliquiar der Bischofskirche von Straßburg überlassen. Von dort gelangte es 1266 zum Dank für Friedensdienste an König Rudolf von Habsburg. 1283 übereignete er das Heilige Blut den Chorherren von Weißenau. Zwei Jahre später wird es mit seinem neuen Aufbewahrungsort im Lohengrin erwähnt: „Bi Ravensburg ein Closter lit, Owe nennt man ez in Landen wit. Der Podemzè [Bodensee] mit Nehe es kan erreichen. In dem Closter noch dazu Bluot wirt tegelichen fanden. Durch eine Cristalle man ez sieht." Später geriet die Kostbarkeit Generationen lang in Vergessenheit, bis unter Abt Jacob III. Mayer (1599–1616) der Heiligblutkult neu belebt wurde.

Bild 29 *1709 Heilig-Blut-Reliquie, gesammelt von Maria Magdalena, Weißenau*

1330/1353 FRANCESCO PETRARCA (1304–1374)

Im Jahr 1370, vier Jahre vor seinem Tod, schrieb Petrarca einen Brief an seinen Freund Philippe de Cabassole. Darin fügte der Dichter einige um 1336 verfasste lateinische Verse bei, die die heilige Maria Magdalena als Inbegriff der vita contemplativa preisen. Dem Dichter selbst zufolge wurden die Verse in der Grotte von Sainte-Baume, einem Ort der Verehrung für die Heilige, geschrieben. Mit seiner Darstellung der Heiligen stellt sich Petrarca in eine lange Tradition der Verehrung von Maria Magdalena. Sowohl in der mittelalterlichen lateinischen als auch in der volkssprachlichen romanischen Dichtung ist Maria Magdalena unter den biblischen Frauengestalten eine Inspirationsquelle, die der Mutter Gottes in nichts nachsteht – sei es als auserwählte testis und nuntia der Auferstehung, als peccatrix und exemplum der Erlösung oder als vorbildlich Liebende nach Lukas. *Grażyna Maria Bosy*

„Carmen de beata Maria Magdalena"	
1 Dulcis amica Dei lachrimis inflectere nostris Atque humiles attende preces nostreque saluti Consule namque potes nec enim tibi tangere frustra Permissum gemituque pedes perfundere sacros. 5 Et nitidis siccare comis ferre oscula plantis Inque caput Domini preciosos spargere odores Nec tibi congressus primos a morte resurgens Et voces audire suas et membra videre Immortale decus lumenque habitura per euum	1 Süße Freundin Gottes, beuge deine Tränen und achte auf unsere demütigen Gebete und auf unsere Sicherheit, Konsul, denn du kannst deine Füße nicht umsonst berühren. 5 Und trockne dein glänzendes Haar, gib mir Küsse auf die Füße und sprenge den kostbaren Duft auf das Haupt des Herrn. Du wirst nicht der Erste sein, der denen begegnet, die vom Tod auferstehen und ihre Stimmen hören und die Herrlichkeit und das Licht sehen, die durch ihn kommen.
10 Nequicquam dedit etherei rex Christus olimpi Viderat ille cruci herentem nec dira pauentem Iudaice tormenta manus turbeque furentis Iurgia et insultus et equantes verbera linguas Sed mestam intrepidamque simul digitisque cruentos 15 Tractantem clauos implentem vulnera fletu Pectora tundentem violentis candida pugnis Vellentem flauos manibus sine more capillos Viderat hec inquam dum pectora fida suorum Diffugerent pellente metu memor ergo reuisit	10 Umsonst hatte der König des Himmels, Christus diesen Mann gesehen, der sich ans Kreuz klammerte, und er war nicht furchtbar in den Qualen der Juden; 15 Umgang mit Nägeln, die Wunden mit Tränen füllen Er hatte diese Dinger gesehen, sage ich, während seine treuen Männer vor Angst geflohen waren, als er sich daran erinnerte, dass er sie besucht hatte
20 Te primam ante alios tibi se prius obtulit vni Te quoque digressus terris et ad astra reuersus Bis tria lustra cibi nunquam mortalis egentem Rupe sub hac aluit tam longo in tempore solis Diuinis contentam epulis et rore salubri 25 Hec domus antra tibi stillantibus humida saxis Horrifico tenebrosa situ tecta aurea regum Deliciasque omnes et ditia vicerat arua Hic inclusa libens longis vestita capillis Veste carens alia terdenos passa decembres 30 Diceris hic non fracta gelu nec victa pauore Namque famem et frigus durum quoque saxa cubile Dulcia fecit amor spesque alto pectore fixa Hic hominum non visa oculis stipata cateruis Angelicis septemque die subuecta per horas 35 Celestes audire choros alterna canentes Carmina corporeo de carcere digna fuisti.	20 Du hast dich zuerst anderen vorgestellt Auch du gehst zur Erde und kehrst zu den Sternen zurück Zwei oder drei Essensplätze Er hat sie so lange unter diesem Felsen genährt, zufrieden mit den göttlichen Banketten der Sonne und dem gesunden Tau 25 Dieses Haus ist eine Höhle mit einer schrecklichen Dunkelheit, bedeckt mit feuchten Steinen, bedeckt mit all den Lieblingen goldener Könige Im Dezember fehlen weitere drei Kleidungsstücke 30 Es wird gesagt, dass sie hier nicht von Eis gebrochen oder von Panik überwältigt sind Für Hunger und Kälte wurden harte Felsen auch ein Bett gemacht, Liebe und Hoffnung in einer tiefen Brust verankert Dieser Mann wurde nicht mit den Augen der Menge gesehen Zeichen von Engeln sieben Stunden am Tag 35 um die Celesta wechselnde Tänze singen zu hören Du warst eines körperlichen Liedes aus dem Gefängnis würdig.

Maria dicit: (Sprich,) guter gertenere, durch aller frawen ere, hastu von em icht vornamen? sage mirs, ez mag dir framen!	Maria spricht: Sag, guter Gärtner, um aller Frauen Ansehn willen, hast du etwas von ihm gehört? Sag mir's, es soll dein Vorteil sein!
Ihesus dicit: Gut wib, ich sage dir ane haz: soche din hern vorbaz!	Jesus spricht: Gutes Weib, ich sage es dir in Freundschaft: suche weiter deinen Herrn!
Maria procedit ulterius cantando: Dolor crescit, tremunt praecordia de magistri pii absentia, qui salvavit me, plenam vitiis, pulsis a me septem daemoniis.	Maria geht weiter und singt: Der Schmerz wächst, es zittert das Innere, ob des Verschwindens meines guten Herrn, der mich, die Lastervolle, geheilt hat, sieben Teufel hat er aus mir getrieben.
Et dicit: Ich han vorloren mynen trost, der mich von sunden hat erlost, leyder jemmerlichen (daz weyz got der riche!). ich storbe gerne, mochtes gesyn, wen er hat daz hercze myn berichtet vnd bekeret, wen ez was besweret mit seben tufeln (daz ist war), dy trug ich leyder manig jar. nu endarff der sundere (wy gruz dy sunde were), nicht czwifeln an den gnaden gocz. der granden vnd dez gepocz sal der sunder geruchen, czu gote dez menschen sunde sy, wy gruz dez menschen sunde sy, got der vorlet em doch dy gnade da by.	Und sie spricht: Ich habe verloren meinen Trost, der mich von Sünden hat erlöst leider auf jammervolle Weise (das weiß Gott der Mächtige!). Ich stürbe gern, könnte es sein, denn er hat mein Herz geordnet und verwandelt, denn es war bedrückt von sieben Teufeln (das ist wahr), die trug ich leider viele Jahr'. Nun aber braucht der Sünder (wie groß auch seine Sünde wäre), nicht zweifeln am Erbarmen Gottes. Um Gottes Hilfe und das Gebot soll sich der Sünder mühen, bei Gott soll er Vergebung suchen: wie groß auch des Menschen Sünde sein mag: Gott gewährt ihm dennoch Vergebung.
Ihesus venit cum vexillo. Maria cantat: Heu redemptio Israhel, ut quid sustinuit mortem patiens!	Jesus erscheint mit der Fahne. Maria singt: O die Erlösung Israels, wie hat sie geduldig ertragen den Tod!

Item cantat: Ach, du loßer aller cristenheit, worvm ledestu den bittern (tod) so geduldiclich?	Desgleichen singt sie: Ach du Erlöser der ganzen Christenheit, warum erleidest du den bitteren Tod so geduldig?
Ihesus cantat: Maria!	Jesus singt: Maria!
Maria cantat: Raby! Raby Quod dicitur „magister".	Maria singt: Rabbi! Rabbi! Das heißt: „Meister".
Ihesus cantat: Prima quidem suffragia stola tulit carnalia exhibendo communia se per naturae munia.	Jesus singt: Das erste Kleid freilich hat nur körperliche Hilfe euch bebracht indem es sich nur zeigen konnte in gewöhnlicher und natürlicher Weise.
Maria cantat: Sancte deus!	Maria singt: Heiliger Gott!
Ihesus cantat: Haec priori dissimilis, haec est incorruptibilis. quae tunc fuit passibilis, iam non erit solubilis.	Jesus singt: Diese Gestalt ist der früheren nicht gleich, diese ist unzerstörbar. Damals war sie noch leidensfähig, sie wird nicht mehr zu zerstören sein.
Maria cantat: Sancte fortis!	Maria singt: Heiliger, Starker!
Ihesus cantat: Ergo noli me tangere nec ultra velis plangere, quem mox in puro sidere cernes ad patrem scandere.	Jesus singt: So rühr mich denn nicht an und jammere nicht weiter. über den, den du bald in lauterem Licht zum Vater auffahren sehen wirst.
Maria cantat: Sancte et immotalis, miserere nobis!	Maria singt: Heiliger, Unsterblicher, erbarme dich unser!
Ihesus dicit: Frede vnd gnade sy mit dir! du woldest dich ny vorczy von mir, darvm ist dir das heil geschen, daz du mich czu dem ersten hast gesehen.	Jesus spricht: Friede und Erbarmen sei mit dir! Du wolltest dich nie abwenden von mir, darum ist dir das Glück geschehen, dass du mich als Erste hast gesehen.

Orgelflügel

Die älteste bespielbare Orgel der Welt zeigt auf dem rechten Innenflügel die Darstellung „Noli me tangere", das den auferstandenen Christus mit Maria Magdalena zeigt. Auffallend ist die Siegesfahne Christi, die am unteren Ende wie ein Spaten geformt ist. Christus selbst steht in einem Blumenbeet. Das Salbgefäß Maria Magdalenas schwebt auf der Höhe des rechten Fußes Christi. Maria Magdalenas Unterkleid ist rot, der Umhang legt sich wie eine Mandorla geöffnet und lässt den Blick frei auf das rote Unterkleid. Ihr blondes Haar ist gelockt und reicht bis zu ihrer Hüfte. Jesus blickt zu der knienden Maria Magdalena, ihr Gesicht ist noch von Kummer gezeichnet, und sie blickt auf die Wunde von Christi linker Hand.

Bild 30 *Rechter Orgelflügel, Basilika Valère Sion*

Responsorium „Accessit ad pedes Jesu in festo Maria Magdalena"	Lukas 7, 37f
Accessit ad pedes Jesu peccatrix mulier Maria et osculata est et lavit lacrimis et tersit capillis et unxit unguento Dimissa sunt ei peccata multa quoniam dilexit multum Ungere promeruit audire.	38 und trat von hinten zu seinen Füßen, weinte und fing an, seine Füße mit Tränen zu netzen und mit den Haaren ihres Hauptes zu trocknen, und küsste seine Füße und salbte sie mit dem Salböl. Ihre vielen Sünden wurden vergeben, weil sie viel liebte Sie hat es verdient, sich selbst zu salben.

Bild 31 *Glogauer Liederbuch, Cantus Accessit ad pedes Jesu in festo Maria Magdalena, in: https://imslp.org/wiki/Special:ReverseLookup/527352*

Bild 32 *Cenni di Francesco (1369/70–1415) Das Mahl im Haus des Pharisäers, Predella mit Geschichten der Maria Magdalena, Vatikanische Pinakothek, © Musei Vaticani*

„Vita Christi" Katalanisch	„Das Leben Christi" Deutsch
cap. CXVII Maria Magdalena I – Recit: Preïcant lo Senyor en Jerusalem …	**cap. CXVII** Maria Magdalena I – Rezitativ: Den Herrn in Jerusalem predigen …
cap. CXLIII Maria Magdalena II – Recit: E Magdalena, que, onsevulla que fos …	**cap. CXLIII** Maria Magdalena II – Rezitativ: Und Magdalena, wo auch immer sie war …
cap. CCVIII ¡ ¡Oh, Magdalena! ¡Mesclau les vostres llàgrimes ab les mies: una és la causa de nostra dolor! [...] ¡Oh, quina dolor sens repòs acompanyarà la vida nostra, puix així és apartat del nostre cor lo goig e alegria de la presencia d'aquest Senyor e Fill me, e tan amat mestre e benfactor vostre!	**cap. CCVIII** Oh, Magdalena! Vermische deine Tränen mit meinen: Eine ist die Ursache unseres Schmerzes! [...] Oh, welcher rastlose Schmerz wird unser Leben begleiten, denn so wird die Freude und das Glück der Gegenwart dieses Herrn und meines Sohnes, und so geliebter Meister und Wohltäter von dir aus unseren Herzen genommen!
cap. CCXI E finida per la senyora aquesta suplicació, caigué en los braços de Magdalena, mig esmortida, car no podía la piadosa mare parlar de les dolors e penes del seu amat Fill sens molta alteració de sa persona, la qual estava ja tant turmentada que ab infinida pena sostenia la vida.	**cap. CCXI** Und als die Dame dieses Flehen beendet hatte, fiel sie halb tot in die Arme von Magdalena, denn die fromme Mutter konnte nicht von den Schmerzen und Leiden ihres geliebten Sohnes sprechen, ohne dass sich ihre Person stark veränderte, die bereits so gequält war, dass sie ihr Leben in unendlicher Trauer hielt.

Katalanisch	Deutsch
cap. CCXXIII Hi en un sepulcre tan estret nos tanque, que·ls nostres ossos mesclats a la fi en una pols se converteixquen […]. „Amor cruel, qui·ls ha units en vida y, ab gran dolor, lo viure·ls ha fet perdre, aprés la mort los tanqua·n lo sepulcre". Ab diversitat de tan impossibles pensaments, me partí de la cambra o sepulcre a on tanta pena sofert havia. […] ¡Oh, Fill meu i Senyor! ¿Quina entrada tan dolorosa és aquesta, que lo meu cor és tot trencat dins mi mateixa e han tremolat tots los meus ossos per extrema pena?	**cap. CCXXIII** In einem so engen Grab sind wir eingesperrt, so dass unsere am Ende vermischten Knochen zu Staub werden […]. „Grausame Liebe, die sie mit großem Schmerz im Leben vereint hat, hat sie ihr Leben verlieren lassen, Nach dem Tod sind sie im Grab begraben." Mit einer Vielzahl solcher unmöglichen Gedanken verließ ich den Raum oder das Grab, in dem ich so viel Leid erlitten hatte. […] Oh, mein Sohn und Herr! Was für ein schmerzhafter Eingang ist das, dass mein Herz in mir ganz gebrochen ist und alle meine Gebeine vor extremer Trauer gezittert haben?
cap. CCXXVI ¡Oh, germanes! ¡Contemplau la mia dolor e pena! […] ¡Oh, vosaltres, dones, qui per la natural pietat vostra sentiu les dolors mies, e per vostra virtuosa compassió de cor voleu acompañar a mi en les mies penes! ¡Oïu e escoltau les mies dolors! ¡Mostrau a les filles vostres de fer plant, les quals, per sa tendra edat, no han experimentat dolors; e les unes a les altres convidau-vos a lamentació e plor, car sola só restada, sens negun consolador!	**cap. CCXXVI** Oh, meine Schwestern! Betrachtet meinen Schmerz und meine Trauer! […] Oh, ihr Frauen, die durch eure natürliche Frömmigkeit meine Schmerzen spüren und durch euer tugendhaftes Mitgefühl des Herzens mich in meinen Sorgen begleiten wollen! Hört zu und hört auf meine Schmerzen! Zeigt euren Töchtern Pflanzen, die aufgrund ihres zarten Alters keine Schmerzen hatten. und lade sie ein, zu trauern und zu weinen, denn ich bin allein und ohne jeden Tröster!
cap. CCXLI CCXLII La Ressurreccio I- Recit: Magdalena, de gran matí …	**cap. CCXLI CCXLII** Die Auferstehung Magdalena, am Morgen …

Der Teil von Isabel de Villenas Vita Christi, der sich am meisten von anderen Vitae Christi unterscheidet, die zur gleichen Zeit geschrieben wurden, war, dass er sich gleichermaßen – wenn nicht mehr – auf die Frauen in Christi Leben konzentrierte, einschließlich seiner Mutter Maria und Maria Magdalena. Vita Christi beginnt mit der Geburt Mariens und endet mit ihrer Himmelfahrt. Die Heimsuchung der Engel bei der Jungfrau Maria und ihrer Schwester Elizabeth wird in Isabels Werk erweitert, was sie von anderen männlichen Autoren unterscheidet, die Werke über das Leben Christi geschrieben haben. Maria führt auch Gespräche mit allegorischen Darstellungen von Fleiß und Nächstenliebe, die die populäre philosophische Rhetorik von Autoren wie Boethius widerspiegeln in seinem Trost der Philosophie. Jesus steht nur im Mittelpunkt von etwa 4.000 von 37.500 Zeilen, in denen die Handlungen der Frauen um ihn herum, vor allem seiner Mutter Maria, noch viel mehr ausfüllen. Isabel platziert die weiblichen Charaktere in wichtigeren Positionen als Christus selbst.

***Bild 33** ca. 1573 Altarretabel, Detail Maria Magdalena im leeren Grab, vermutlich Pablo de Rojas; Sankt Hieronymus-Kloster Granada*

Bild 34 *um 1638–1640 José de Ribera (1591–1652)*
Heilige Maria Magdalena, Madrid, Museo del Prado

Ich hab verloren meinen trost Der mich von sunden hat erlost

Bozener Osterspiel III

Ich suech Jhesum meinen trost Der mich von sünden hat erlöst;

1500 Egerer Fronleichnamsspiel

Herre, vetterlicher trost, Pistu das, so pin ich erlst Von allen meinen sorgen. Du pist mir noch verborgen; O herre, vatter, Jhesu Crist, Trost mich, so dü es pist.

Wiener Osterspiel

ich was gegangin schawen das grab der selikeit nu ist mir meyn trost vnd meyne frewde benomen.

Osterspiele lassen sich bis ins Hochmittelalter zurückverfolgen. Ihre Keimzelle ist der Quem-quaeritis-Tropus, der sich seit dem 10. Jahrhundert zuerst im Kloster St. Gallen findet und oft als Ursprung des mittelalterlichen Theaters dargestellt wird. Der Wechselgesang zeigt die Frauen vor dem leeren Grab Christi (Visitatio). Die Erscheinung des auferstandenen Christus vor Maria Magdalena und der Wettlauf der Apostel kamen hinzu. So formierten sich vor allem im 12. Jahrhundert umfangreiche Spiele.

In dieser ersten Zeit gehörten die Osterspiele noch in den Rahmen der Liturgie, wurden in lateinischer Sprache und in der

Kirche aufgeführt. Sie dienten zur Erklärung und Veranschaulichung des wichtigsten religiösen Festes. Alle Rollen wurden von Männern gespielt, in der ersten Zeit nur von Klerikern.

Seit dem 13. Jahrhundert flossen volkssprachliche Texte ein. Die Spiele wurden außerhalb der Kirche aufgeführt und von den Städten organisiert. Zu den Szenen, die oft auch sehr derb sein konnten, gehörten etwa: Pilatus- und Judenszene, Auferstehung, Grabwächterszene, Höllenfahrt, Teufelsszene mit Sünderrevue, Marienklage, Krämerszene, Visitatio, Apostellauf. Oft verlor sich der belehrende Aspekt, und die Freude am Spektakel, etwa bei den Teufelsszenen, trat hervor. Die Osterspiele wurden vor allem im 15. Jahrhundert zu Passionsspielen ausgeweitet oder konkurrierten mit diesen. So beinhaltet etwa der sogenannte Debs-Codex für den Tiroler Bereich die Verschriftlichung von vier Osterspielen im Verbund mit zahlreichen weiteren Passionsspielen im letzten Drittel des 15. Jahrhunderts. Reformation und Gegenreformation beendeten die Tradition vieler Osterspiele.

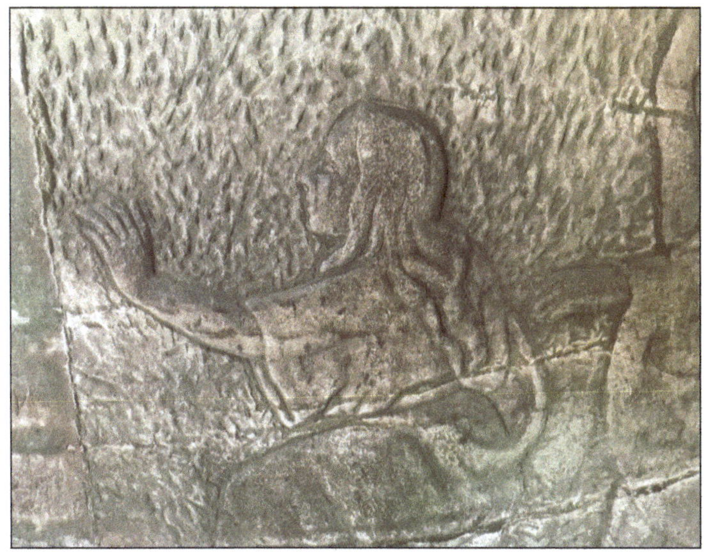

Bild 35 *Magdalena-Einsiedelei Räsch, Düdingen, Schweiz*

Von der heyligen Maria Magdalena ayn lobgesangk	**Von der Heiligen Maria Magdalena ein Lobgesang**
Hoffnung der gnaden hebt mir auff meyn herczen zu dir, meyn schöpfer, du tröst al meyn smerczen, So ich betrachte freyhait aller sünder dye nach dir ryngen.	Hoffnung der Gnaden hebt mir auf mein Herz zu dir, mein Schöpfer, du Trost all mein Schmerzen, So ich betrachte frei aller Sünden, die nach dir ringen.
Edle Maria, schöne Magdalena, frey dich der ceren, das du bist ayn sponsa Gottes und prynnest allso klar in lyebe, der sünder spyegel.	Edle Maria, schöne Magdalena, freu dich der Tränen, dass du eine Sponsa (Gemahlin) bist Gottes und brennest also klar in Liebe, der Sünder Spiegel.
Jugent und freymuet und des adels hochfart, reychtumb und leybzyr und auch alle weltfart Hastu gepranchet, dar umb bistu gnante ayn sündigs weybe.	Jugend und Freimut und des Adels Hochfahrt, Reichtum und Leibzier und auch alle Weltfahrt Hast du gepranget, darum bist du genannt worden ein sündiges Weib.
Wo sich gesamet hetten alle laster, so noch vill reycher hat dy gnad gewarchet, Und byst geloffen eylund zw dem prunnen der wescht dy sünden.	Wo sich gesammelt hatten alle Laster, so noch viel reicher hat die Gnad gewartet, Und bist gelaufen eilend zu dem Brunnen der wäscht dein Sünden.
Jhesus der güettyg hat dich nit verschmähet, er was deyn vorsprech, den du hest geachttet, Lyeblich er auffnam was du im beweysest mit klag der zäher.	Jesus, der Gütige, hat dich nicht verschmähet, er was dein Fürsprecher, den hast du geachtet, Lieblich er aufnahm, was du ihm beweisest mit Klag der Elenden.
Magdalena, klarer wann dy sunne, swester der engel, kumbstu von dem prunne? Töchter von Syon, secht an, wer ist dyse also gepreyset?	Magdalena, klarer als die Sonne, Schwester der Engel, kommst du von dem Brunnen? Töchter von Sion, sagt an, wer ist diese also gepreiset?

Alspald, Maria, bystu gar verwandelt, das sych dy gothait gancz in dich verpyldet Und dich versencket also tyeff in lyeben, das was deyn leben.	Alsbald, Maria, bist du gar verwandelt, dass sich die Gottheit ganz in dir verbildet Und dich versenkst also tief in Lieben, das was dein Leben.
Jhesus, deyn haylant, nam dich in seyn gmannschaft, du byst erwelte seyner urstendt potschafft, Wann du vor andern suechest in zeschen und seyn zepflegen.	Jesus, dein Heiland, nahm dich in sein Mannschaft, du bist die Erwählte seiner Auferstehungsbotschaft, Weil du vor allen anderen ihn suchest und ihn pflegtest.
Nun noch im orden Seraphyn dich freyest, so dich deyn preutkam unentreulich halset: Mach in genädig über unser sunden, das wir dye püessen.	Nun noch im Orden Serafin dich freuest, so dich dein Bräutigam unentreulich umarmt: Mach ihn gnädig über unsre Sünden, dass wir die büssen.
O Magdalena, lazarum nym mit dir, dar zw auch Martham, und bryng unser not für, Got well abwenden was uns kumbt zu schanden durch euer pitten.	O Magdalena, Lazarus nimm mit dir, dazu auch Martha, und bring unsere Not vor, Gott wird abwenden was uns kommt zuschanden durch euer Bitten.
Rechte erkänntnus geb uns und seyn lyebung, starcke vollbryngung gueter werch mit harrung, Das wir auch syngen Got sey lob und eere und ewig werde.	Rechte Erkenntnis gib uns und Sein Lieben, starke Vollbringung Güter Werk mit Harrung, Dass wir auch singen Gott sei Lob und Ehre und ewig werden.

Bild 35a *Jacob Cornelisz van Oostsanen: Christus erscheint Maria Magdalena als Gärtner, 1507, Staatliche Museen in Kassel*

Nicolas Champion (1475–1533) Philippe Verdelot (~1485–~1530) „O dulcissime Domine Iesu Christe"	„Oh, süßer Herr Jesus Christus"
O dulcissime Domine Iesu Christe, respicere digneris super me miserum peccatorem oculis misericordie tue quibus respexisti Petrum in atrio Mariam Magdalenam in convivio et dextrum latronem in crucis patibulo et fac ut cum Petro peccata mea digne fleam cum Maria Magdalena perfecto amore te diligam et cum latrone eternaliter te videam qui vivis et regnas in secula seculorum.	O süßester Herr Jesus Christus geruh, mich als einen elenden Sünder mit den Augen deiner Barmherzigkeit anzusehen worin du Petrus im Hof suchen sollst, Maria Magdalena auf einem Fest und der rechte Räuber am Galgen des Kreuzes und lass mich würdig weinen wegen meiner Sünden mit Petrus Ich werde dich mit vollkommener Liebe lieben, Maria Magdalena und mit dem Räuber lass mich dich ewig sehen Der lebt und regiert für immer und ewig.

Der französischer Humanist Jacques Lefèvre d' Estaples (1450–1536) veröffentlichte das Manifest „De Maria Magdalena" in Paris. Darauf folgten 1517 und 1519 zwei kritische Aufsätze über Maria Magdalena, „De Maria Magdalena" und „De tribus et unica Magdalena disceptatio secunda". In diesen Schriften bemühte er sich zu beweisen, dass Maria, die Schwester von Lazarus, Maria Magdalena und die reuige Frau, die die Füße Christi (Lukas 7,36) gesalbt hatte, drei verschiedene Personen waren. Diese damals neue Meinung löste heftige Kontroversen aus; Widerlegungen von Noël Bédier, Syndikus der Universität Paris, und John Fisher, dem Märtyrerbischof von Rochester, erschienen; 1521 folgte die Verurteilung durch die Sorbonne. Champion bezieht sich in seiner Missa Maria Magdalena auf das Manifest Lefèvres.

176

„In illo tempore Maria Magdalena" Motette für vier Stimmen	„Zu dieser Zeit hatten Maria Magdalena" Motette für vier Stimmen
In illo tempore Maria Magdalene, Jacobi et Salome emerunt aromata ut venientes ungerent, ungerent Jesum. Angelus Domini descendit de coelo et dixit eis; „Nolite timere. Resurrexit Dominus, Alleluia. Sicut dixit vobis, Alleluia."	Zu dieser Zeit hatten Maria Magdalena, Maria die Frau des Jakobus und Salome süße Gewürze gekauft, damit sie den Körper Jesu salben könnten. Der Engel des Herrn stieg vom Himmel herab und sprach zu ihnen: „Fürchtet euch nicht. Der Herr ist auferstanden, Alleluia. Wie er euch sagte, Alleluia."

Bild 36 *Evangelistar: Perikopenbuch Heinrichs II., Bayerische StaatsBibliothek Clm 4452 folio 118r, Reichenau, ca. 1007–1012*

Bild 37 *1515 Matthias Grünewald (um 1480 – um 1530) Isenheimer Altar, Maria Magdalena unter dem Kreuz, Detail, Musée d'Unterlinden in Colmar*

Bild 38 1523 Antonio da Correggio (1489-1534) Noli me tangere,
Museo Nacional del Prado, Madrid

Evangelium in die paschae	
Dominus vobiscum,	Der Herr sei mit euch;
Et cum spiritu tuo,	Und mit deinem Geiste,
Sequentia sancti Evangelii secundum Marcum,	Die Fortsetzung des heiligen Evangeliums nach Markus,
Gloria tibi Domine Domine.	Ehre sei dir, o Herr.
In illo tempore, Maria Magdalena & Maria & Salome emerunt aromata, ut venientes ungerent veniunt ad monumentum orto iam sole,	Damals hatten Maria Magdalena & Maria & Salome, süße Gewürze gekauft, damit sie beim Aufgang der Sonne zum Grab kamen.
Et dicebant ad invicem,	Sie sagten zueinander
Quis revolvet nobis lapidem ab ostio monumenti?	Wer rollt den Stein von der Tür weg?
Erat quippe magnus valde valde.	Denn er war sehr, sehr groß.
Et introeuntes in monumentum, sedentem coopertum stola candida, & obstepue runt,	Als sie das Grab betraten, saß er da, in ein weißes Gewand gekleidet, und sprachlos.
Qui dicit illis,	Er sagt ihnen,
Nolite expavescere, Iesum queritis Nazarenum crucifixum, surrexit non est hic,	Fürchtet euch nicht, ihr sucht Jesus, den gekreuzigten Nazarener, er ist auferstanden; er ist nicht hier,
Sed ite, dicite discipulis eius & Petro quia precedit vos in Galilea, ibi eum videbitis, sicut dixit vobis.	Aber geht und sagt seinen Jüngern und Petrus, dass er nach Galiläa vorausgehen wird, dort werdet ihr ihn sehen, wie er euch gesagt hat.

***Bild 39** 1835 Alexander Iwanow (1806–1858), Christus erscheint
Maria Magdalena nach der Auferstehung, Russisches Museum
St. Petersburg, © Sforzza1 | Dreamstime.com*

Varia zu „Maria Magdalena et altera Maria" 1546 Jacobus Clemens non Papa (1510/15–1555/56) Maria Magdalena	1539 Pierre de Manchicourt (ca. 1510–1564) Girolamo Baglioni (1575–1608) Juan García de Salazar 1615 Andreas Hakenberger (1574–1627)
Maria Magdalena et altera Maria, ibant diluculo ad monumentum. Ihesum quem queritis non est hic, surrexit, sicut locutus est. Praecedet vos in Galileam. Ibi eum videbitis, alleluya. Cito euntes dicite discipulis eius et Petro quia surrexit dominus. Praecedet vos in Galileam. Ibi eum videbitis, alleluya.	Maria Magdalena und die andere Maria gingen früh zum Grab. Jesus, den ihr sucht, ist nicht hier, er ist auferstanden, wie er es vorausgesagt hat. Vorangehen wird er euch nach Galiläa. Wie er es vorhergesagt hat, Alleluia. Schnell und sagt es seinen Schülern und Petrus, dass der Herr auferstanden ist. Vorangehen wird er euch nach Galiläa. Wie er es vorhergesagt hat, Alleluia.

Bild 40 16. Jh. Maria Magdalena, Maria und Salome erfahren die Auferstehungsbotschaft vom Engel, Eglise St-Martin de Chapaize, Altarbild

Jesu Christe, auctor vitae	Jesus Christus, Schöpfer des Lebens
Jesu Christe, auctor vitae,	Jesus Christus, Schöpfer des Lebens,
Qui in tuo sanguine	Der in deinem Blut
Peccatum lavisti Adae:	die Sünde Adams weggespült hat:
Mariae Magadalenae	auf Maria Magdalena
Tribuisti salutarem	Du hast Gesundheit geschenkt,
Fructum poenitentiae.	die Frucht der Umkehr.

Bild 41 ~1430 Hamburger Meister, genannt Meister Francke (~1383–
~1436), Grablegung, Hamburger Kunsthalle

„When Jesus went into Simon the Pharisee's house" Anthem	Lukas 7, 36-38
When Jesus went into Simon the Pharisee's house and sat down at meat, behold, a woman in the city which was a sinner, as soon as she knew that Jesus sat at meat in the Pharisee's house, she brought an alabaster box of ointment, and stood at his feet behind him weeping, and began to wash his feet with tears, and did wipe them with the hairs of her head, and kissed his feet, and anointed them with the ointment.	Als Jesus ging in das Haus des Pharisäers und setzte sich zu Tisch, und siehe, eine Frau war in der Stadt, die war eine Sünderin. Als die vernahm, dass er zu Tisch saß im Haus des Pharisäers, brachte sie ein Alabastergefäß mit Salböl und trat von hinten zu seinen Füßen, weinte und fing an, seine Füße mit Tränen zu netzen und mit den Haaren ihres Hauptes zu trocknen, und küsste seine Füße und salbte sie mit dem Salböl.

FRANCESC VALLS (1665/71–1747) U.A.

Francesc Valls, Josquin Baston, Christian Erbach, Oliver Hayes, Christian Hollander, Robert Johnson, John Mundry, Thomas Tallis, John Taverner, Jan Tollius, Adrianus Tubal, Christopher Tye, attrib. Roose **„Dum transisset Sabbatum"**	Markusevangelium Kapitel 16, 1–2 **Und als der Sabbat vergangen war**
1 Dum transisset Sabbatum, Maria Magdalene et Maria Jacobi et Salome emerunt aromata ut venientes ungerent Jesum. Alleluia. 2 Et valde mane una sabbatorum veniunt ad monumentum orto iam sole. Gloria Patri et Filio et Spiritui Sancto.	1 Und als der Sabbat vergangen war, kauften Maria Magdalena und Maria, die Mutter des Jakobus, und Salome wohlriechende Öle, um hinzugehen und Jesus zu salben. Alleluja. 2 Und sie kamen zum Grab am ersten Tag der Woche, sehr früh, als die Sonne aufging. Ehre sei dem Vater, und dem Sohn und dem Heiligen Geist.

Bild 42 *1435 Rogier van der Weyden (1399/1400–1464) Kreuzabnahme: Maria Magdalena mit Salbgefäß, Detail, Madrid, Museo del Prado*

Nota bene: 4. Band: 29 5stimmige Motetten. Texte aus Hohelied Salomos entnommen. in: Liber primus ... Motettorum Rom 1569

1569 GIOVANNI P. DA PALESTRINA (1525–1594)

„Beatae Mariae Magdalenae"	„Glückliche Maria Magdalena"
Beatae Mariae Magdalenae quaesumus Domine suffragiis adjuvemur, cujus precibus exoratus quatriduanum fratrem vivum ab inferis resuscitasti.	Glückliche Maria Magdalena Wir lassen uns durch die Stimme des Herrn helfen, den wir durch Gebete anflehten vier Tage lebte der Bruder in der Unterwelt und wurde von den Toten wieder auferweckt.

Maria Magdalene a 7	1587	Maria Magdalene a 4	1576
Maria Magdalene, Maria Jacobi et Salome emerunt aromata, ut venientes ungerent Jesum. Et dicebant ad invicem: Quis revolvet nobis lapidem ab ostio monumenti? Dixit illis angelus: Nolite expavescere. Jesum queritis Nazarenum crucifixum, surrexit, non est hic. Alleluia.	Maria Magdalena, Maria Jacobi und Salome kauften süße Gewürze und gingen und salben Jesus. Sie sagten zueinander; Wer wird den Stein rollen von der Tür Der Engel sagte Sei nicht beunruhigt. Du suchst Jesus von Nazareth, Er ist auferstanden, Er ist nicht hier. Halleluja.	Maria Magdalene et altera Maria ibant diluculo ad monumentum. „Jesus quem quaeritis non est hic: surrexit sicut locutus est; Praecedet vos in Galilaeam. Alleluia."	Maria Magdalena und die andere Maria gingen früh zum Grab. „Jesus, den ihr sucht, ist nicht hier: er ist auferstanden Er wird euch vorausgehen nach Galiläa. Alleluja."

Bild 43 ~1520 Bernardino Luini (1482–1532) Conversione della Maddalena'
o'Allegoria della modestia e vanity, San Diego Museum of Art

Motette Maria Magdalena	
Prima pars Maria Magdalene et altera Maria emerunt aromata ut venientes ungerent Iesum. Et valde mane una Sabbatorum veniunt ad monumentum orto iam sole, alleluia. Secunda pars Et introeuntes in monumentum viderunt iuvenem sedentem in dextris coopertum stola candida et obstupuerunt. Qui dicit illis: „Iesum quem queritis Nazarenum cruxifixum: surrexit, non est hic. Ecce locus ubi posuerunt eum. Alleluia.“	Erster Teil Maria Magdalena und die andere Maria kauften Gewürze damit sie kommen und Jesus salben. Und samstags sehr früh Sie kommen zum Grab Die Sonne ist aufgegangen, Zweiter Teil Beim Betreten des Grabes Sie sahen rechts einen jungen Mann sitzen in ein weißes Gewand gekleidet und sie waren erstaunt. Er sagt ihnen „Ihr sucht Jesus von Nazareth, der gekreuzigt wurde; er ist aufgestanden, er ist nicht hier. Seht den Ort, wo sie es hingelegt haben. Alleluia.“

191

Canciones y villanescas espirituales, no. 36	Spirituelle Lieder und Villanescas, Nr. 36
Dexó del mundo lo que le_adornaba Magdalena gentil. Mirad qué cosa: cual se va tras la luz la mariposa tal por el aire andaba en el punto que Christo le miraba su descuido. Hurtole el coraçón y diole un pecho renovado de vanidad de mundo descuidado. Ya de hoy más es dolor con llanto y pena el verdaderoamor de Magdalena.	Er ließ von der Welt, was ihn schmückte, die nichtjüdische Magdalena. Sieh dir an, was: Welcher geht nach dem Licht, dem Schmetterling so war die Luft an dem Punkt, an dem Christo seine Nachlässigkeit ansah. Stehle ihr Herz und gib ihr eine neue Brust der sorglosen Welteitelkeit. Heute ist mehr Schmerz mit Tränen und Kummer die wahre Liebe von Magdalena.

1610 „De sancta Maria Magdalena" Hymnus	
Amore currit laucia pedes beatos ungere lavare	Um die Füße der Seligen zu salben, zu waschen

Bild 44 *Orlando di Lasso „De sancta Maria Magdalena" Hymnus*

Missa Maria Magdalene & Maria Magdalene et altera Maria in:
Liber primus missarum

Bild 45 *1448 Jean Fouquet (~1420–1481)*
Stundenbuch des Étienne Chevalier

1594/1597 Michelangelo Merisi
da Caravaggio (1571–1610)

„Eines Abends erinnerte er sich bei Violetta an zwei Bilder von Caravaggio. Sie hingen nebeneinander im kleinen Saal der Galeria Doria Pamphilij auf der Piazza del Collegio Romano. Das eine Bild zeigte Maria Magdalena, das andere die heilige Maria bei einer Pause auf der Flucht nach Ägypten. Für beide Marias hatte Caravaggio dasselbe Modell gewählt." *Rafik Schami*

Bild 46 ~1597 Michelangelo Merisi da Caravaggio (1571–1610) Reuige Magdalena, Galleria Doria Pamphilj Rom

Bild 47 ~1594 Michelangelo Merisi da Caravaggio (1571–1610)
Ruhe auf der Flucht nach Ägypten, Galleria Doria Pamphilj Rom

1607 MICHAEL PRAETORIUS (1571–1621)

Maria Magdalena et altera Maria	Maria Magdalena und die andere Maria
Maria Magdalena et altera Maria ibant diluculo ad monumentum Jesum quem quaeritis non est hic surrexit sicut locutus est praecedet vos in Galilaeam ibi eum videbitis. Alleluia.	Maria Magdalena und die andere Maria gingen am Morgen zum Grab Jesu wen ihr sucht, ist nicht hier er ist auferstanden auf, während er sprach er ging uns voraus nach Galiläa dort werdet ihr ihn sehen. Alleluja.

Domine Jesu Christe, respicere	Herr Jesus Christus, schau
Domine Jesu Christe, respicere digneris super me miserum peccatorem, oculis misericordiae, quibus respexisti Petrum in atrio, Mariam Magdalena in convivio, et latronem in crucis patibulo. Concede mihi omnipotens Deus, ut cum Petro digne fleam, cum Maria Magdalena perfecto amore te diligam, et cum latrone in saecula saeculorum te videam.	O Herr Jesus Christus, schau, du kannst sicher sein, mich anzugreifen, elender Sünder. diese Augen des Mitleids, die Petrus im Hof sahen, Maria Magdalena am Fest und der Dieb am Kreuz. Gib mir, allmächtiger Gott, dass ich würdig mit Petrus weinen kann Ich werde dich mit vollkommener Liebe lieben, Maria Magdalena und lass mich dich mit einem Räuber sehen für immer und ewig.

ANONYMUS

O beatissime Domine Jesu Christe	
O beatissime Domine Jesu Christe respicere digneris super me miserum peccatorem misericordiae tuae quibus respixisti Petrum in atrio, Mariam Magdalenam in convivio et latronem in crucis patibulo. Fac me tua gratia ut cum Petro digne fleam, cum Maria Magdalena perfecto amore te diligam et cum latrone in saecula saeculorum te videam.	O Herr Jesus Christus, schau, du kannst sicher sein, mich anzugreifen, elender Sünder. diese Augen des Mitleids, die Petrus im Hof sahen, Maria Magdalena am Fest und der Dieb am Kreuz. Gib mir, allmächtiger Gott, dass ich würdig mit Petrus weinen kann Ich werde dich mit vollkommener Liebe lieben, Maria Magdalena und lass mich dich mit einem Räuber sehen für immer und ewig.

1615 JOHANN HERMANN SCHEIN (1586–1630)

Cymbalum Sionium **Quem quaeris Magdalena? Nr. 29**	Zimbel Sions **Wen suchst du, Magdalena?**
Quem quaeris Magdalena? Quem deflens Maria? Dominum meum quaero hoc positum in sepulchro. Ne lugeas quaeso resipisce rogo Sed una mecum laetitiae candida signa dato. Non enim hic amplius jacet Christi caro, Sed jam gloriosa fulgebit in coelo. Alleluia.	Wen suchst du, Magdalena? Wen, oh weinende Maria? Ich suche meinen Herrn, der in dieses Grab gelegt wurde. Bitte trauere nicht, denn ich bitte dich, umzukehren Aber eines der hellsten Zeichen der Freude wurde mir gegeben. Denn das Fleisch Christi liegt nicht mehr hier. Aber jetzt werden herrliche Dinge im Himmel leuchten. Alleluja.

Maria Magdalena Besetzung SSATB Nr. 2	
Maria Magdalena et altera Maria, ibant diluculo ad monumentum. Jesum quem quaeritis non est hic, surrexit, sicut locutus est. Praecedet vos in Galilaeam. Ibi eum videbitis, Alleluja. Cito euntes dicite discipulis ejus et Petro quia surrexit Dominus. Praecedet vos in Galilaeam. Ibi eum videbitis, Alleluja.	Maria Magdalena und die andere Maria gehen früh zum Grab. Jesus, den du suchst, ist nicht hier, Dann, wie versprochen. Er ging uns voraus nach Galiläa Dort wirst du Ihn sehen, Alleluia. Schnell und sag seinen Jüngern, dass er und Peter bekam den Besitzer. Er ging uns voraus nach Galiläa Dort wirst du Ihn sehen, Alleluia.
Mein Freund komme in seinen Garten Nr. 10	**Wo ist dein Freund hingegangen Nr. 11**
Mein Freund komme in seinen Garten und esse von seinen edlen Früchten. Ich komme, meine Schwester, liebe Braut, in meinen Garten. Ich habe meine Myrrhen samt meinen Würzen abgebrochen; ich habe meines Seims samt meinem Honig gegessen; ich habe meines Weins samt meiner Milch getrunken. Esset, meine Lieben, und trinket, meine Freunde, und werdet trunken!	Wo ist dein Freund hingangen, O du Schönste unter den Weibern? Wo hat sich dein Freund hingewandt? So wollen wir mit dir ihn suchen. Mein Freund ist hinabgegangen in seinen Garten, zu den Würzgärtlein, dass er sich weide unter den Gärten und Rosen breche. Mein Freund ist mein, und ich bin sein, der unter den Rosen sich weidet.

Musiche de alcuni eccelentissimi Musici Composte per la Maddalena. Sacra Rappresentazione di Gio Battista Andreini.

Aus der Zusammenarbeit Alessandros Ghivizzani mit Monteverdi, Salamone Rossi und Muzio Effrem stammt ein Madrigal für La Maddalena von G.B. Andreini, welches anläßlich der Hochzeit Ferdinando Gonzagas mit Caterina de' Medici in Mantua aufgeführt wurde.

Mit den Zügen „Cupidos, abgesehen davon, dass die Augen nicht verbunden sind" fordert die Figur des „göttlichen Wohlwollens" den Zuschauer auf, dem Vorbild Maria Magdalenas zu folgen: Die Tränen der Reue können den Zorn Gottes besiegen … Der Prolog endet mit dem Auftritt zweier Engel: zwischen den glühenden Sonnen und dem ewigen Tau züchtet Gott einzigartige Blumen; sie sollen dazu dienen, das Haar der Maria Magdalena zu krönen, mit dem sie die Füße Jesu getrocknet hat. Mit vokalen Melodielinien, die subtil eher durch modale Harmonien geflochten werden, verleiht Muzio Effrem seiner Aussage eine himmlische, zeitlose Stimmung.

Claudio Monteverdi (1567–1643): Prologo Favor Divino canta (Cupido) Su le penne de' venti SV 333	Claudio Monteverdi: Das göttliche Wohlwollen singt (Cupido) Auf den Federn der Himmel
Regieanweisung Der Prolog erscheint in den Lüften auf einem Wagen, der voll von Sternen strahlt (…) und mit Palmen, Oliven und Lorbeer geschmückt ist (…).	Der Wagen wird von einer unbestimmten Anzahl an Wolken unterstützt, die alle voll von den Gesichtern kleiner, geflügelter Engel sind. Auf den Wolken stehen auch zwei richtige Engel, von denen jeder in der rechten Hand zwei besternte, zitternde Palmzweige hält …
Favor Divino Su le penne de venti il Ciel Carcando Fare tratto Fanciulle a voi ne vegno. Son tutta luce, son di gloria il segno. Ad eccelsa Armonia voce accordando.	Die göttliche Gunst Auf den Federn der Winde, die der Himmel trägt werde ich zu euch kommen, junge Mädchen. Ich bin alles Licht, ich bin das Zeichen der Herrlichkeit. Ich stimme meine Stimme auf erhabene Harmonie.
Ben a l'ali depinte, à l'arco aurato Già'l vulgo sciocco mi dichiara Amore; Son Amor; ma non cieco: un'alma, un core Saetto sì; ma colpo io fò beato.	Schon die törichte Zunge erklärt mir die Liebe: Ich bin die Liebe, doch nicht blind; eine Seele, ein Herz kenne ich, mein Pfeil macht selig.
Non per c'habbia d'Allor monili, e fregi, Non ghiarlanda di fiori ai braccio, al crine, Narro c'hò vincitor palme divine, Poi ch'al vinto den'lo le frondi, e i pregi.	Nicht für diejenigen, die dann Juwelen und Ornamente haben, Keine Blumengirlanden auf seinem Arm, noch auf seinem Haar, ich erkläre Ich habe einen Sieger mit göttlichen Palmen, der den Besiegten die Wedel und Tugenden gab.
Quegli son io, che per valor sovrano Tanti rubelli ai Ciel cinse, atterrai; Poscia di raggi il perditore ornai, C'hò di favor Divin zelante mano.	Ich bin es, der für souveräne Tapferkeit so viele Juwelen für den Himmel umgürtet; Dann habe ich den Verlierer mit Strahlen geschmückt, Ich habe eine eifrige Hand der göttlichen Gunst.
Hora d'Olimpo Regnator bramoso Di sublimar bellissima abbattuta, Dammai ghirlanda sù nel Ciel tessuta. Ond'aureo crin n'adorni à l'aure ondoso.	Nun der eifrige Herrscher des Olymps, der Erhabenheit des Schönen, niedergeschlagen, Gebt ihr eine im Himmel geflochtene Girlande. Auf der goldenes Haar die Wellen schmückt.
Sù PECCATRICE da la piuma indegna Sorgi veloce, ti converti à CHRISTO; Che ben qui fai nel Mar del pianto acquisto Del Nocchier ch'à le stelle andar s'insegna.	Auf, SÜNDERIN, gibt die unwürdige Feder Erhebe dich schnell, bekehre dich zu CHRISTUS; Was tust du Gutes hier im Tränenmeer? Vom Seemann, der zu den Sternen fliegt.

| Voi spettatori di sant'opra intanto
Con MADDALENA in questo Egeo solcate;

Co'l pianto novo antico error laudate,
C'hoggi l'ira di Dio vinta è dal pianto. | Ihr Zuschauer des heiligen Werkes pflügt inzwischen mit MAGDALENA durch diese Ägäis;
Lobt die neuen Tränen und die alten Fehler,
Heute wird der Zorn Gottes durch Weinen überwunden. |

Muzio Effrem (1555–1640) Frà le rugiade eterne	**Muzio Effrem Unter den ewigen Tauwettern**
Canto I Canto II Frà le rugiade eterne. Frà quegli empirei soli. Hoggi nacquero i soli fiori. Fiori in treccia annodari. Fior di stelle smaltati. Il Giardinier supremo che li coltiva e Dio questi fur ch'ab eterno il Ciel piover al mondo hebbi desio. Per dar corona a quel bel crin vagante che devra di Giesù tergerle liante.	Sänger I Sänger II Zwischen dem ewigen Tau. Zwischen diesen empyrianischen Sonnen. Heute wurden die einzigen Blumen geboren. Zu Zöpfen geknüpfte Blumen. Glasierte Blumen aus Sternen. Der Oberste Gärtner Wer sie pflegt, und Gott Diese waren es, die der Himmel von Ewigkeit her auf die Welt herabregnen ließ. Dem schönen, wandernden Haar eine Krone zu geben Damit muss Jesus sie auslöschen.

Alessandro Ghivizzani 1(572–1632) Lucchese Da la fonte del core A 3 Voci	
Alto Tenore Basso Da la fonte del core forse per gli occhi il pianto che le piant' al fatto di lavar heb b'il grid' el primo vanto di lavar heb b'il grido e'l primo vanto. Bebbe Saul pei lumi le lagrime felici è lauò l' alme O Gloriosa l'alma Tu seminando stille accend'in noi faville grida pur fortunato quest'acqu'è foco el peccator beato.	Alt Tenor Bass Aus der Quelle des Herzens vielleicht für die Augen das Weinen wer pflanzte sie zum Zeitpunkt des Waschens? Dieser weinte, rühmte das erste Waschen Dieser weinte, rühmte das erste Waschen. Saul trinkt fröhliche Tränen mit Licht und lobt die Seele O gloriose Seele Wenn du Tropfen säst, entzünde die Funken in uns sie weint vor Glück Dieses Wasser ist Feuer, der gesegnete Sünder.

Muzio Effrem: Anime fortunate: Die Dissonanzen auf „piange-
te" oder der unerwartete Wechsel der Akkorde auf „cangia vita"
vermitteln bestens den Affekt des Textes: Genau wie für Maria Magdalena ist es möglich, sich von der Sünde zu lösen und
sein Leben zu ändern.

Alessandro Ghivizzani: Da la fonte del core Im Kontrast dazu
steht ein von den Männern David, Saul und einem Engel gesun-
genes Terzett, in dem Guivizzani die Tränen behandelt (Akt 4,
Szene 2): Sie können von Sünden reinwaschen, wie die Tränen
der Maria Magdalena die Füße Christi gewaschen haben, oder
aber die Tränen Sauls dessen Seele.

Muzio Effrem Anime fortunate	
Anime fortunate L'orme altrove imprendete E se mal hor peccate ancor piangete. Ma nel tempo c'ha l'ale non cred' alcun peccando Vago e sol d' ingannare Col di che va passando come suol d'arco strale tu cangia vita la peccatrice imita.	Glückliche Seelen Die Fußstapfen, die anderswo entstanden sind Und wenn das Böse dich sündigen lässt, Ihr weint immer noch. Aber in der Zeit, die ihre Flügel hat Niemand glaubt an die Sünde Wandernd und allein, um zu täuschen Mit dem, was vorbeigeht Sogar als Pfeil und Bogen Pfeiler Du änderst das Leben, das der Sünder nachahmt.

Salamon Rossi (1570–1630) – Spazzia pront' ò vecchiarelle	**Mach dich bereit, oder kleine, alte Frau**
Canto I Canto II Tenore Spazzia pront' ò vecchiarella questo suolo vagh'è solo far d'augei prede piu belle.	Sänger I Sänger II Tenor Mach dich bereit, oder kleine, alte Frau Dies ist nur dazu da, die schönsten Engel zu finden.
Ritornello Violino I Violino II Basso	

1623 HEINRICH SCHÜTZ (1585–1672)

Auferstehungshistoria. Historia der Auferstehung Jesu Christi SWV 50 – Introitus

Chor: Die Auferstehung unsers Herren Jesu Christi, wie uns die von den vier Evangelisten beschrieben wird.

Der Ostermorgen

Evangelist: Da der Sabbat vergangen war, Maria Magdalena, und die andere Maria, welche genennet wird Jacobi und Salome, und Johanna und andre mit ihnen, die mit Jesu kommen waren aus Galiläa, kauften und bereiteten die Spezerei, dass sie kämen und salbeten Jesum, denn den Sabbat über waren sie still nach dem Gesetze. Am Abend aber der Sabbaten, welcher anbricht am Morgen des ersten Tages der Sabbaten, sehr früh, da es noch finster war, kommen sie zum Grabe, da die Sonne aufging, und trugen die Spezereien, die sie bereitet hatten. Und siehe, es geschah ein groß Erdbeben. Denn der Engel des Herren stieg vom Himmel herab, trat hinzu und wälzet den Stein von des Grabes Tür, und satzte sich drauf. Und sein Gestalt war wie der Blitz und sein Kleid weiß als der Schnee. Die Hüter aber erschraken vor Furcht und wurden, als wären sie tot. Die Weiber aber sprachen untereinander:

Die drei Weiber oder Marien: Wer wälzet uns den Stein von des Grabes Tür?

Evangelist: Denn er war sehr groß. Und sie sahen dahin und wurden gewahr, dass der Stein abgewälzet war vom Grabe. Und sie gingen hinein in das Grab und funden den Leib des Herren Jesu nicht. Da läuft Maria Magdalena hinweg, solchs anzusagen. Und da die Weiber darum bekümmert waren, dass der Leib Jesu nicht da war, siehe, da traten zu ihnen zweene Männer mit glänzenden Kleidern, und sie erschraken und schlugen ihr Angesicht nieder zu der Erden. Da sprachen sie zu ihnen:

Die zwei Männer im Grabe: Was suchet ihr den Lebendigen bei den Toten? Er ist nicht hie, er ist auferstanden! Gedenket daran, was er euch saget, da er noch in Galiläa war und sprach: Des Menschen Sohn muß überantwortet werden in die Hände der Sünder, und gekreuziget werden, und am dritten Tag auferstehen!

Evangelist: Und sie gedachten an seine Wort. Und gingen vom Grabe und verkündigten das darnach den Elfen und den andern allen und sagten solches den Aposteln. Und es dauchten sie ihre Wort eben, als wärens Märlein, und gläubten ihnen nicht. Da aber Maria Magdalena also läuft, wie gesagt, kommt sie zu Simon Petro und zu dem andern Jünger, welchen Jesus lieb hatte, und spricht zu ihnen:

Maria Magdalena: Sie haben den Herren weggenommen aus dem Grabe, und wir wissen nicht, wo sie ihn hingeleget haben.

Evangelist: Da ging Petrus und der ander Jünger hinaus und kamen zu dem Grabe. Es liefen aber die zweene Jünger zugleich, und der ander Jünger lief zuvor, schneller denn Petrus, und kam am ersten zum Grabe, gucket hinein und siehet die Leinen geleget; er ging aber nicht hinein. Da kommt Simon Petrus ihm nach und ging hinein in das Grab und siehet die Leinen gelegt; und das Schweißtuch, das Jesu um das Häupt gebunden ward, war nicht bei den Leinen gelegt, sondern beiseit, eingewickelt an ein' besondern Ort. Da ging auch der Jünger hinein, der am ersten zum Grabe kam, und sahe und gläubte es. Denn sie wußten die Schrift noch nicht, dass er von den Toten auferstehen müßte. Da gingen die Jünger wieder zusammen, und Petrus verwundert sich, wie es zuging.

Jesus erscheint der Maria Magdalena

Evangelist: Maria aber stand vor dem Grabe und weinet draußen. Als sie nun weinet, gucket sie in das Grab und siehet zweene Engel in weißen Kleidern sitzen, einen zu Häupten und den andern zu Füßen, da sie den Leichnam Jesu hingeleget hatten, und dieselben sprachen zu ihr:

Zwei Engel: Weib, Weib, was weinest du?
Evangelist: Sie spricht zu ihnen:
Maria Magdalena: Sie haben meinen Herren weggenommen, und ich weiß nicht, wo sie ihn hingeleget haben.
Evangelist: Und als sie das saget, wandte sie sich zurücke und siehet Jesum stehen und weiß nicht, dass es Jesus ist. Spricht Jesus zu ihr:
Jesus: Weib, was weinest du? Wen suchst du?
Evangelist: Sie meinet, es sei der Gärtner, und spricht zu ihm:
Maria Magdalena: Herr, hast du ihn weggetragen, so sage mir: Wo hast du ihn hingelegt, so will ich ihn holen.
Evangelist: Spricht Jesus zu ihr:
Jesus: Maria!
Evangelist: Da wandte sie sich um und spricht zu ihm:
Maria Magdalena: Rabbuni!
Evangelist: das heißt: Meister! Spricht Jesus zu ihr:
Jesus: Rühre mich nicht an, denn ich bin noch nicht aufgefahren zu meinem Vater. Gehet aber hin zu meinen Brüdern und saget ihnen: Ich fahre auf zu meinem Vater und zu eurem Vater, zu meinem Gott und zu eurem Gott!
Evangelist: Dies ist die Maria Magdalena, von welcher Jesus austrieb sieben Teufel, welcher er am ersten erschien, da er auferstanden war früh am ersten Tage der Sabbater. Und sie ging hin und verkündigets denen, die mit ihm gewesen waren, die da Leide trugen und weineten, dass sie den Herren gesehen hatte, und solchs hätt' er zu ihr gesagt. Und dieselbigen, da sie höreten, dass er lebt und wäre ihr erschienen, gläubten sie nicht.

Bild 48 *Jan Gossaert (~1478–1532) Kreuzigung Christi,*
Hamburger Kunsthalle

1630 GIROLAMO FRESCOBALDI (1583–1643)

Sonetto spirituale Maddalena alla croce	Geistliches Sonett Magdalena am Kreuz
A piè della gran Croce, in cui languiva Vicino a morte il buon Giesù spirante, Scapigliata così pianger s'udiva	Am Fuße des großen Kreuzes, an dem Der gute Jesus dem Tod nahe war, Er hörte die treue Herrin weinen und wurde durchbohrt. Seine treue, leidende Geliebte.
La sua fedele addolorata amante. E dell'humor, que da' begli occhi usciva	Und die Tränen, die aus ihren schönen Augen strömten
E dell'or della chioma ondosa, errante	Und von der Stunde des wehenden Haares, wandernd
Non mandò mai, da che la vita è viva	Er hat nie gesendet, seit das Leben lebendig ist,
Perle, od oro più bel l'India, ò l'Atlante.	Schönere Perlen oder Gold als Indien oder dem Atlas.
Come far (dicea) lassa, ò Signor mio, Puoi senza me quest' ultima partita?	Wie kannst du das tun, mein Herr?
Come, morendo tu, vincer poss'io? Wh	Wie kannst du das letzte Spiel ohne mich spielen?
Che se morir pur vuoi, l'anima unita Ho teco (il sai, mio Redentor, mio Dio)	Wie kann ich gewinnen, indem ich sterbe? Wenn du immer noch sterben willst, vereint sich meine Seele Ich habe mit dir (du weißt es, mein Erlöser, mein Gott)
Però teco haver deggio e morte, e vita. Wh	Deshalb muss ich sowohl den Tod als auch das Leben mit dir teilen.

Dialogo fra Maria Magdalena	
Maria Magdalene stabat ad monumentum foris plorans, dum ergo fleret inclimavit se in monumentum et vidit duos Angelos in albis sedentes et dicit eis: Numquem diligit anima mea, numquem diligit anima mea vidistis? Mulier, mulier, quid ploras? quem queris?	Maria Magdalena stand trauernd am Grab; Als sie weinte, wandte sie sich dem Grab zu. und sah zwei Engel in Weiß dort sitzen und sprach zu ihnen: Hast du Ihn gesehen, den meine Seele sucht? Frau, warum weinst du? Wen suchst du?
Tulerunt Dominum meum, et nescio ubi posuerunt eum, quem sivi per noctem et non inveni. Qualis est dilectis tuus ex dilecto, o pulcherima mulierum? Dilectus meus candidus et rubicundus electus ex milibus, totus amabilis, totus desiderabilis.	Sie haben meinen Herrn weggenommen, und ich weiß nicht, wo sie ihn hingelegt haben. Ich suchte ihn in der Nacht und fand ihn nicht. Wer ist dein Geliebter unter den Geliebten, oh schönste Frau? Mein Geliebter ist weiß und rötlich, unter Tausenden ausgewählt; völlig liebenswert, völlig wünschenswert.
Dic nobis Maria, quis est dilectus tuus? Dilectus meus, amor meus, speciosus forma præ filiis hominum. Crucifixus Jesus est. O mea lux, ubies? O amor meus, ubies? O vita mea, ubies?	Sag uns, Maria, wer ist dein Geliebter? Mein Geliebter, meine Liebe ist schön unter den Menschensöhnen; Jesus ist gekreuzigt. O mein Licht, wo bist du? O meine Liebe, wo bist du? O mein Leben, wo bist du?
Veni, dilecte mi. Veni, veni amore tuo langueo, veni amore tuo morior.	Komm, mein Geliebter, komm, denn ich schmache für deine Liebe, komm, denn ich sterbe für deine Liebe.
Quid queris viventem cum mortuis, surrexit, non est hic, præcedet vos in Galileam. Alleluia Maria.	Warum suchst du den Lebenden unter den Toten? Er ist auferstanden, er ist nicht hier, Er wird vor dir nach Galiläa gehen, Alleluia, Maria.
Noli amplius plorare, gaude, lætare. Dicamus ergo, dicamus gaudentes, lætentes, psallentes, amantes, dicamus: alleluia.	Weine nicht mehr, sondern freue dich und sei froh. Sagen wir deshalb, jubelnd, freudig, singend, liebevoll, sagen wir: Alleluia.
O dies serena, O lux fortunata, cantemus: O dies amena, O dies beata, cantemus, psallemus, amemus, canamus, cantemus: alleluia.	O heller Tag, o glückliches Licht, Lasst uns singen: o süßer Tag, o gesegneter Tag, Lass uns Lieder und Psalmen singen, lass uns lieben, lass uns singen: Alleluia.

1658 (PUBL.) RICHARD CRASHAW (1612/3–1649)

Sainte Mary Magdalene or The Weeper	Heilige Maria Magdalena oder Die Weinende

HAIL sister springs,
  Parents of silver-footed rills!
    Ever bubbling things!
    Thawing crystal! Snowy hills!
Still spending, never spent; I mean
Thy fair eyes, sweet Magdalene.
	HEIL Schwester Quellen,
	  Eltern der silberfüßigen Rinnsale!
	    Immer sprudelnde Dinge!
	    Tauender Kristall! Verschneite Hügel!
	Noch immer spendend, niemals verbraucht;
	ich meine deine schönen Augen, süße Magdalena.

Heavens thy fair eyes be;
  Heavens of ever-falling stars;
    'Tis seed-time still with thee,
  And stars thou sow'st, whose harvest dares
Promise the earth to countershine
Whatever makes Heaven's forehead fine.
	Himmel sind Deine schönen Augen;
	  Himmel der ewig fallenden Sterne;
	    Es ist noch Saatzeit mit dir,
	  Und die Sterne, die du säst, deren Ernte wagt
	Verspricht der Erde Gegenschein
	Was auch immer des Himmels Stirn schön macht.

But we're deceived all:
  Stars indeed they are too true,
    For they but seem to fall
  As Heaven's other spangles do:
It is not for our earth and us,
To shine in things so precious.
	Doch wir werden alle getäuscht:
	  Sterne, ja sie sind zu wahr,
	    Denn sie scheinen nur zu fallen
	  Wie des Himmels andere Pracht:
	Es ist nicht für unsere Erde und uns,
	In so kostbaren Dingen zu glänzen.

Upwards thou dost weep;
  Heaven's bosom drinks the gentle stream.
    Where the milky rivers creep,
    Thine floats above and is the cream.
Waters above the heavens, what they be,
We are taught best by thy tears and thee.
	Aufwärts weinst Du;
	  Des Himmels Schoß trinkt den sanften Strom.
	    Wo die milchigen Ströme kriechen,
	    schwimmt deines oben und ist der Rahm.
	Wasser über den Himmeln, was sie sind,
	lernen wir am besten durch Deine Tränen und dich.

Every morn from hence,
  A brisk cherub something sips,
    Whose soft influence
  Adds sweetness to his sweetest lips;
Then to his music: and his song
Tastes of this breakfast all day long.
	Jeden Morgen von nun an,
	  Ein munteres Kerlchen etwas schlürft,
	    Dessen sanfter Einfluss
	  Seinen süßen Lippen Süße hinzufügt;
	Dann zu seiner Musik: und sein Lied
	Schmeckt von diesem Frühstück den ganzen Tag.

Not in the evening's eyes,
  When they read with weeping are
    For the Sun that dies,
  Sits Sorrow with a face so fair.
Nowhere but here did ever meet
Sweetness so sad, sadness so sweet.
	Nicht in den Augen des Abends,
	  Sind wenn sie mit Weinen lesen
	    Für die Sonne, die stirbt,
	  Sitzt das Leid mit so schönem Gesicht.
	Nirgends als hier traf je
	Süße so traurig, Traurigkeit so süß.

When Sorrow would be seen	Wenn Leid gesehen werden würde
In her brightest majesty,	In ihrer hellsten Majestät,
For she is a Queen,	Dann ist sie eine Königin,
Then is she drest by none but thee.	Dann wird sie von niemandem außer von Dir bekleidet.
Then, and only then, she wears	Dann, und nur dann, trägt sie
Her richest pearls, I mean thy tears.	Ihre reichsten Perlen, ich meine Deine Tränen.

The dew no more will weep,	Der Tau wird nicht mehr weinen,
The primrose's pale cheek to deck;	Die blasse Wange der Primel zu schmücken;
The dew no more will sleep,	Der Tau wird nicht mehr schlafen,
Nuzzled in the lily's neck.	An den Hals der Lilie geschmiegt.
Much rather would it tremble here,	Viel lieber würde er hier zittern,
And leave them both to be thy tear.	und sie beide als Deine Träne zurücklassen.

There is no need at all,	Das ist überhaupt nicht nötig,
That the balsam-sweating bough	Dass der Balsam schwitzende Zweig
So coyly should let fall	So schüchtern fallen lässt
His med'cinable tears; for now	Seine zarten Tränen; denn nun
Nature hath learnt t'extract a dew	hat die Natur gelernt, einen Tau zu gewinnen.
More sovereign and sweet from you.	Souveräner und süßer aus Dir.

Yet let the poor drops weep,	Doch die armen Tropfen sollen weinen,
Weeping is the case of woe;	Weinen ist der Fall des Kummers;
Softly let them creep,	Leise sollen sie kriechen,
Sad that they are vanquish'd so;	Traurig, dass sie so besiegt werden;
They, though to others no relief,	Sie, obwohl für andere keine Erleichterung,
May balsam be for their own grief.	Mögen sie Balsam für ihren eigenen Kummer sein.

Such the maiden gem	So das jungfräuliche Kleinod
By the wanton spring put on,	Durch den mutwilligen Frühling angezogen,
Peeps from her parent stem,	Schauen von ihrem Elternstamm,
And blushes on the watery sun:	Und errötet in der wässrigen Sonne:
This watery blossom of thy eyne	Diese wässrige Blüte Deines Auges
Ripe, will make the richer wine.	Reif wird sie den reicheren Wein machen.

When some new bright guest	Wenn ein neuer heller Gast
Takes up among the stars a room,	Ein Zimmer unter den Sternen einnimmt,
And Heaven will make a feast,	Und der Himmel wird ein Festmahl geben,
Angels with crystal vials come;	Engel mit kristallenen Schalen kommen;
And draw from these full eyes of thine	Und schöpfen aus diesen vollen Augen deines
Their Master's water, their own wine.	Das Wasser ihres Meisters, ihren eigenen Wein.

Golden though he be,	Auch wenn er golden ist,
Golden Tagus murmurs; though	Goldener Tejo murmelt; wenn
Were his way by thee,	Wäre sein Weg durch dich,
Content and quiet he would go;	Zufrieden und ruhig würde er gehen;
So much more rich would he esteem	So viel reicher würde er schätzen
Thy silver, than his golden stream.	Dein Silber, als seinen goldenen Strom.

Well does the May that lies
  Smiling in thy cheecks, confess
    The April in thine eyes;
  Mutual sweetness they express.
No April e'er lent kinder showers,
 	
Nor May return'd more faithful flowers.
	Wohl tut der Mai, der liegt
	  Lächelnd in deinen Wangen, gesteht
	    Der April in deinen Augen;
	  Die gegenseitige Süße, die sie ausdrücken.
	Kein April hat je freundlichere Schauer verliehen,
	Und kein Mai hat treuere Blumen gebracht.

O cheeks! Beds of chaste loves,
  By your own showers seasonably dash'd.
 	
  Eyes! nests of milky doves,
In your own wells decently wash'd.
 	
O wit of love! that thus could place
Fountain and garden in one face.
	O Wangen! Betten der keuschen Liebe,
	  Von deinen eigenen Schauern, die zur rechten Zeit fallen.
	    Augen! Nester der milchigen Tauben,
	  In euren eigenen Quellen anständig gewaschen.
	O Witz der Liebe, der so
	Brunnen und Garten in ein Gesicht geben kann.

O sweet contest; of woes
  With loves, of tears with smiles disporting!
 	
  O fair and friendly foes,
 	
  Each other kissing and comforting!
While rain and sunshine, cheeks and eyes,
 	
Close in kind contrarieties.
	O süßer Wettstreit; von Leiden
	  Mit Lieben, von Tränen mit Lächeln amüsant!
	    O schöne und freundliche Feinde,
	
	  einander küssend und tröstend!
	Während Regen und Sonnenschein, Wangen und Augen,
	Sich in freundlichen Gegensätzen schließen.

But can these fair floods be
  Friends with the bosom fires that fill ye!
 	
  Can so great flames agree
 	
Eternal tears should thus distil thee!
O floods, O fires, O suns, O showers!
Mix'd and made friends by love's sweet pow'rs.
	Aber können diese schönen Fluten
	  Freunde sein mit den Busenfeuern, die euch erfüllen?
	    Können so große Flammen übereinstimmen
	Ewige Tränen sollten dich so destillieren!
	O Fluten, o Feuer, o Sonnen, o Schauer!
	Gemischt und befreundet durch die süße Macht der Liebe.

'Twas his well-pointed dar
  That digg'd these wells, and dress'd this vine;
  And taught that wounded heart
  The way into these weeping eyne.
Vain loves avaunt! bold hands forbear!
 	
The lamb hath dipped his white foot here.
	Es war sein treffsicherer Pfeil
	  der diese Brunnen grub und diesen Weinstock pflegte;
	    Und lehrte das verwundete Herz
	  Den Weg in diese weinenden Augen.
	Vergebliche Liebe, hüte dich vor kühnen Händen!
	Das Lamm hat seinen weißen Fuß hier eingetaucht.

And now where'er he strays
  Among the Galilean mountains,
    Or more unwelcome ways,
  He's follow'd by two faithful fountains;
Two walking baths, two weeping motions,
 	
Portable and compendious oceans.
	Und nun, wo immer er sich verirrt
	  In den galiläischen Bergen,
	    Oder auf unwillkommeneren Wegen,
	  folgen ihm zwei treue Quellen;
	Zwei wandelnde Bäder, zwei weinende Bewegungen,
	zwei tragbare und umfassende Ozeane.

O thou, thy Lord's fair store,
  In thy so rich and large expenses,
    Even when he show'd most poor,
  He might provoke the wealth of princes.
 	
What prince's wanton'st pride e'er could
Wash with silver, wipe with gold?
	O du, deines Herrn schöner Vorrat,
	  In deinen so reichen und großen Ausgaben,
	    selbst wenn er sich am ärmsten zeigte,
	  Er könnte den Reichtum der Prinzen erregen.
	Welcher Fürst konnte je seinen Stolz
	Mit Silber waschen, mit Gold wischen?

Who is that King, but he
  Who call'st his crown to be call'd thine?
    Thus can boast to be
  Waited on by a wand'ring mine, –
 	
A voluntary mint, that strews
Warm silver show'rs where'er he goes?
	Wer ist der König, wenn nicht er,
	  Der seine Krone die deine nennt?
	    So kann er sich rühmen, dass er
	  von einem Zauberstab bedient zu werden, der mir gehört.
	Eine freiwillige Münze, die
	Warmes Silber streut, wo immer er geht?

O precious prodigal!
  Fair spendthrift of thyself! thy measure,
 	
  Merciless love! is all
  Even to the last pearl in thy treasure.
All places, times, and objects be
Thy tear's sweet opportunity.
	O kostbarer Verschwendungssüchtiger!
	  Schöner Verschwender deiner selbst! dein Maß,
	    Erbarmungslose Liebe! ist alles
	  bis zur letzten Perle in Deinem Schatz.
	Alle Orte, Zeiten und Gegenstände seien
	Deiner Träne süße Gelegenheit.

Does the day-star rise?
  Still thy stars do fal, and fall;
    Does day close his eyes?
  Still the fountain weeps for all.
Let night or day do what they will,
Thou hast thy task, thou weepest still.
	Geht der Tag-Stern auf?
	  Fallen deine Sterne noch?
	    Schließt der Tag seine Augen?
	  Noch weint der Brunnen um alle.
	Lass Nacht und Tag tun, was sie wollen,
	Du hast deine Aufgabe, du weinst noch.

Does thy song lull the air?
  Thy falling tears keep faithful time.
    Does thy sweet-breath'd pray'r
  Up in clouds of incense climb?
Still at each sigh, that is, each stop,
A bead, that is, a tear, does drop.
	Wiegt dein Lied die Luft?
	  Deine fallenden Tränen halten treu den Takt.
	    Steigt dein süß geatmetes Gebet
	  In Wolken von Weihrauch empor?
	Noch bei jedem Seufzer, das heißt, jedem Halt,
	Eine Perle, das heißt eine Träne, fällt.

At these thy weeping gates,
  Watching their wat'ry motion,
    Each winged moment waits,
  Takes his tear, and gets him gone.
By thine eye's tinct ennobled thus,
Time lay's him up: he's precious.
	An diesen deinen weinenden Toren
	  beobachte ihre wässrige Bewegung,
	    Jeder geflügelte Augenblick wartet,
	  Nimmt seine Träne und bringt sie fort.
	Durch deines Auges Zartheit so veredelt,
	Die Zeit legt ihn auf: er ist kostbar.

Not, so long she lived,
  Shall thy tomb report of thee;
    But, so long she breathed,
  Thus must we date thy memory.
Others by moments, months, and years,
 	
Measure their ages; thou, by tears.
	Nicht, so lange sie lebte,
	  soll dein Grab von dir berichten;
	    Sondern, so lange sie atmete,
	  So müssen wir deines Andenkens gedenken.
	Andere nach Augenblicken, Monaten und Jahren,
	messen ihr Alter, du an den Tränen.

So do perfumes expire;
  So sigh tormented sweets, oppress'd
 	
    With proud unpitying fires;
  Such tears the suff'ring rose that's vex'd
 	
With ungentle flames does shed,
Sweating in a too warm bed.
	So vergehen die Düfte;
	  So seufzen gequälte Süßigkeiten, unterdrückt
	    Mit stolzen, mitleidlosen Feuern;
	  Solche Tränen vergießt die leidende Rose, die sich
	Mit unsanften Flammen vergießt,
	Schwitzend in einem zu warmen Bett.

Say, ye bright brothers,
  The fugitive sons of those fair eyes
    Your fruitful mothers,
  What make you here? What hopes can 'tice
You to be born? What cause can borrow
You from those nests of noble sorrow?
	Sagt, ihr hellen Brüder,
	  Die flüchtigen Söhne dieser schönen Augen
	    Eurer fruchtbaren Mütter,
	  Was macht ihr hier? Welche Hoffnungen treiben
	Euch zu gebären? Welcher Grund kann
	Euch aus jenen Nestern edler Traurigkeit leihn?

Whither away so fast?
  For sure the sordid earth
    Your sweetness cannot taste,
  Nor does the dust deserve their birth.
Sweet, whither haste you then? O, say
Why you trip so fast away?
	Wohin so schnell?
	  Denn sicher kann die schmutzige Erde
	    Ihre Süße nicht schmecken,
	  Noch verdient der Staub ihre Geburt.
	Süßer, wohin eilst du denn? Oh, sag
	Warum stolperst du so schnell davon?

We go not to seek
  The darlings of Aurora's bed,
  The rose's modest cheek,
  Nor the violet's humble head.
Though the field's eyes, too, weepers be,
Because they want such tears as we.
	Wir gehen nicht, um zu suchen
	  Die Lieblinge von Auroras Bett,
	  Die bescheidene Wange der Rose,
	  noch des Veilchens demütiges Haupt.
	Obwohl auch die Augen des Feldes weinen,
	Denn sie wollen solche Tränen wie wir.

Much less mean we to trace
  The fortune of inferior gems,
    Prefere'd to some proud face,
  Or perch'd upon fear'd diadems.
 	
Crowned heads are toys. We go to meet
A worthy object, our Lord's feet.
	Viel weniger meinen wir, das Vermögen
	  Den Reichtum minderwertiger Edelsteine,
	    Die auf stolzen Gesichtern ruhen,
	  oder auf furchterregenden Diademen thronen.
	Gekrönte Häupter sind Spielzeuge. Wir gehen, um ein würdiges Objekt zu treffen, den Füßen unseres Herrn.

Bild 49 1500–1510 Pietro di Cosimo (1462–1521) Lesende Maria
Magdalena, Palazzo Barberini und Palazzo Corsini Rom

1663 ANTONIO BERTALI (1605–1669)

„La Maddalena"	
Seconda Parte 14 Sonata – Oh Madre sconsolata Maddalena Oh Madre sconsolata, Oh Maria sventurata, Datemi il mio Signore, o Notte, o Giorno! Chi di voi me lo invola? Chi mi lo rende, Oimö, Chi mi consola? Voi Celesti Potenze, Se pur merta pietà Chi seco più non l'hà, Voi pietose al mio duolo, Concedetemi solo, O che venga il mio Nume à questo seno, O che di doglia al fin qui venga meno.	Zweiter Teil 14 Sonata – Oh untröstliche Mutter Magdalena Oh untröstliche Mutter Oh unglückliche Maria! Oh Nacht, oh Tag, gib mir meinen Herrn! Wer hat ihn mir genommen? Wer wird ihn mir zurückgeben? Ach, wer kann mich trösten? Ihr, himmlischen Mächte, Wenn jemand das Mitleid verdient, Das nicht länger gewährt wird, Dann, der du meinen Kummer fühlst, Gewähre mir nur, Dass mein Gott zu meinem Herzen kommt, Oder dass ich von meinem Kummer abfalle.
15 Ahi sospiri Maddalena Ahi sospiri, trattener non vi sò; Mà pur, uscite sì; E in questo di il Cor turbato Spiri anch'esso frà voi l'ultimo fiato.	15 Ach, meine Seufzer Magdalena Ach, meine Seufzer, ich kann sie nicht unterdrücken; Komm Kraft, Und heute lass mein kummervolles Herz Atmen seinen letzten Atem unter dir.

16 Mio celato tesora
Maria
Mio celato tesora
Per cui vivendo io moro,
Pupilla del Cor mio,
Povera, e cieca senza te son io.
Maddalena
Mà qual iniqua sorte
Tiene quest'Alma in vita
Trà continui tormenti in rio
Martiro,
Se pur non è la Morte
Altro che sol sospiro?
Maddalena & Maria
Nò che morir non deggio!
Nò che morir non posso!
Mà se già morto sono,
Mà se l'Alma è partita,
Come qui resto in vita?
Maria
Cadavere già fatto è questo corpo esangue,
E freddo corre entro le vene il sangue.
Maddalena
Mà se in te vivo, o Dio,
Hor, che da me sei tolto
Almen nel tuo viva
Il mio Cor sepolto.

16 Mein verborgener Schatz
Maria
Mein verborgener Schatz.
So lebe ich und sterbe,
Augen meines Herzens,
Arm und blind bin ich ohne dich.
Magdalena
Welch schändliches Schicksal hält diese
Seele am Leben,
Durch ununterbrochene Qualen im Fluss
des Martyriums,
Ist der Tod nichts anderes
als ein Seufzer?
Magdalena & Maria
Nein, ich werde nicht sterben!
Nein, ich kann nicht sterben!
Aber wenn ich schon tot bin,
Aber wenn die Seele schon weg ist,
Wie soll ich hier leben?
Maria
Der Leichnam, schon ist er ein blutleerer
Körper,
Und kalt fließt durch die Adern das Blut.
Magdalena
Aber wenn ich in dir lebe, o Gott,
Jetzt, da du von mir weggenommen bist
Mein Herz lebt immer noch
Begraben in deinem Herzen.

17 Nel mondo, nel Cielo
Maddalena
Nel mondo, nel Cielo
Non resti pupilla,
Ch'in humida stilla
Non scenda dal Ciglio.
Chi mi dà il mio Maestro?
Maria
Chi mi rende il mio Figlio?
Tu che suggest'il sangue
Ch'io già per allarti
Al sen mi tratti,
Deh per pietà ritorna, vieni,
E rasciuga omai con tue Lucide Bende
Quel sangue che da gl'occhi hora mi scende.

Mà non ve chi m'ascolti?
Ch'il mio figlio m'invola,
Chi mi lo rende ohimè, chi mi consola?

17 In der Welt, im Himmel
Magdalena
In der Welt, im Himmel
Dort ist kein Auge,
Das nicht feuchte Tränen
senke in meine Augen.
Wer gibt mir meinen Meister?
Maria
Wer gibt mir meinen Sohn?
Du, der du mein Blut getrunken hast
Das schon meine Brust gezeichnet hat
Wenn du mich behandelst,
Dann kehrt die Gnade zurück, komm,
Und nimm hinweg das Blut
Das Blut, das mit jetzt aus den Augen
kommt, fällt.
Aber siehst du nicht, wer mir zuhört?
Mein Sohn nimmt mich mit.
Ach, wer gibt ihn mir, wer tröstet mich?

Terza Parte 23 Se peccaste infelici Maddalena Se peccaste infelici, Piangete i vostri falli, Ch'una goccia di pianto Che pentita sgorgò da mesto lume, Suole portar d'eterno bene un fiume.	Teil drei 23 Wenn du unglücklich gesündigt hast Magdalena Wenn du unglücklich gesündigt hast, Trauere um deine Fehler, Für eine Träne Der Buße kam aus einem traurigen Auge, Bringt einen Fluss mit endlosem Gutem.
26 Farfalletta semplicetta Maddalena Farfalletta semplicetta, Che volasti Di due lumi à i bel splendori, D'eternare Se pensaste La tua vita in sozzi ardori, T'ingannasti.	26 Unschuldiger kleiner Schmetterling Magdalena Unschuldiger kleiner Schmetterling, Der flog Zwischen zwei feinen und herrlichen Augen, Ewigkeit Wenn du dachtest Dein Leben in törichtem Vergnügen zu verbringen Hast du dich geirrt.
27 Così qui si pesca Maddalena & Maria Così qui si pesca, Così si nasconde Col' hamo ne l'onde La Morte ne l'esca.	27 Also hier fischen wir Magdalena & Maria So ist es, wenn du fischst. So ist es, wenn du dich versteckst Mit deinem Angelhaken im Wasser: Sein Köder ist der Tod.
29 Troppo folle Maddalena & Maria Troppo folle È chi segue un van piacere; Se travia dal buon sentiere, Troppo in sù pazzo s'estolle.	29 Zu verrückt Magdalena & Maria Zu verrückt Wer einem vergeblichen Vergnügen folgt; Wenn er vom richtigen Weg abweicht, Er wird denken, dass er größer ist als er ist.
30 Se nutri di speranza Maddalena, Maria & Due Peccatori Se nutri di speranza Tuoi desir vani, e infermi, Sappi ò Mortal, ch'al fin solo s'avanza, Penitenza, terror, sepolcro, e vermi.	30 Wenn du die Hoffnung nährst Magdalena, Maria & zwei Sünder Wenn du Hoffnung nährst, Deine vergeblichen und kranken Wünsche Wisse, o Sterblicher, dass am Ende du nur Buße, Schrecken, Grab und Würmer findest.

1665 GIOVANNI FELICE SANCES (~1600–1679)

219

„Missa Sanctae Maria Magdalenae": Kyrie, Gloria, Credo, Sanctus, Benedictus, Agnus Dei.

1649 wurde Sances Vizekapellmeister unter Antonio Bertali und ab 1669 Kapellmeister, diese Position hatte er bis zu seinem Tod inne.

„Magdalena lugens"	„Magdalena trauert"
Sola vivebat in antris Magdalena	Es lebte allein in einer Höhle Magdalena
Lugens et suspirans die ac nocte voce gementi Christo dicebat: „O amor meus cor et delicium quid retribuam amori tuo, qui te tradidit in mundi pretium. Ah! Jesu mi dulcissime, ah! Jesu mi patientissime.	Kummer und Seufzen Tag und Nacht, laut seufzend sagte Christus: „Oh mein Liebesherz und Delirium, zahle was du liebst, der den Weltpreis gegeben hat. Ah! Jesus, mein Ah! Jesus, mein Geduldiger.
Ego peccatrix tu culpa carens,	Ich bin eine Sünderin, du bist ohne Schuld,
Ego soluta et inpunis tu tanquam reus, duceris ad supplicium.	Ich, befreit und ungestraft, Er gleichsam schuldig, wird zur Bestrafung geführt. Ach! Der Schlüssel und Speer wird auf dem Altar des Kreuzes durchbohrt
Heu! Clavis et lancea perforatur in ara crucis elevatur et moritur ipsa vita pro salute viventium."	und das Leben selbst stirbt für die Errettung der Lebenden."

„Dialogus inter Magdalena et Jesum"	„Dialog zwischen Magdalena und Jesus"
Magdalena Hei, mihi, infelix Magdalena. Tulerum Dominum meum, quem amabam, qui diligebat me, in quo micebam, qui pro me movi dignatus est, et nescio ubi posuerum eum! Domine, si tu sustulisti Christum meum, dicito mihi ubi posuisti eum, et ego eum tollam. Jesus Mulier, quid ploras, quid suspinas, quem queris? Maria! Magdalena Jesu mi! Magdalena Liceat mihi Domine stigmata sacra tangere, osculari plagas tuas, amplevi pe des tuos? Jesus Noli me tangere, noli, nondum enim ascendi ad Patrem meum. Vade autem ad fratres meos, et dic eis: ascendo ad Patrem meum et Patrum vestrum, Deum meum et Deum vestrum.	Magdalena Oh, ich unglückliche Magdalena. Sie haben meinen Herrn weggenommen, den ich liebte, der mich erfreute, sie haben meinen Herrn weggenommen und ich weiß nicht, wo sie ihn hingelegt haben! Herr, hast du meinen Christus weggetragen, so sage mir: Wo hast du ihn hingelegt? Dann will ich ihn holen. Jesus Frau, was weinst du, was seufzt du, wen suchst du? Maria! Magdalena Mein Jesus! Magdalena Herr, lass mich deine heiligen Wunden berühren, Jesus Rühre mich nicht an! Denn ich bin noch nicht aufgefahren zum Vater. Geh aber hin zu meinen Brüdern und sage ihnen: Ich fahre auf zu meinem Vater und eurem Vater, zu meinem Gott und eurem Gott.

Bild 50 *Denkmal Jesus Christus und Maria Magdalena, Auferstehung, Kalwaria Pacławska, Polen, © Mateusz Kuca | Dreamstime.com*

222

La conversione di Maddalena Cor'imbelle a due nemici Parte prima	Die Bekehrung der Magdalena Wie soll dieses feige Herz 1. Teil
Maddalena Cor imbelle a due nemici come mai resisterà? Nel duolo instabile ch'il cor m'esanima non sa quest'anima, non sa gioire, languir non sa.	Magdalena Wie soll dieses feige Herz jemals zwei Feinden widerstehen? In dem unsteten Schmerz, der mein Herz entseelt weiß diese Seele nicht, wie sie sich freuen soll, sie weiß nicht, wie sie schmachten soll

~1698 ANTONIO CALDARA (1670–1736)

Maddalena ai piedi di Cristo

Erster Teil

Die Irdische Liebe zeigt der schlafenden Magdalena in Traumbildern die Freuden der Liebeslust. Die Himmlische Liebe will das verhindern. Beide streiten eine Weile und beschließen dann, einen Wettkampf um Magdalenas Seele abzuhalten – mit ihrem Herzen als Kampfplatz. Magdalena erwacht und erkennt, dass sie sich zwischen dem weltlichen Leben und dem Himmelreich entscheiden muss. Die Himmlische Liebe rät ihr, den Blick zum Himmel zu wenden und auf jede andere Form der Liebe zu verzichten. Auf diese Weise werde sie ihre Ängste besiegen. Die Irdische Liebe dagegen empfiehlt ihr, die Freuden des Lebens zu nutzen, solange sie könne. Nach einigem Überlegen schwört Magdalena, ihrem Glauben zu folgen und auf jegliches Vergnügen zu verzichten. Ihre Schwester Marta unterstützt sie in dieser Entscheidung. Magdalena befürchtet jedoch, dass ihre früheren Verfehlungen zu groß seien, um allein durch Reue Vergebung zu erhalten. Marta beruhigt sie damit, dass es für den Himmel kein größeres Opfer gebe als wahrhafte Tränen. Daraufhin sagt sich Magdalena von allem weltlichen Prunk und ihrer eigenen Schönheit los. Die Irdische Liebe versucht noch einmal, sie umzustimmen. Die Himmlische Liebe greift ein, und es kommt zum Streit zwischen den beiden. Magdalena bleibt bei ihrem Beschluss, und Marta lobt sie dafür. Ein Pharisäer weist allerdings darauf hin, dass nur Opfergaben im Tempel die göttliche Vergebung sicherstellen können. Marta widerspricht ihm mit den Worten, dass Christus der wahre Tempel und eine gepeinigte Seele das würdigste Opfer sei. Magdalena beschließt, sich Christus zu Füßen zu werfen, um durch ihn Vergebung zu erlangen. Die Irdische Liebe bereitet sich auf einen letzten Kampf vor.

Zweiter Teil

Der Pharisäer verwehrt Magdalena den Zutritt zu Christus, da ihr ihre Verfehlungen noch anzusehen seien. Magdalena weist ihn jedoch auf ihre Reue hin, und Christus selbst bestärkt sie. Sie fleht ihn um Vergebung an. Der Pharisäer wundert sich, dass Christus sich ihr nicht entzieht. Die Himmlische Liebe betrachtet erfreut Magdalenas Buße, während die Irdische Liebe allmählich die Hoffnung verliert. Christus wirft dem Pharisäer Heuchelei vor und erklärt, dass Magdalenas Tränen den Himmel zum Lachen bringen, so dass sie die Fesseln des Todes überwinden könne. Die Himmlische Liebe ist ihres Sieges bereits sicher, doch noch immer hofft die Irdische Liebe auf eine Sinnesänderung Magdalenas. Sie ruft die Mächte der Unterwelt auf, ihr zu Hilfe eilen. Marta ermahnt ihre Schwester zur Standhaftigkeit. Magdalena verspürt bereits einen neuen aufrechten Geist in sich. Sie bittet Gott und den Erlöser ein weiteres Mal um Vergebung. Selbst der Pharisäer ist beeindruckt von ihrem Sinneswandel, doch glaubt er nicht, dass sie nach einem so langen sündhaften Leben dauerhaft bußfertig sein könne. Magdalena legt nun all ihr Vertrauen auf Christus. Der lobt sie für ihren Entschluss, erklärt aber auch, dass die Freiheit vom Bösen nicht das Ziel sei, sondern nur der Weg zum „hohen Ziel". Die Himmlische Liebe erklärt sich zur Siegerin des Wettkampfs. Die Irdische Liebe sieht ihre Niederlage ein, will aber weiterhin Magdalenas Frieden stören. Der Pharisäer erkennt, dass die Geheimnisse Gottes unergründlich sind, wenn sogar eine Sünderin wie Magdalena seinem Ruf folgen könne. Christus und Marta freuen sich über die Reue Magdalenas. Die Himmlische Liebe fordert die Geister des Himmels auf, ihren Triumph zu feiern und Magdalena als eine der ihren anzuerkennen. Die Irdische Liebe flüchtet resigniert in die Unterwelt. Christus verspricht Magdalena, dass sie nun gerettet sei und in Frieden gehen könne. Sie weiß nun, wie trügerisch die Verlockungen der Schönheit und Wollust sind. Libretto von Bernardo Sandrinelli nach einer Vorlage von Lodovico Forni.

La Resurrezione HWV 47	
Parte prima No. 7 Accompagnato Maddalena Notte, notte funesta, che del divino sole con tenebre di duol piangi l'occaso, lascia che pianga anch'io e con sopor tiranno al giusto dolor mio, deh, non turbar l'affano.	Erster Teil No. 7 Accompagnato Magdalena Nacht, schreckliche Nacht, die mit der göttlichen Sonne, mit der Dunkelheit des Kummers weint, lass mich auch weinen, und mit dem tyrannischen Schlaf zu meinem gerechten Kummer, oh, störe nicht die Trübsal.
Parte prima No. 8 Aria Maddalena Ferma l'ali, e su miei lumi non volar, o sonno ingrato. Se presumi asciugarne il mesto pianto, lasca priache piangan tanto sangue ha sparso in fiumi il mio Dio per me svenato.	Erster Teil No. 8 Arie Magdalena Halte deine Flügel an und fliege nicht über mein Licht, du undankbarer Schläfer. Wenn du dir anmaßt, ihre traurigen Tränen abzuwischen, dann lass sie zuerst weinen, denn mein Gott hat so viel Blut in Flüssen für mich vergossen.

Parte prima No. 9 Recitativo Maddalena	Erster Teil No. 9 Rezitativ Magdalena
Ahi dolce mio Signore, le tue vene già vote chiedean di poco umore momentaneo ristoro, e il barbaro Isdraele bevanda sol di fiele ti porse: io lo rammento, e pur non moro?	Mein süßer Herr, deine bereits erschöpften Adern baten um eine kurze Erleichterung deiner Niedergeschlagenheit, und der barbarische Isdrael gab dir nur einen Trank aus Galle: Ich erinnere mich daran, und doch bin ich nicht gestorben?
Cleofe	Cleofe
Ahi popolo crudel, popolo ingrato! Chi per te già disciolse duri macigni in liquidi torrenti di purissimi argenti, poche stille ti chiede; tu gli dai per mercede un sì amaro liquore: e in rammentarlo non si spezza il core?	O grausames, undankbares Volk! Derjenige, der um deinetwillen schon harte Felsbrocken in flüssigen Strömen aus reinem Silber aufgelöst hat, bittet dich um ein paar Tropfen; du gibst ihm solch bitteren Likör als Lohn: und bricht ihm nicht das Herz, wenn er daran denkt?
Maddalena	Magdalena
Oh crude rimembranze!	Oh grausame Erinnerungen!
Cleofe	Cleofe
Oh funeste memorie!	Oh, Erinnerungen an das Grab!
Maddalena	Maddalena
Tormentatemi pur …	Quäle mich noch …
Cleofe	Cleofe
… sì, seguite ad accrescermi il duol …	… ja, meine Schmerzen weiter verstärken …
Maddalena	Magdalena
… ché nel tormento …	… denn in der Qual …
Cleofe	Cleofe
… ché nell'angoscia ria …	… denn in der Qual …
Maddalena	Magdalena
… io godo ancor …	… ich genieße immer noch …
Cleofe	Cleofe
… solievo ancor io sento …	… Erleichterung fühle ich immer noch …
Maddalena	Magdalena
… se col pensiero afflitto vo lusingando almeno il mio desire, e parmi aver nel seno qualche martir del mio Gesù trafitto …	… wenn ich mit betrübten Gedanken gehe, so schmeichle ich wenigstens meinem Verlangen, und es scheint mir, dass ich in meinem Busen einen Märtyrer meines durchbohrten Jesus habe …
Cleofe	Cleofe
… se nell'afflitta mente ho il mio Gesù presente, e benché esangue ed impiagato, parmi che basti il volto suo per consolarmi.	… wenn ich in meinem betrübten Geist meinen Jesus gegenwärtig habe, und obwohl er blutleer und beeinträchtigt ist, scheint es mir, dass sein Antlitz genügt, um mich zu trösten.
No. 10 Duetto	No. 10 Duett
Maddalena	Magdalena
Dolci chiodi, amate spine, da quei piedi e da quel crine, deh passate nel mio sen, sei mia vita, sei mio ben.	Süße Nägel, geliebte Dornen, von diesen Füßen und diesem Haar, deh pass in mein Herz, du bist mein Leben, du bist mein Gut.
Cleofe	Cleofe
Cara effigie adolorata, benché pallida e piagata, sei mia vita, sei mio ben.	Lieber Kummer, obwohl du blass und verwundet, bist du mein Leben, bist du mein Gut.

No. 10 Recitativo San Giovanni, Maddalena San Giovanni e le suddette	No. 10 Rezitativ Magdalena Heiliger Johannesi und die oben genannten
San Giovanni	Heiliger Johannes
O Cleofe, o Maddalena, del mio divin maestro amanti amate, oh quant'invidio, quanto quelle che ora versate, stille di puro amor più che di pianto; spero presto vederle per coronar il mio Signor risorto, da rugiade di duol cangiarsi in perle.	O Cleofe, o Magdalena, meines göttlichen Meisters geliebte Geliebte, ach, wie beneide ich die, die jetzt ausschütten, Tropfen reiner Liebe mehr als Tränen: ich hoffe, sie bald zu sehen, um meinen auferstandenen Herrn zu krönen, aus Tauen des Kummers in Perlen verwandelt.
Maddalena	Magdalena
Giovanni, tu che fosti del mio Gesù discepolo diletto, e degli arcani suoi secretario fedel, solo tu puoi di speme più tranquilla ravvivar nel mio sen qualche scintilla.	Johannes, du, der du mein geliebter Jünger Jesu und treuer Sekretär seiner Geheimnisse warst, du allein kannst einige Funken einer ruhigeren Hoffnung in meinem Herzen wieder entfachen.
San Giovanni	Heiliger Johannes
Già la seconda notte dacch'egli estinto giacque, cor carro suo di tenebroso gelo tutta varcò la sommità del cielo, e del Gange sull'acque attende già la risvegliata aurora del nuovo sole il lucido ritorno: ma il nostro sole ancora a noi tornar promise il terzo giorno. Consoli dunque il vostro cor che geme una sì bella e sì vicina speme.	Schon in der zweiten Nacht seit seinem Tod überquerte sein Wagen aus dunklem Frost den Gipfel des Himmels, und der Ganges auf den Wassern erwartet schon die wiedererwachte Morgenröte der neuen Sonne, die helle Rückkehr: aber unsere Sonne verspricht noch, am dritten Tag zu uns zurückzukehren. So sei dein Herz getröstet, das mit einer so schönen und nahen Hoffnung seufzt.
No. 12 Recitativo Cleofe, San Giovanni, Maddalena	No. 12 Rezitativ Cleofe, Heiliger Johannes, Magdalena
Cleofe	Cleofe
Ma dinne, e sarà vero che risorga Gesù?	Aber sag mir, und wird es wahr sein, dass Jesus wieder auferstehen wird?
San Giovanni	Heiliger Johannes
S'egli l`ha detto, chi mai di menzognero osarà d'arguir labbro divino.	Wenn er es gesagt hat, wer würde es je wagen, die göttliche Lippe zu erraten.
Maddalena	Magdalena
Su! dunque andiamo, e pria ch'il mattutino raggio dell'orizonte il lembo indori, andiam non osservate al sacro avello, ché almen potremo in quello con balsami et odori unger la fredda esanimata salma di chi fu già di noi la vita e l'alma.	Komm, lass uns gehen, und bevor der morgendliche Sonnenstrahl den Horizont streift, lass uns unbeobachtet zum heiligen Schrein gehen, damit wir wenigstens den kalten, leblosen Körper dessen, der schon unser Leben und unsere Seele war, mit Balsam und Düften salben können.
Cleofe	Cleofe
Pronta a sequirti io sono, ma speranza meglior mi rende ardita, e di Giovanni ai detti spero viva trovar la nostra vita.	Ich bin bereit, dir zu folgen, aber die Hoffnung macht mich mutiger, und ich hoffe, unser Leben in Johannes Worten lebendig zu finden.

No. 12 Recitativo	No. 12 Rezitativ
San Giovanni	Heiliger Johannes
Itene pure, o fide amiche donne, al destinato loco, ch'ivi forse potrete del vostro bel disio trovar le mete, mentre io rorno colei che già per madre mi diè nell'ultim'ore del suo penoso agone il mio Signore.	Geht, meine treuen Freundinnen, an den bestimmten Ort, wo ihr vielleicht die Ziele eurer schönen Sehnsucht finden könnt, während ich zu ihr zurückkehre, die mir meinen Herrn schon in den letzten Stunden seines schmerzhaften Kampfes zur Mutter gab.
Maddalena	Magdalena
A lei ben opportuno il tuo soccorso fia, ché in così duro scempio qual sia la pena sua, so per la mia.	Ihre Hilfe wird für sie sehr opportun sein, denn was ihr Schmerz ist, weiß ich für meinen, in solch einer schweren Not.
San Giovanni	Heiliger Johannes
Ben d'ogn'altro più grande fu il dolor di tal madre di tal figlio alla morte; ma d'ogn'altro più forte ebbe in soffrirlo petto,	Größer als jeder andere war der Kummer einer solchen Mutter eines solchen Sohnes über seinen Tod: aber stärker als jeder andere war ihr Herz, als sie ihn ertrug, und nun hat sie beständiger und fester als jeder andere die Hoffnung, ihn auferstehen zu sehen;
ed or costante, e ferma più d'ogn'altra ha la speranza di vederlo risorto;	
e se l'ottiene la gioia allor compensarà le pene.	und wenn sie es erlangt, wird die Freude dann für den Schmerz entschädigen.

No. 13 Recitativo	No. 13 Rezitativ
Maddalena	Magdalena
Se Maria dunque spera, e spera ancor Giovanni, anch'io dar voglio con sì giusta speme qualche tregua agli affanni; ma pure chi ben ama sempre teme, e nell'amante mio misero core benché speranza regni, bandir non può il timore.	Wenn also Maria hofft, und auch Johannes hofft, so möchte auch ich mit einer solchen gerechten Hoffnung meinem Kummer etwas Aufschub verschaffen: aber wer liebt, fürchtet sich immer, und wenn auch die Hoffnung in meinem elenden Herzen herrscht, so kann die Furcht nicht verbannt werden.
Or degli opposti affetti a chi debba dar fede, vedrò volgendo il piede all'adorato speco, tomba del mio Gesù;	Nun will ich sehen, wer den entgegengesetzten Zuneigungen Glauben schenken soll, und wende meinen Fuß zu dem angebeteten Ort, dem Grab meines Jesus: Johannes soll gehen, um Maria zu trösten; Cleofe soll bei mir sein.
vada Giovanni, a consolar Maria; Cleofe sia meco.	

No. 14 Aria	No. 14 Arie
Maddalena	Magdalena
Ho un non so che nel cor, che invece di dolor gioia mi chiede.	Da ist etwas in meinem Herzen, das mich um Freude statt um Trauer bittet.
Ma il core, uso a temer, le voci del piacer o non intende ancor, o inganno del pensier forsi le crede.	Aber das Herz, das an die Angst gewöhnt ist, versteht die Stimmen der Freude noch nicht, oder die Täuschung des Denkens glaubt ihnen vielleicht.

No. 15 tutti	No. 15 alle
Il Nume vincitor trionfi, regni e viva!	Möge die siegreiche Wolke triumphieren, herrschen und leben!
Trionfi, regni e viva un Dio vincitor.	Ein siegreicher Gott triumphiert, regiert und lebt.
Angelo	Engel
Viva e trionfi il Dio così grande che i cieli spande, che al sol dà splendor.	Es lebe und triumphiere der so große Gott, der die Himmel ausbreitet, der der Sonne Glanz verleiht.
Tutti	Alle
Viva e trionfi quel Dio così grande che i cieli spande, che al sol dà splendor.	Es lebe und triumphiere der Gott, der so groß ist, der die Himmel zerstreut, der der Sonne Glanz gibt.
Cleofe, San Giovanni	Cleofe, Heiliger Johannes
per cui Cocito geme atterrito da cui fu vinta la morte ancor	Für den Cocytus in Schrecken stöhnt, durch den der Tod noch besiegt wurde
tutti	Alle
per cui Cocito geme atterrito, da cui fu vinta la morte ancor.	Für den Cocytus in Schrecken stöhnt, von dem der Tod noch besiegt wurde.

Parte seconda No. 23	2. Teil No. 23
Maddalena	Magdalena
Cleofe, siam giunte al luogo,	Cleofe, wir haben den Ort erreicht,
ove tomba funesta	wo das Grabmal
dell'amato Signor coprì la salma.	des geliebten Herrn bedeckten den Körper.
Cleofe	Cleofe
Parmi veder, sì, sì, vedo ben certo,	Es scheint mir, dass ich ihn sehen kann, ja, ich sehe gut sicher,
Ch'è già l'avello aperto,	Dass bereits die Gruft geöffnet ist,
e su la destra sponda	Und am rechten Ufer, auf der rechten Seite
siede con bianca stuola	Sitzt mit einem Laken aus weißem Leinen
un giovane vestito.	Ein junger Mann, der in Weiß gekleidet ist.
Maddalena	Magdalena
Oh quale spira	O welch ein Hauch von Gnade aus seinem Gesicht
grazia dal volto suo, che mi consola!	Gnade von seinem Gesicht, das tröstet mich!
Appressiamoci a lui che già ne mira.	Nähern wir uns ihm, der ihn bereits ansieht.
Angelo	Engel
Donne, voi ricercate	Frauen, ihr sucht
di Gesù Nazareno,	Jesus, den Nazarener,
ove giacque già morto;	wo er bereits tot lag;
Ora non è più qui, ma è già risorto.	Nun ist er nicht mehr hier, sondern bereits auferstanden.
Al vostro puro affetto	Auf ihre reine Zuneigung
giusto è che diano i cieli	Gerecht ist es, dass der Himmel gibt
così bella mercede,	Also eine gerechte Belohnung,
e un tal mistero a voi prima si sveli,	Und so ein Geheimnis muss man erst einmal lüften,
per farvi araldi poi della sua fede.	Um euch zu Verkündern seines Glaubens zu machen.
Gitene dunque a publicarlo, e sia	Deshalb soll es geschrieben werden und lassen wir es die Belohnung
premio del vostro pianto.	für dein Weinen sein.
Della gioia comune il primo vanto.	Gemeinsame Freude der erste Stolz.

Parte seconda No. 24 Recitativo	2. Teil No. 24 Rezitativ
Maddalena	Magdalena
Mio Gesù, mio Signore,	Mein Jesus, mein Herr,
giàche risorto sei,	Du bist auferstanden,
Perché, perchè ti ascondi agli occhi miei?	Warum, warum erhebst du dich vor meinen Augen?
Può ben la fede, è vero,	Der Glaube mag wohl, es ist wahr,
far che la mente adori il gran mistero;	den Geist dazu bringen, das große Mysterium zu verehren;
ma come può l'amore	Aber wie kann Liebe
esser contento a pieno,	in vollem Umfang zufrieden sein?
se non manda il suo ben per gli occhi al core?	Wenn es sein Gutes nicht durch die Augen ins Herz schickt?
Vo' cercarti per tutto;	Ich will dich in allen Dingen suchen;
né sarà forse in vano,	Es wird vielleicht auch nicht vergeblich sein,
ché da chi ben ti cerca,	Denn von dem, der dich gut sucht
mai, dolce mio tesor, tu vai lontano.	Niemals, mein süßer Schatz, gehst du weit weg.

Recitativo	Rezitativ
Maddalena	Magdalena
Cleofe, Giovanni udite, udite la mia nuova alta ventura.	Cleofe, Johannes, hört zu, hört mein neues großes Glück.
Ho veduto in quell'orto il mio Signore, che avea d'un suo guardian preso figura,	Ich sah in diesem Garten meinen Herrn, Der von einem seiner eigenen Wächter seine Figur übernommen hatte,
Ma dalle rozze spoglie uscia luce sì pura e così ardente, che pria degli occhi il ravvisò la mente. Poi conobbi quel viso,	Aber aus den groben Resten seines Körpers Es kommt ein Licht hervor, so rein und so glühend, Das erste meiner Augen, der Verstand hat es erkannt. Dann kannte ich dieses Gesicht,
In cui per farsi bello si specchia il paradiso. Vidi le mani ancor, vidi le piante,	In dem man sich schön macht, ist das Paradies gespiegelt. Ich sah seine Hände wieder, ich sah die Pflanzen,
Et in esse mirai, lucide e vaghe, sfavillar come stelle quelle che furon pria funeste piaghe. A baciarle il mio labbro allor s'accinse,	Und in ihnen sah ich, hell und vage, wie Sterne zu leuchten Die, die vorher tödliche Wunden waren. Dann näherten sich meine Lippen, um ihn zu küssen,
ma Gesù mi respinse, e dir mi parve: „Tu non mi puoi toccar"; poscia disparve.	Aber Jesus wies mich zurück und schien zu sagen: „Berühre mich nicht." Dann verschwand er.
San Giovanni	Heiliger Johannes
Non si dubiti più!	Zweifelt nicht länger!
Cleofe	Cleofe
Cessi ogni rio timore!	Beendet jede gerechte Angst!
Maddalena	Magdalena
È risorto Gesù.	Jesus ist auferstanden.
San Giovanni	Heiliger Johannes
Viva è la nostra vita, …	Lebendig ist unser Leben, …
Cleofe	Cleofe
… il nostro amore!	… unsere Liebe!

***Bild 51** 1510–1520 Adriaen Isenbrandt (~1480–1551); Detail, Triptychon mit dem hl. Hieronymus, der hl. Katharina und der hl. Magdalena, Hamburger Kunsthalle*

Bild 51

234

„Dalla Morte Alla Vita di Santa Maria Magdalena eremita" – dramma sacro

Leonardo Leo war einer der größten Meister der sogenannten neapolitanischen Schule und hatte großen Einfluss auf den Musikunterricht in Europa. Bereits ein vollwertiger Komponist, vertonte der junge Leo 1722 im Auftrag des Stadtrats von Atrani, einem kleinen attraktiven Küstenort in der Nähe von Amalfi, das dramma sacro „Dalla morte alla vita di Santa Maria Maddalena eremita", um die Schutzpatronin Maria Magdalena zu feiern. Nach dieser Aufführung wurde das Werk nie wieder erwähnt und alle Kataloge der Ausgabe von Leonardo Leo gaben an, dass das Autograph verloren gegangen war. Tatsächlich war eine Kopie davon nach Südfrankreich gereist und 2009 in einer Pariser Buchhandlung wieder aufgetaucht.

Bild 52 1730 Abschied in Bethanien, Ölbergkapelle, St. Ulrich, Kreuzlingen, geschnitzt in einer Tiroler oder Altbayerischen Werkstatt

1725 JOHANN SEBASTIAN BACH (1685–1750)

Osteroratorium BWV 249; Text: Christian Friedrich Henrici, genannt Picander

Maria Jacobi (Sopran), Maria Magdalena (Alt), Petrus (Tenor), Johannes (Bass) 1 Sinfonia – 2 Adagio – 3. Chor und Duetto Tenor (Petrus) und Bass (Johannes) Chor: Kommt, eilet und laufet, ihr flüchtigen Füße, erreichet die Höhle, die Jesum bedeckt! Petrus, Johannes: Lachen und Scherzen begleitet die Herzen, denn unser Heil ist auferweckt. – 4. Recitativo Sopran (Maria Jacobi), Alt (Maria Magdalena), Tenor (Petrus), Bass (Johannes) Maria Magdalena: O kalter Männer Sinn! Wo ist die Liebe hin, die ihr dem Heiland schuldig seid? Maria Jacobi: Ein schwaches Weib muß euch beschämen! Petrus Ach! ein betrübtes Grämen … Johannes: … und banges Herzeleid Petrus, Johannes: … hat mit gesalznen Tränen und wehmutsvollem Sehnen Ihm eine Salbung zugedacht, Maria Jacobi, Maria Magdalena: Die ihr, wie wir, umsonst gemacht. – 5. Aria Sopran Seele, deine Spezereien Sollen nicht mehr Myrrhen sein. Denn allein Mit dem Lorbeerkranze prangen, stillt dein ängstliches Verlangen. – 6. Recitativo Alt (Maria Magdalena), Tenor (Petrus), Bass (Johannes) Petrus: Hier ist die Gruft, … Johannes: … und hier der Stein, der solche zugedeckt. Wo aber wird mein Heiland sein? Maria Magdalena: Er ist vom Tode auferweckt! Wir trafen einen Engel an, der hat uns solches kundgetan. Petrus: Hier seh ich mit Vergnügen das Schweißtuch abgewickelt liegen. – 7. Aria Petrus: Sanfte soll mein Todeskummer nur ein Schlummer, Jesu, durch dein Schweißtuch sein. Ja, das wird mich dort erfrischen und die Zähren meiner Pein von den Wangen tröstlich wischen. – 8. Recitativo Maria Jacobi, Maria Magdalena: Indessen seufzen wir mit brennender Begier: Ach! Könnt es doch nur bald geschehen, den Heiland selbst zu sehen! – 9. Aria Maria Magdalena: Saget, saget mir geschwinde, saget, wo ich Jesum finde, welchen meine Seele liebt! Komm doch, komm, umfasse mich; denn mein Herz ist ohne dich ganz verwaiset und betrübt. – 10. Recitativo Johannes: Wir sind erfreut, dass unser Jesus wieder lebt, und unser Herz, so erst in Traurigkeit zerflossen und geschwebt, vergißt den Schmerz und sinnt auf Freudenlieder; denn unser Heiland lebet wieder. – 11. Chor: Preis und Dank bleibe, Herr, dein Lobgesang. Höll und Teufel sind bezwungen, ihre Pforten sind zerstört. Jauchzet, ihr erlösten Zungen, dass man es im Himmel hört. Eröffnet, ihr Himmel, die prächtigen Bogen, der Löwe von Juda kömmt siegend gezogen!

Matthäuspassion BWV 244

4c Recitativo (I): Tenor Evangelista Da nun Jesus war zu Bethanien, im Hause Simonis des Aussätzigen, trat zu ihm ein Weib, die hatte ein Glas mit köstlichem Wasser, und goss es auf sein Haupt, da er zu Tische saß. Da das seine Jünger sahen, wurden sie unwillig und sprachen: 4d Coro Wozu dienet dieser Unrat? Dieses Wasser hätte mögen teuer verkauft und den Armen gegeben werden. 4e Rezitativ Tenor (Evangelista) Da das Jesus merkete, sprach er zu ihnen: Bass (Jesus) Was bekümmert ihr das Weib? Sie hat ein gut Werk an mir getan. Ihr habet allezeit Armen bei euch, mich aber habt ihr nicht allezeit. Dass sie dies Wasser hat auf meinen Leib gegossen, hat sie getan, dass man mich begraben wird. Wahrlich, ich sage euch: Wo dies Evangelium geprediget wird in der ganzen Welt, da wird man auch sagen zu ihrem Gedächtnis, was sie getan hat.

5 Recitativo (I) Alto Du lieber Heiland du, wenn deine Jünger töricht streiten, dass dieses fromme Weib mit Salben deinen Leib zum Grabe will bereiten, so lasse mir inzwischen zu, von meiner Augen Tränenflüssen ein Wasser auf dein Haupt zu gießen!

6 Arie Alt Buß und Reu knirscht das Sündenherz entzwei, dass die Tropfen meiner Zähren angenehme Spezerei, treuer Jesu, dir gebären.

27a Arie Duetto: Soprano, Alto (I) con Coro (II) Zion und die Gläubigen Soprano, Alto So ist mein Jesus nun gefangen. Mond und Licht ist vor Schmerzen untergangen. Coro Lasst ihn, haltet, bindet nicht! Soprano, Alto Sie führen ihn, er ist gebunden.

Seconda parte

30 Aria (I): Alto con Coro (II) Zion und die Gläubigen Ach, nun ist mein Jesus hin. Coro Wo ist denn dein Freund hingegangen, o du Schönste unter den Weibern? Alto Ist es möglich, kann ich schauen? Coro Wo hat sich dein Freund hingewandt? Alto Ach, mein Lamm in Tigerklauen, ach, wo ist mein Jesus hin? Coro So wollen wir mit dir ihn suchen. Alto Ach, was soll ich der Seele sagen, wenn sie mich wird ängstlich fragen? Ach, wo ist mein Jesus hin?

39 Aria (I): Alto Erbarme dich, mein Gott, um meiner Zähren willen! Schaue hier, Herz und Auge weint vor dir bitterlich.

51 Recitativo (II): Alto Erbarm es Gott! Hier steht der Heiland angebunden. O Geißelung, o Schläg, o Wunden! Ihr Henker, haltet ein! Erweichet euch der Seelen Schmerz, der Anblick solchen Jammers nicht? Ach ja, ihr habt ein Herz, das muss der Martersäule gleich und noch viel härter sein.

52 Aria (II): Alto Können Tränen meiner Wangen nichts erlangen, o so nehmt mein Herz hinein! Aber lasst es bei den Fluten, wenn die Wunden milde bluten, auch die Opferschale sein!

59 Recitativo (I): Alto Zion Ach Golgatha, unselges Golgatha! Der Herr der Herrlichkeit muss schimpflich hier verderben, der Segen und das Heil der Welt wird als ein Fluch ans Kreuz gestellt. Der Schöpfer Himmels und der Erden soll Erd und Luft entzogen werden. Die Unschuld muss hier schuldig sterben, das gehet meiner Seele nah. Ach, Golgatha, unselges Golgatha!

60 Aria (I): Alto con Coro (II) Zion und die Gläubigen Alto Sehet, Jesus hat die Hand, uns zu fassen, ausgespannt, Kommt! – Coro Wohin? – Alto In Jesu Armen sucht Erlösung, nehmt Erbarmen, suchet – Coro Wo? – Alto in Jesu Armen! Lebet, sterbet, ruhet hier, ihr verlassnen Küchlein ihr, bleibet – Coro Wo? – Alto in Jesu Armen!

63c Recitativo (I): Tenore Evangelista Und es waren viel Weiber da, die von ferne zusahen, die da waren nachgefolget aus Galiläa und hatten ihm gedienet, unter welchen war Maria Magdalena und Maria, die Mutter Jacobi und Joses, und die Mutter der Kinder Zebedäi. Am Abend aber kam ein reicher Mann von Arimathia, der hieß Joseph, welcher auch ein Jünger Jesu war, der ging zu Pilato und bat ihn um den Leichnam Jesu. Da befahl Pilatus, man sollte ihm ihn geben.

64 Recitativo (I): Basso Am Abend da es kühle war, ward Adams Fallen offenbar, am Abend drücket ihn der Heiland nieder. Am Abend kam die Taube wieder und trug ein Ölblatt in dem Munde. O schöne Zeit! O Abendstunde! Der Friedensschluss ist nun mit Gott gemacht; denn Jesus hat sein Kreuz vollbracht. Sein Leichnam kömmt zur Ruh, ach, liebe Seele, bitte du, geh, lasse dir den toten Jesum schenken! O heilsames, o köstlichs Angedenken!

65 Aria (I): Basso Mache dich, mein Herze, rein, ich will Jesum selbst begraben. Denn er soll nunmehr in mir für und für seine süße Ruhe haben. Welt, geh aus, lass Jesum ein.

66a Recitativo (I): Tenore Evangelista Und Joseph nahm den Leib und wickelte ihn in ein rein Leinwand und legte ihn in sein eigen neu Grab, welches er hatte lassen in einen Fels hauen, und wälzete einen großen Stein vor die Tür des Grabes und ging davon. Es war aber allda Maria Magdalena und die andere Maria, die satzten sich gegen das Grab ...

67 Recitativo (I): Quartetto con Coro (II) Basso Nun ist der Herr zur Ruh gebracht. – Coro Mein Jesu, gute Nacht! – Tenore Die Müh ist aus, die unsere Sünden ihm gemacht. – Coro Mein Jesu, gute Nacht! – Alto O selige Gebeine, seht, wie ich euch mit Buß und Reu beweine, dass euch mein Fall in solche Not gebracht! – Coro Mein Jesu, gute Nacht! – Soprano Habt lebenslang vor euer Leiden tausend Dank, dass ihr mein Seelenheil so wert geacht'! – Coro Mein Jesu, gute Nacht!

Nota bene: Wohl in enger Abstimmung mit Bach und dem Plan, die Passion doppelchörig anzulegen, entstand die dialogische Konzeption der Dichtung, die Picander veranlasste, einen Teil seiner Texte in Form von Wechselreden zwischen allegorischen Personen anzulegen, der „Tochter Zion" und dem „Chor der Gläubigen". Einmal hat Picander einen alttestamentarischen Text in seine Dichtung integriert, nämlich den 1. Vers aus Kapitel 6 des Hohen Liedes Salomos, „Wo ist denn dein Freund hingegangen".

1730 PIETRO METASTASIO (1698–1782)

Oratorium *La passione di Nostro Signore Gesù Cristo*

Erster Teil

Petrus kehrt besorgt und schlechten Gewissens zu seinen Freunden zurück. Er befürchtet, dass Jesus bereits nicht mehr lebt. Der Chor der Jünger beklagt das Geschehen und ruft die gesamte Menschheit zur Trauer auf. Petrus fragt Magdalena, Johannes und Joseph nach den Einzelheiten. Johannes beneidet ihn, weil er nicht mit ansehen musste, wie Jesus zum Richter geführt, gegeißelt und verspottet wurde. Zunächst berichtet Joseph von seinem vergeblichen Versuch, Jesus die Last des Kreuzes abzunehmen. Anschließend beschreiben die drei Jesu Leiden, als er an das Kreuz geschlagen wurde. Seiner Mutter Maria gelang es noch ein letztes Mal, ihn zu umarmen, bevor sie gewaltsam von den Soldaten fortgerissen wurde. Schließlich führte Jesus seine Mutter Maria und Johannes zusammen. Jesus erhielt als letzten Trank Essig gereicht und starb schließlich. Sowohl Petrus als auch Magdalena machen sich Vorwürfe. Der Chor beendet den ersten Teil und ruft die Sterblichen zur Dankbarkeit auf, denn das Leiden des Erlösers bringe dem Gerechten Heil und dem Sünder Tod.

Zweiter Teil

Petrus lässt sich das weitere Geschehen nach der Kreuzigung erzählen. Joseph hat für ein Grab gesorgt und es mit einem Marmorstein verschlossen. Aufgrund des Sabbats ist es noch nicht möglich, dieses zu besuchen. Zudem könnte das Grab bewacht sein, weil die Hebräer einen Diebstahl des Leichnams befürchten. Als Joseph an die Prophezeiung von der bevorstehenden Zerstörung Jerusalems und des Tempels erinnert, betrachtet Petrus diese als Sühne dafür, dass Jesus nicht als Gottes Sohn erkannt wurde und zählt seine verschiedenen Wundertaten auf. Magdalena meint, dass nun jedes noch ungläubige Herz zum Glauben finden werde, und Johannes berichtet von den Zeichen während seines Todes, die den Sinn der alten Weissagungen offenbaren. Magdalena beklagt, dass Gott nun ihren Blicken nicht mehr sichtbar sei und sie ohne Führung zurückgeblieben seien. Petrus beruhigt sie damit, dass seine Gleichnisse und die Erinnerung an seinen Tod fortdauern werden und als Leitbild dienen können. Er ist zuversichtlich, dass Jesus wiederkommen werde, wenn er ihre Hoffnung wanken sehen sollte. Auch Magdalena und Johannes erwarten die Auferstehung. Das Grab werde zum Wallfahrtsort und das Kreuz zum Siegeszeichen werden. Auch der zweite Teil wird durch einen Chor abgeschlossen. Er ruft die Hoffnung an, die Liebe und den Glauben zu stärken und die Furcht zu vertreiben.

Kompositionen (Auswahl)	Uraufführung
Antonio Caldara	1730
Giovanni Lorenzo Gregori	1735
Domenico Sarro	1737
Davide Perez	1742
Nicola Conti	1743
Niccolò Jommelli	1749
Carlo Luigi Grua	1751
Ignaz Holzbauer	1754
Johann Ernst Eberlin	1755
Johann Georg Schürer	1755
Francesco Zannetti	1759
Johann Georg Albrechtsberger	1762
Jacob Schuback	1763
Johann Gottlieb Naumann	1767
Josef Mysliveček	1773
Antonio Salieri	1777
Johann Friedrich Reichardt	1784

Bild 53 *Hermannus Contractus bei der Niederschrift des Salve Reginas, Wandmalerei 1934 von Josef Niklas (* 1893 in Ulm; † 1974 in Weingarten) (Niklas war durch Kinderlähmung stark behindert und konnte nur mit der linken Faust malen), St. Peter und Paul, Bad Buchau, Kappel*

1736 JAN DISMAS ZELENKA (1679–1745)

„I penitenti al sepolcro del Redentore" ZWV 63 Oratorium	Textdichter: Stefano Pallavicino (1672–1742)
Adagio – Andante – Adagio (Sinfonia)	
Aria Re David – Squarcia le chiome	Arie König David – Die Haare ausreißen
Recitativo secco Re David – Tramontata è la Stella	Secco-Rezitativ König David – Der Stern ist untergegangen
Recitativo accompagnato Maria Maddalena – Oimè, quasi nel campo	Begleitetes Rezitativ Maria Magdalena – Weh mir, fast auf dem Feld
Aria Maria Maddalena – Del mio amor, divini sguardi	Arie Maria Magdalena – Von meiner Liebe, göttlichen Blicken
Recitativo secco Peter – Quai la dispersa greggia	Secco-Rezitativ Petrus – Hier die verstreute Herde
Aria Peter – Lingua perfida	Arie Petrus – Verräterische Zunge
Recitativo secco Maria Maddalena – Per la traccia del sangue	Secco-Rezitativ Maria Magdalena – Per la traccia del sangue
Aria Maria Maddalena – Da vivo tronco aperto	Arie Maria Magdalena – Vom Leben geöffnete Geheimnisse
Recitativo accompagnato Re David – Questa che fu possente	Begleitetes Rezitativ König David – Derjenige, der mächtig war
Aria Re David – Le tue corde, arpe sonora	Arie König David – Deine Saiten, Harfen des Klangs
Recitativo secco Peter – Tributo accetto più, più grato dono/ Recitativo secco Maddalena	Secco-Rezitativ Petrus – Tribut nehme ich mehr, dankbarer Geschenk / Secco-Rezitativ Magdalena
Coro e Aria Re David – Miserere mio Dio	Chor und Arie König David – Erbarme dich, mein Gott

1804–1810 WILLIAM BLAKE (1757–1827) /
1916 HUBERT PARRY (1848–1918)

William Blake „Jerusalem"	Hubert Parry Hymne „Jerusalem"
And did those feet in ancient time Walk upon England's mountains green? And was the holy Lamb of God On England's pleasant pastures seen?	Und sind in alter Zeit jene Füße Auf Englands grünen Bergen gewandelt? Und ward das heilige Lamm Gottes Auf Englands lieblichen Weiden gesehen?
And did the Countenance Divine Shine forth upon our clouded hills? And was Jerusalem builded here Among these dark Satanic mills?	Und strahlte das göttliche Antlitz Hervor auf unseren umwölkten Hügeln? Und wurde Jerusalem hier erbaut Inmitten dieser dunklen teuflischen Mühlen?
Bring me my bow of burning gold! Bring me my arrows of desire! Bring me my spear! O clouds unfold! Bring me my chariot of fire!	Bringt mir meinen Bogen aus brennendem Gold! Bringt mir meine Pfeile der Sehnsucht! Bringt mir meinen Speer! O ihr Wolken teilt euch! Bringt mir meinen Streitwagen aus Feuer!
I will not cease from mental fight; Nor shall my sword sleep in my hand Till we have built Jerusalem In England's green and pleasant land.	Ich werde weder vom geistigen Kampf lassen; Noch soll das Schwert in meiner Hand ruhen Bis wir Jerusalem errichtet haben Auf Englands grünem und lieblichem Grund.

Nota bene: „Jerusalem" ist die offizielle Hymne des britischen Women's Institute und wurde früher von der National Union of Suffrage Societies gesungen. Heute gehört es zum festen Repertoire der populären Londoner „Last Night of the Proms". Auch während des Gottesdienstes anlässlich der Hochzeit von Prinz William und Catherine Middleton wurde das Lied gesungen.

Bild 54 *1806/07 Philipp Otto Runge (1777–1810)*
Petrus auf dem Meer, Hamburger Kunsthalle

„Von dem Machandelboom"

Das ist nun sehr lange her, wohl zweitausend Jahre, da war da ein reicher Mann, der hatte eine schöne fromme Frau, und sie hatten sich beide sehr lieb, hatten aber keine Kinder. Sie wünschten sich aber sehr welche, und die Frau betete so viel darum Tag und Nacht, aber sie bekamen keines und bekamen keines. Vor ihrem Hause war ein Hof, darauf stand ein Wacholderbaum, unter dem stand die Frau einst im Winter und schälte sich einen Apfel, und als sie sich den Apfel so schälte, so schnitt sie sich in den Finger, und das Blut fiel in den Schnee. „Ach", sagte die Frau, und seufzte so recht hoch auf, und sah das Blut vor sich an, und war so recht wehmütig, „hätte ich doch ein Kind, so rot wie Blut und so weiß wie Schnee." Und als sie das sagte, so wurde ihr so recht fröhlich zu Mute; ihr war recht, als solle das was werden.

Da ging sie nach Hause, und es ging ein Monat hin, der Schnee verging; und zwei Monate, da wurde es grün; und drei Monate, da kamen die Blumen aus der Erde: und vier Monate, da drangen sich alle Bäume in das Holz, und die grünen Zweige waren alle ineinander gewachsen; da sangen die Vögelchen, dass das ganze Holz schallte, und die Blüten fielen von den Bäumen; da war der fünfte Monat weg, und sie stand unter dem Machandelbaum, der roch so schön, da sprang ihr das Herz vor Freuden, und sie fiel auf ihre Knie und konnte sich nicht lassen; und als der sechste Monat vorbei war, da waren die Früchte dick und stark, da wurde sie ganz still; und der siebte Monat, da griff sie nach den Wacholderbeeren und aß sie so gierig, da wurde sie traurig und krank; da ging der achte Monat hin, und sie rief ihren Mann und weinte und sagte: „Wenn ich sterbe, so begrabt mich unter dem Wacholderbaum."

Da wurde sie ganz getrost und freute sich, bis der neunte Monat vorbei war, da bekam sie ein Kind so weiß wie Schnee und so rot wie Blut, und als sie das sah, so freute sie sich so, dass sie starb.

Da begrub ihr Mann sie unter dem Wacholderbaum, und er fing an zu weinen so sehr; eine Zeit lang, da wurde das was sachter, und da er noch was geweint hatte, da hörte er auf, und noch eine Zeit, da nahm er sich wieder eine Frau. Mit der zweiten Frau bekam er eine Tochter, das Kind aber von der ersten Frau war ein kleiner Sohn, und war so rot wie Blut und so weiß wie Schnee. Wenn die Frau ihre Tochter so ansah, so hatte sie sie so lieb, aber dann sah sie den kleinen Jungen an, und das ging ihr so durch das Herz, und ihr dünkte, als stünde er ihr überall im Weg, und dachte dann immer daran, wie sie ihrer Tochter all das Vermögen zuwenden wollte, und der Böse gab ihr das ein, dass sie dem kleinen Jung ganz gram wurde und stieß ihn herum von einer Ecke in die andere, und puffte ihn hier und knuffte ihn dort, so dass das arme Kind immer in Angst war. Wenn er denn aus der Schule kam, so hatte er keine ruhige Stätte. Einst war die Frau auf die Kammer gegangen, da kam die kleine Tochter auch herauf und sagte: „Mutter, gib mir einen Apfel." „Ja, mein Kind", sagte die Frau und gab ihr einen schönen Apfel aus der Kiste; die Kiste aber hatte einen großen schweren Deckel mit einem großen scharfen eisernen Schloß. „Mutter", sagte die kleine Tochter, „soll Bruder nicht auch einen haben?" Das verdroß die Frau, doch sagte sie: „Ja, wenn er aus der Schule kommt."

Und als sie aus dem Fenster gewahr wurde, dass er kam, so war das recht, als wenn der Böse über sie käme, und sie griff zu und nahm ihrer Tochter den Apfel wieder weg und sagte: „Du sollst nicht eher einen haben als Bruder."

Da schmiß sie den Apfel in die Kiste und machte die Kiste zu. Da kam der kleine Junge in die Tür, da gab ihr der Böse ein, dass sie freundlich zu ihm sagte: „Mein Sohn, willst du einen Apfel haben?", und sah ihn so hastig an. „Mutter", sagte der kleine Junge, „was siehst du zornig aus! Ja, gib mir einen Apfel." Da war ihr, als solle sie ihm zureden.

„Komm mit mir“, sagte sie und machte den Deckel auf, „hol dir einen Apfel heraus.“ Und als sich der kleine Junge hinein bückte, so riet ihr der Böse – bratsch! schlug sie den Deckel zu, dass der Kopf abflog und unter die roten Äpfel fiel. Da überlief sie das in der Angst, und dachte: „Könnte ich das von mir bringen!“ Da ging sie hinauf in ihre Stube zu ihrem Truhenkasten und holte aus der obersten Schublade ein weißes Tuch, und setzte den Kopf wieder auf den Hals und band das Halstuch so um, dass man nichts sehen konnte, und setzte ihn vor die Tür auf einen Stuhl und gab ihm den Apfel in die Hand.

Da kam danach Marlenchen zu ihrer Mutter in die er Küche, die stand bei dem Feuer und hatte einen Topf mit heißem Wasser vor sich, den rührte sie immer um. „Mutter“, sagte Marlenchen, „Bruder sitzt vor der Tür und sieht ganz weiß aus und hat einen Apfel in der Hand, ich habe ihn gebeten, soll mir den Apfel geben, aber er antwortet mir nicht, da wurde mir ganz grauslich.“ „Geh nochmal hin“, sagte die Mutter, „und wenn er dir nicht antworten will, so gib ihm eins an die Ohren.“ Da ging Marlenchen hin und sagte: „Bruder, gib mir den Apfel.“ Aber er schwieg still. Da gab sie ihm eins auf die Ohren, da fiel der Kopf herunter, darüber erschreckte sie sich und fing an zu weinen und zu heulen, und lief zu ihrer Mutter und sagte: „Ach, Mutter, ich habe meinem Bruder den Kopf abgeschlagen“, und weinte und weinte und wollte sich nicht zufriedengeben. „Marlenchen“, sagte die Mutter, „was hast du denn! Aber schweig man still, dass es kein Mensch merkt, das ist nun doch nicht zu ändern; wir wollen ihn in Suppe kochen.“ Da nahm die Mutter den kleinen Jungen und hackte ihn in Stücke, tat die in den Topf und kochte ihn in Suppe.

Marlenchen aber stand dabei und weinte und weinte, und die Tränen fielen alle in den Topf, und sie brauchten gar kein Salz. Da kam der Vater nach Hause und setzte sich zu Tisch und sagte: „Wo ist denn mein Sohn?“ Da trug die Mutter eine große große Schüssel auf mit Schwarzsuppe, und Marlenchen weinte und konnte sich nicht halten. Da sagte der Vater wieder: „Wo ist denn mein Sohn?“ „Ach“, sagte die Mutter, „er ist über Land gegangen, zur Großtante der Mutter; er will da was bleiben.“

„Was macht er denn da? Und hat mir nicht mal Tschüß gesagt!“ „Oh er wollte gern hin und bat mich, ob er da wohl sechs Wochen bleiben kann; er ist ja gut da aufgehoben.“

„Ach“, sagte der Mann, „mir ist so recht traurig, das ist doch nicht recht, er hätte mir doch Tschüß sagen sollen.“

Indessen fing er an zu essen und sagte „Marlenchen, was weinst du? Bruder wird wohl wiederkommen.“ „Ach, Frau“, sagte er da, „was schmeckt mir das Essen schön! Gib mir mehr!“ Und je mehr er aß, desto mehr wollte er haben, und sagte: „Gebt mir mehr, ihr sollt nichts da aufheben, das ist, als wenn das alles mein wäre.“ Und er aß und aß, und die Knochen schmiß er alle unter den Tisch, bis er alles auf hatte. Marlenchen aber ging hin zu ihrer Kommode und nahm aus der untersten Schublade ihr bestes Seidentuch, und holte all die Beinchen und Knochen unter dem Tisch heraus und band sie in das Seidentuch und trug sie vor die Tür und weinte ihre blutigen Tränen.

Da legte sie sie unter den Wacholderbaum in das grüne Gras, und als sie sie da hingelegt hatte, so war ihr mit einem Mal so recht licht, und weinte nicht mehr. Da fing der Wacholderbaum an sich zu bewegen, und die Zweige taten sich immer so recht voneinander, und dann wieder zuhauf, so recht als wenn sich einer so recht freut und mit den Händen so tut. Indessen so ging da so ein Nebel von dem Baum, und recht in dem Nebel, da brannte das wie Feuer, und aus dem Feuer, da flog so ein schöner Vogel heraus, der sang so herrlich und flog hoch in die Luft, und als er weg war, da war der Wacholderbaum, wie er vorher gewesen war, und das Tuch mit den Knochen war weg. Marlenchen aber war so recht licht und vergnügt, recht als wenn der Bruder noch lebte. Da ging sie wieder ganz lustig in das Haus zu Tisch und aß.

Der Vogel aber flog weg und setzte sich auf eines Goldschmieds Haus und fing an zu singen: „Meine Mutter, die mich schlachtete, mein Vater, der mich aß, meine Schwester, die Marleine, sucht alle meine Gebeine, bindet sie in ein seiden Tuch, legt’s unter den Wacholderbaum. Kywitt, kywitt, was für ein schöner Vogel bin ich!“

Der Goldschmied saß in seiner Werkstatt und machte eine goldene Kette, da hörte er den Vogel, der auf seinem Dach saß und sang, und das dünkte ihm so schön. Da stand er auf, und als er über den Söller ging, da verlor er einen Pantoffel. Er ging aber so recht mitten auf die Straße hin, einen Pantoffel und eine Socke an; sein Schurzfell hatte er vor, und in der einen Hand hatte er die goldene Kette und in der andern die Zange; und die Sonne schien so hell auf die Straße. Da ging er recht so stehen und sah den Vogel an.

„Vogel", sagte er da, „wie schön kannst du singen! Sing mir das Stück nochmal." „Nein", sagte der Vogel, „zweimal sing ich nicht umsonst. Gib mir die goldene Kette, so will ich dir's nochmal singen." „Da", sagte der Goldschmied, „hast du die goldene Kette, nun sing mir das nochmal." Da kam der Vogel und nahm die goldene Kette so in die rechte Pfote, und ging vor den Goldschmied sitzen und sang: „Meine Mutter: die mich schlachtete, mein Vater: der mich aß, meine Schwester, die Marleine, sucht alle meine Gebeine, bindet sie in ein seiden Tuch, legt's unter den Wacholderbaum. Kywitt, kywitt, was für ein schöner Vogel bin ich!"

Da flog der Vogel weg zu einem Schuster, und setzte sich auf dessen Dach und sang: „Meine Mutter, die mich schlachtete, mein Vater, der mich aß, meine Schwester, die Marleine, sucht alle meine Gebeine, bindet sie in ein seiden Tuch, legt's unter den Wacholderbaum. Kywitt, kywitt, was für ein schöner Vogel bin ich!"

Der Schuster hörte das und lief vor seine Tür in Hemdsärmeln, und sah zu seinem Dach hinauf und musste die Hand vor die Augen halten, dass die Sonne ihn nicht blendete. „Vogel", sagte er, „was kannst du schön singen."

Da rief er in seine Tür hinein: „Frau, komm mal heraus, da ist ein Vogel; sieh mal den Vogel, der kann mal schön singen." Da rief er seine Tochter und Kinder und Gesellen, Junge und Magd, und sie kamen alle auf die Straße und sahen den Vogel an, wie schön er war, und er hatte so recht rote und grüne Federn, und um den Hals war das wie lauter Gold, und die Augen blinkten ihm im Kopf wie Sterne. „Vogel“, sagte der Schuster, „nun sing mir das Stück nochmal.“ „Nein“, sagte der Vogel, „zweimal sing ich nicht umsonst, du musst mir was schenken.“ „Frau“, sagte der Mann, „geh auf den Boden; in dem obersten Fach, da stehen ein Paar rote Schuhe, die bring her.“ Da ging die Frau hin und holte die Schuhe. „Da, Vogel“, sagte der Mann, „nun sing mir das Stück nochmal.“ Da kam der Vogel und nahm die Schuhe in die linke Klaue, und flog wieder auf das Dach und sang: „Meine Mutter, die mich schlachtete, mein Vater, der mich aß, meine Schwester, die Marleine, sucht alle meine Gebeine, bindet sie in ein seiden Tuch, legt's unter den Wacholderbaum. Kywitt, kywitt, was für ein schöner Vogel bin ich!“

Und als er ausgesungen hatte, so flog er weg: Die Kette hatte er in der rechten und die Schuhe in der linken Klaue, und er flog weit weg zu einer Mühle, und die Mühle ging „klippe klappe, klippe klappe, klippe klappe“; und in der Mühle, da saßen zwanzig Müllerburschen, die behauten einen Stein und hackten „hick hack, hick hack, hick hack“, und die Mühle ging „klippe klappe, klippe klappe, klippe klappe.“

Da ging der Vogel auf einen Lindenbaum sitzen, der vor der Mühle stand, und sang: „Meine Mutter, die mich schlachtete“, da hörte einer auf, „mein Vater, der mich aß“, da hörten noch zwei auf und hörten das, „meine Schwester, die Marleine“, da hörten wieder vier auf, „sucht alle meine Gebeine, bindet sie in ein seiden Tuch“, nun hackten noch acht, „legt's unter“, nun noch fünf, „den Wacholderbaum“, nun noch einer „Kywitt, kywitt, was für ein schöner Vogel bin ich!“

Da hörte der letzte auch auf und hatte das letzte noch gehört.

„Vogel“, sagte er, „was singst du schön! Laß mich das auch hören, sing mir das nochmal.“

„Nein“, sagte der Vogel, „zweimal sing ich nicht umsonst, gib mir den Mühlstein, so will ich das nochmal singen.“

„Ja“, sagte er, „wenn er mir allein gehört, so sollst du ihn haben.“

„Ja“, sagten die andern, „wenn er nochmal singt, so soll er ihn haben.“

Da kam der Vogel heran, und die Müller faßten alle zwanzig mit Bäumen an und hoben den Stein auf: „hu uh uhp, hu uh uhp, hu uh uhp!“

Da steckte der Vogel den Hals durch das Loch und nahm ihn um wie einen Kragen, und flog wieder auf den Baum und sang: „Meine Mutter, die mich schlachtete, mein Vater, der mich aß, meine Schwester, die Marleine, sucht alle meine Gebeine, bindet sie in ein seiden Tuch, legt's unter den Wacholderbaum. Kywitt, kywitt, was für ein schöner Vogel bin ich!“

Und als er das ausgesungen hatte, da tat er die Flügel voneinander, und hatte in der rechten Klaue die Kette und in die linken die Schuhe und um den Hals den Mühlstein, und flog weit weg zu seines Vaters Haus.

In der Stube saß der Vater, die Mutter und Marlenchen zu Tisch, und der Vater sagte: „Ach, was wird mir licht, mir ist recht so gut zu Mute.“ „Nein“, sagte die Mutter, „mir ist recht so angst, so recht, als wenn ein schwer Gewitter kommt.“ Aber der Mann ging hinaus und sah den Vogel an. „Sucht alle meine Gebeine, bindet sie in ein seiden Tuch, legt's unter den Wacholderbaum. Kywitt, kywitt, was für ein schöner Vogel bin ich!“

Indessen ließ der Vogel die goldene Kette fallen, und sie fiel dem Mann just um den Hals, so recht hier herum, dass sie recht so schön passte. Da ging er herein und sagte: „Sieh, was ist das für ein schöner Vogel, hat mir so eine schöne goldene Kette geschenkt, und sieht so schön aus.“ Der Frau aber war so angst und fiel längs in der Stube hin, und die Mütze fiel ihr von dem Kopf. Marlenchen aber saß und weinte und weinte.

Da kam der Vogel angeflogen, und als er sich auf das Dach setzte, „Ach“, sagte der Vater, „mir ist so recht freudig, und die Sonne scheint draußen so schön, mir ist recht, als soll ich einen alten Bekannten wiedersehen.“

„Nein“, sagte die Frau, „mir ist so angst, die Zähne klappern mir, und das ist mir wie Feuer in den Adern.“ Und sie riß sich ihr Leibchen auf und so mehr.

Aber Marlenchen saß in einer Ecke und weinte, und hatte ihren Teller vor den Augen, und weinte den Teller ganz plitschnaß.

Da setzte sich der Vogel auf den Wacholderbaum und sang: „Meine Mutter, die mich schlachtete", da hielt die Mutter die Ohren zu und kniff die Augen zu, und wollte nicht sehen und hören, aber das brauste ihr in den Ohren wie der allerstärkste Sturm, und die Augen brannten ihr und zackten wie Blitze. „Mein Vater, der mich aß." „Ach, Mutter", sagte der Mann, „da ist ein schöner Vogel, der singt so herrlich, die Sonne scheint so warm, und das riecht wie lauter Zimt." „Meine Schwester, die Marleine."

Da legte Marlenchen den Kopf auf die Knie und weinte in einem fort, der Mann aber sagte: „Ich geh hinaus, ich muß den Vogel dicht bei sehen." „Ach, geh nicht", sagte die Frau, „mir ist, als bebte das ganze Haus und stünde in Flammen." Da sang der Vogel wieder: „Meine Mutter, die mich schlachtete." „Ach, dass ich tausend Fuder unter der Erd wäre, dass ich das nicht hören müßte!" „Mein Vater, der mich aß." Da fiel die Frau vor tot nieder. „Meine Schwester, die Marleine." „Ach", sagte Marlenchen, „ich will auch hinausgehen und sehen, ob der Vogel mir was schenkt." Da ging sie hinaus. „Sucht alle meine Gebeine, bindet sie in ein seiden Tuch." Da schmiß er ihr die Schuhe herab. „Legt's unter den Wacholderbaum. Kywitt, kywitt, was für ein schöner Vogel bin ich!" Da war ihr so licht und fröhlich. Da zog sie die neuen roten Schuhe an, und tanzte und sprang herein.

„Ach", sagte sie, „ich war so traurig, als ich hinausging, und nun ist mir so licht, das ist mal ein herrlicher Vogel, hat mir ein Paar rote Schuhe geschenkt."

„Nein", sagte die Frau und sprang auf, und die Haare standen ihr zu Berge wie Feuerflammen, „mir ist, als sollte die Welt untergehen, ich will auch hinaus, ob mir lichter werden soll." Und als sie aus der Tür kam – bratsch! schmiß ihr der Vogel den Mühlstein auf den Kopf, dass sie ganz zermatscht war.

Der Vater und Marlenchen hörten das und gingen hinaus: Da ging ein Dampf und Flamme und Feuer auf von der Stätte, und als das vorbei war – da stand der kleine Bruder da, und er nahm seinen Vater und Marlenchen an die Hand, und waren alle drei so recht vergnügt und gingen in das Haus zu Tisch, und aßen.

Nota bene: Er ist das ... Aufkeimen der Erkenntnis in einer „Marlenchen", verkürzt eingedeutschte Namensform von „Maria Magdalena", ist in ihrem Verhalten hier genauso charakterisiert wie in den Evangelien: Ständig weint sie, das ist ihr Wesen, ihre Herzensbeschäftigung bereits dort: Mit Tränen wäscht sie Jesus die Füße, weinend kommt sie ihm nach dem Tode des Lazarus entgegen, weinend sucht sie am Ostermorgen den Leichnam des „Herrn" und sieht durch ihren Tränenschleier in dem Auferstandenen den „Gärtner" des Gartens.

1814 GOTTFRIED AUGUST HOMILIUS (1714–1785)

256

„Frohlocket und preiset den herrschenden Sieger" Osterkantate
No. 1 Frohlocket und preiset den herrschenden Sieger
No. 2 Ach, schwere Pflicht
No. 3 Betrübter Fall
No. 4 Wie ist mir? Ach!
No. 5 Entsetzt euch nicht, getreue Herzen
No. 6 Kommt, nahet euch getrost herzu!
No. 7 Am Sabbat früh mit Spezereien kommen zum Grab
No. 8 Verwundrung nimmt Herz und Sinn auf einmal ein
No. 9 Mein Glaube zweifelt weiter nicht
No. 10 Frohlocket und preiset den herrschenden Sieger

„Faust". Der Tragödie Erster Teil, 1. Akt

Chor der Weiber

Mit Spezereyen Hatten wir ihn gepflegt,
Wir seine Treuen
Hatten ihn hingelegt; Tücher und Binden
Reichlich umwanden wir,
Ach! und wir finden Christ nicht mehr hier.

„Faust". Der Tragödie Zweiter Teil, 5. Akt

Magna peccatrix
(Lukasevangelium 7,36)

Bei der Liebe, die den Füßen
Deines gottverklärten Sohnes Thränen
ließ zum Balsam fließen,
Trotz des Pharisäer-Hohnes;
Beim Gefäße, das so reichlich
Tropfte Wohlgeruch hernieder;
Bei den Locken, die so weichlich
Trockneten die heiligen Glieder –

Bild 55 *Spätes 15. Jh. Schule von Aragon Maria Magdalena predigt der Fürstenfamilie in Marseille*

Maria Magdalena.
Bürgerliches Trauerspiel

Nota bene: Hebbel hatte sein Drama zuerst „Klara" genannt; kurz vor der Veröffentlichung änderte er auf Anraten seines Hamburger Verlegers Julius Campe den Titel in „Maria Magdalena". Damit bezieht er den Text auf eine Stelle im Neuen Testament bei Lukas 7,36–50. Die Sünderin dort bleibt anonym; seit Papst Gregor (590–604) wird sie mit Maria Magdalena in Lukas 8 gleichgesetzt. Sie gilt als Sinnbild der reuigen Unschuld. – Es ist in der Forschung strittig, ob Hebbels Drama vom Lukas-Evangelium her interpretiert werden kann.

Bild 56 1886 Henryk Siemiradzki (1843–1902) Christus mit Martha und Maria, Russisches Museum St. Petersburg

1847 CLARA LUCAS BALFOUR (1808–1878)

The women of scripture

Ein weit verbreiteter Fehler hat den Namen Maria Magdalenas mit dem Namen der Büßerin, die in dem vorherigen Kapitel genannt wurde, vermischt. Daher kommt es, dass öffentliche Einrichtungen für Frauen, die ihren Lebenswandel bereuen, irrtümlicherweise den Namen einer Frau tragen, deren Leben, soweit es aus dem Evangelium ersichtlich ist, rein und makellos war ... Es sieht so aus, als sei sie wunderbarerweise von einer dieser bedauerlichen und geheimnisvollen Krankheiten geheilt worden, die man in den Evangelien als Besessenheit bezeichnet ... Aber der glorreichste Bericht weiblicher Treue ist mit dem Namen Maria Magdalenas verknüpft ... Jene kleine Gruppe weinender Frauen ... unter dem Kreuz, gläubig inmitten all der Ungläubigen ... Zum letzten Mal wird Maria Magdalena erwähnt – mit Maria, der Mutter Jesu, und den anderen treuen Frauen, die am Tag vor Pfingsten gemeinsam beten. Danach endet die Überlieferung über sie. *Susan Haskins*

1851 GIUSEPPE VERDI (1813–1901)

„Rigoletto"

Die gestrauchelte Frau war auch in den Opern Verdis, Puccinis und Bellinis eine sehr beliebte Gestalt. Zum Sterben verurteilt, weil sie gegen den Sittenkodex der anständigen Gesellschaft verstoßen hatten, stürzten sich Toscas von Zinnen und hauchten Mimis, Normas und Violettas ihr Leben aus. Keiner dieser Komponisten befaßte sich mit Maria Magdalena. Zweimal taucht sie allerdings doch in Opernverkleidung auf: In Verdis „Rigoletto" (1851) ist sie die Schwester des Banditen Sparafucile, der seine Opfer in den Hinterhalt lockt, ausraubt und ermordet. Maddalena, die es mit der Moral nicht so genau nimmt, ist der Lockvogel. Rigoletto, Helfer des Herzogs von Mantua bei dessen galanten Abenteuern, will den Herzog mit Hilfe Maddalenas töten. Maddalena verfällt jedoch dem Herzog, der ihr galant den Hof macht und sie „Bella figlia d'amore" (schöne Tochter der Liebe) nennt. Sie überredete ihren Bruder, den Herzog zu verschonen. Rigolettos Racheplan endet in einer Tragödie: Rigolettos Tochter stirbt, und der Herzog singt hinter der Bühne „La donna è mobile". *Susan Haskins*

„Tosca"

In Puccinis „Tosca" (1900) weckt ein Bild Maria Magdalenas mit großen blauen Augen und goldenem Haar – in Wirklichkeit ein Porträt der Marchesa Attavanti –, das Cavaradossi gerade malt, die Eifersucht seiner Geliebten Floria Tosca und führt zu ihrem tragischen Ende.

Bild 57 *1895 Arnold Böcklin (1827–1901) Die büssende Maria Magdalena, Hamburger Kunsthalle*

Szenen aus Goethes Faust

Magna peccatrix (Lukas)

Bei der Liebe, die den Füßen
Deines gottverklärten Sohnes
Thränen ließ zum Balsam fließen,
Trotz des Pharisäer-Hohnes;
Beim Gefäße das so reichlich
Tropfte Wohlgeruch hernieder;
Bei den Locken die so weichlich
Trockneten die heiligen Glieder –

265

Magdalena, in: Marienlieder op. 22 Nr. 6

An dem österlichen Tag Maria Magdalena ging zu dem Grab; was fand sie in dem Grabe stehn? Einen Engel wohlgetan.

Der Engel grüßt sie in der Zeit: „Den da suchet das vielselige Weib, er ist erstanden von dem Tod, den du salben wolltest."

„Maria!" ruft er ihr zu hant, da erkennt sie ihren Heiland, sie sah in aller der Gebärde, sam er ein Gärtner wäre.

Bild 58 Maria Magdalena, Mauritius-Rotunde, Münster Konstanz

Madeleine Férat

Das traditionelle Bild Maria Magdalenas inspirierte auch Émile Zola, sich in einem seiner frühen großen Romane, „Madeleine Férat" (1868), mit der Natur von Liebe und Sexualität zu befassen. Die Heldin identifiziert sich gegen Mitte des Romans mit Maria Magdalena, weil sie selbst „gefallen" ist. Es geht um die Sexualität und die religiöse Bigotterie eines Protestantismus, der allen, die gegen die Moral verstoßen haben, das Höllenfeuer und die ewige Verdammnis androht. Madeleine hat das stereotype „wunderbar rote, goldschimmernde Haar" – sie könnte fast eine präraffaelitische Gestalt sein –, volle, lebhaft rote Lippen („fast zu rot für dieses bleiche Gesicht"), ausgeprägte Züge, große graugrüne Augen und eine hohe, geschmeidige Gestalt. Ihr Aussehen ist integraler Bestandteil ihres Gefallenseins. Sie will sich gerade in ein Kloster zurückziehen, weil sie von ihrem ersten Geliebten Jacques verführt und verlassen wurde. Da begegnet sie Guillaume. Sie heiratet ihn, nachdem sie ihm ihre vorherige Beziehung gebeichtet hat, aber Jacques' Geist ist allgegenwärtig. Die alte Dienerin Geneviève erkennt sie als Dirne. (Madeleines Schönheit, ihr rotes Haar, ihre roten Lippen künden von Fleischeslust und Sünde; sie hat das prächtige Haar einer Hure), liest ihr aus dem Alten Testament [sic!] vor und beschwört die protestantischen Ungeheuer der Sünde und Vergeltung. Madeleine wird jedoch nur von der Geschichte Maria Magdalenas berührt – in der Version der Sünderin des Lukas – und identifiziert sich mit der Prostituierten, der vergeben wurde: Die Bibel scheint von ihrer eigenen Schande, ihren Tränen und Guillaume zu sprechen, der ihr wie Jesus vergeben und sie von ihren Sünden freigesprochen hat; selbst „der

Name war ihr eigener". Dann nimmt Jacques' Geist die Zügel selbst in die Hand: Es stellt sich heraus, dass Jacques Guillaumes bester Freund, sein „Bruder" ist. Als Guillaume die wahre Identität von Madeleines erstem Liebhaber erfährt, kommt er durch eine ungewöhnliche Interpretation biologischer und psychologischer Prozesse und der Vererbung dazu, sich einzubilden, dass sein und Madeleines Kind Lucie Jacques ähnlich sehe, weil dessen Blut „in hohem Maß verantwortlich" für die Schwangerschaft Madeleines sei. Obwohl Madeleine inzwischen nur noch Guillaume liebt, träumt sie nachts von ihrem früheren Liebhaber. Schockiert lauscht ihr Mann, als sie im Schlaf Jacques' Namen stöhnt. Der Totgeglaubte kehrt zurück und macht ihr Leben noch unerträglicher. Nach dem Tod ihres Kindes bleibt Madeleine schließlich nur der Selbstmord, für Guillaume der Wahnsinn.

Bild 59 *1886 Maria-Magdalena-Kirche, Ölberg Jerusalem. Erbaut durch Zar Alexander III. mit sieben vergoldeten Zwiebeltürmen,* © Zefart | Dreamstime.com

1868/1887 JOHN STAINER (1840–1901)

Nota bene: John Stainer wurde 1860 Organist am Magdalen College in Oxford, zunächst für einen Zeitraum von sechs Monaten, mit einem Gehalt von 120 £ pro Jahr. Zu seinen Aufgaben gehörte es, für die Gottesdienste zu spielen, den Chor auszubilden und ihn freitags zu leiten, einem Tag, an dem die Orgel nicht benutzt wurde. Fünf Jahre zuvor war eine neue Orgel installiert worden, die ideal für die Entwicklung seines Talents war. Er erwies sich als zufriedenstellend in dem Posten, und sein Vertrag wurde unbefristet gemacht. Es wurde ihm erlaubt, ein Studium zu absolvieren, solange es seine Pflichten nicht beeinträchtigte, und er entschied sich dafür, in der Erwartung, dass dies seinen sozialen Status erhöhen würde. Er erwarb 1864 den Bachelor of Arts und zwei Jahre später den Master of Arts und war sehr daran interessiert, im Fach Musik zu promovieren, der sein Ansehen innerhalb der Universität erhöhen würde. 1887 komponierte er das Oratorium „St. Mary Magdalen".

„Magdalena" Hymn Tune	
1. I could not do without Thee O Savior of the lost, Whose precious blood redeemed me At such tremendous ost. Thy righteousness, thy pardon Thy precious blood, must be My only hope and comfort, My glory and my plea.	1. Ich könnte nicht ohne dich auskommen O Retter der Verlorenen, Dessen kostbares Blut hat mich erlöst Bei solch einem enormen Ost. Deine Gerechtigkeit, deine Vergebung Dein kostbares Blut muss sein Meine einzige Hoffnung und mein Trost, Mein Ruhm und meine Bitte.
2. I could not do without Thee, I cannot stand alone, I have no strength or goodness, No wisdom of my own; But Thou, beloved Savior, Art all in all to me, And weakness will be power If leaning hard on Thee.	2. Ich könnte nicht ohne dich auskommen, Ich kann nicht alleine stehen, Ich habe keine Kraft oder Güte, Keine eigene Weisheit; Aber du, geliebter Retter, Kunst, alles in allem für mich, Und Schwäche wird Macht sein Wenn du dich hart auf dich stützt.
3. I could not do without Thee, For, oh, the way is long, And I am often weary, And sigh replaces song: How could I do without Thee? I do not know the way; Thou knowest, and Thou leadest, And wilt not let me stray.	3. Ich könnte nicht ohne dich auskommen, Denn oh, der Weg ist lang, Und ich bin oft müde, Und Seufzen ersetzt das Lied: Wie könnte ich ohne dich auskommen? Ich kenne den Weg nicht; Du weißt, und du führst, Und ich werde mich nicht verirren lassen.

4. I could not do without Thee,	4. Ich könnte nicht ohne dich auskommen,
O Jesus, Savior dear;	O Jesus, lieber Retter;
E'en when my eyes are holden,	Wenn meine Augen gehalten sind,
I know that Thou art near.	Ich weiß, dass du in der Nähe bist.
How dreary and how lonely	Wie trostlos und wie einsam
This changeful life would be,	Dieses veränderte Leben wäre,
Without the sweet communion,	Ohne die süße Kommunion,
The secret rest with Thee!	Die geheime Ruhe bei Dir!
5. I could not do without Thee;	5. Ich könnte nicht ohne dich auskommen;
No other friend can read	Kein anderer Freund kann lesen
The spirit's strange deep longings,	Die seltsamen tiefen Sehnsüchte des Geistes,
Interpreting its need;	Erklären ist notwendig;
No human heart could enter	Kein menschliches Herz konnte eintreten
Each dim recess of mine,	Jede dunkle Vertiefung von mir,
And soothe, and hush, and calm it,	Und beruhige und beruhige und beruhige es,
O blessèd Lord, but Thine.	O gesegneter Herr, aber dein.
6. I could not do without Thee,	6. Ich könnte nicht ohne dich auskommen,
For years are fleeting fast,	Seit Jahren flüchtig schnell,
And soon in solemn oneness	Und bald in feierlicher Einheit
The river must be passed;	Der Fluss muss passiert werden;
But Thou wilt never leave me,	Aber du wirst mich niemals verlassen,
And though the waves roll high,	Und obwohl die Wellen hoch rollen,
I know Thou wilt be near me,	Ich weiß, dass Du in meiner Nähe sein wirst.
And whisper, „It is I."	Und flüstere: „Es ist ich."

1873 JULES MASSENET (1842–1912)

„Marie-Magdeleine" Oratorium

I. Akt: Die Frau aus Magdala am Brunnen

Maria begegnet anderen Frauen am Brunnen, die sie als Kurtisane und Sünderin verhöhnen. Judas Iskariot tritt aus der Menge und macht ihr Avancen. Jesus erscheint und weist die Menge zurecht, gewährt der Sünderin Verzeihung und lädt sich in ihr Haus ein.

II. Akt: Jesus bei der Frau aus Magdala

In Marias Haus wird Jesus als Gast erwartet. Die Dienerinnen und Martha von Bethanien bereiten den Empfang vor. Judas äußert sich ihr gegenüber verwundert, dass er im Haus einer Sünderin einkehren will. Sein Verrat wird in seinem Verhalten bereits vorgezeichnet. Maria und Martha empfangen den Gast mit großer Ehrerbietung. Judas führt die übrigen Apostel in Marias Haus, sie werfen Jesus vor, sie alle mit seinem Verhalten in Gefahr zu bringen. Jesus beruhigt sie und fordert sie auf zu beten.

III. Akt Erstes Bild: Golgotha

Jesus hängt bereits am Kreuz und wird von der Menge, den Schriftgelehrten, Priestern, Pharisäern und Soldaten verhöhnt. Maria nähert sich gegen den Widerstand der Soldaten dem Kreuz und steht weinend zu Jesu Füßen, während er stirbt.

Zweites Bild: Jesu Grab und die Auferstehung

Die Frauen gehen am frühen Morgen zum Grab Jesu und finden ihn dort lebend. Jesus beauftragt Maria, allen Jüngern seinen Sieg über den Tod und den Glauben an den auferstandenen Christus zu verkünden. Jesus fährt in den Himmel auf, die ganze Christenheit und die Engel singen sein Lob.

Der Erfolg von „Marie-Magdeleine" beruhte auf einer geschickt abgestimmten Mischung aktueller Diskurse: Mit der Geschichte der reuigen Sünderin Maria Magdalena widmete sich Massenets Oratorium nämlich nicht nur einem der volkstümlichsten Charaktere des Neuen Testaments, sondern auch einer besonders in Frankreich verehrten Heiligen, war diese doch nach legendenhafter Überlieferung auf ihrer Flucht aus Judäa im späteren Saintes-Maries-de-la-Mer gelandet und hatte anschließend die Provence bekehrt.

Nota bene: Massenets „Marie-Magdeleine" profitierte zudem von der Popularität des viel diskutierten Buches „Vie de Jésus" (1863) des Altphilologen Ernest Renan. Dieser hatte darin versucht, ein Verständnis für Jesus und seine Welt mehr aus der historischen, denn aus der theologischen Perspektive zu vermitteln. Renans atmosphärischen, gefühlsbetonten Beschreibungen des antiken Palästinas entsprach Massenet einerseits mit orientalisierenden Wendungen (etwa in der Auftrittsarie Méryems), andererseits mit einer opernhaften Dramaturgie, die Jesus und Maria Magdalena als beinahe weltliches Liebespaar porträtiert. *Stefan Schmidl*

„No name"

In „No name" geht es um das moralische und gesellschaftliche Stigma der unehelichen Geburt, die den Nachwuchs nicht nur vom Erbe ausschloß, sondern auch die Übernahme des väterlichen Namens unmöglich machte. Ein Mensch ohne Namen aber hatte weder moralisch noch juristisch eine Identität und Existenz. Collins verwendet ganz bewusst den Namen Magdalena für die von der Gesellschaft ausgestoßene Frau in seinem Roman. Magdalena ist die lebhafte, leidenschaftliche jüngere Tochter von Mr. und Mrs. Vanstone. Durch einen sorgfältig konstruierten dunklen Punkt in der Ehe der Eltern sind Magdalena und ihre Schwester Norah beim plötzlichen Tod der Eltern nicht nur illegitim, sondern sie werden auch aus der gesellschaftlichen Schicht, der sie vorher angehörten, ausgestoßen. Ohne Geld und Namen sind Magdalena und Norah auf sich selbst angewiesen. Norah, die konventionellere von beiden, schlägt den klassischen Weg ein und wird Erzieherin, die einzige anerkannte Beschäftigung für vornehme Damen in Not. Magdalena jedoch meistert ihr Schicksal mutig und mit der für Collins' Heldinnen typischen Entschlossenheit. Gewillt, diesen bösen Streich des Schicksals zu überwinden, greift Magdalena auf ihre schauspielerischen Fähigkeiten zurück – eine weitere klassische Verhaltensweise in viktorianischen Melodramen und auch eine symbolische Handlung, die sie in der Nähe der Hure wirkt. Als sich die Gelegenheit bietet, setzt sie ihren ganzen weiblichen Charme ein, um ihren kränklichen und geizigen Cousin Mr. Noel Vanstone, der das Vermögen ihres Vaters geerbt hat, zu umgarnen, so dass er sich in sie verliebt. So groß ist ihr Drang, wiederzuerlangen, was sie als ihr rechtmäßiges Eigentum betrachtet, dass sie ihre Abneigung gegen ihn erfolgreich überwindet. Sie lockt ihn in die Ehe, überlistet seine Haushälterin und seinen Vormund, die ihre Verkleidung durchschaut haben, und entkommt mit ihrer Beute nach Schottland. Diese Rache ist ebenfalls klassisch: Sie ehelicht wegen des Geldes, das ihrer Ansicht nach rechtmäßig ihr gehört, einen Mann, den sie hasst, und erniedrigt sich vor sich selbst:

Sie ist gefallen. Aber das Schicksal ereilt sie zum zweitenmal: Noel Vanstone stirbt unter dramatischen Umständen, jedoch nicht ohne sein Testament zugunsten eines weiteren männlichen Cousins geändert zu haben. Statt seiner Frau erhält sein Vormund eine Abfindung. Magdalena ist wiederum völlig mittellos. Schließlich wird sie doch noch vor dem Hospiz oder Armenhaus gerettet: Der Kapitän eines Handelsschiffes, der sich einst spontan auf der Promenade in die damals zwanzigjährige Magdalena verliebt hatte, jedoch nach China gesegelt war, weil es sich mit vierzig Jahren für zu alt für sie hielt, hat sie nicht vergessen. Sie treffen sich, Magdalena verliebt sich ebenfalls in ihn, und ihr wird klar, dass sie ihm die ganze schändliche Geschichte erzählen muß, um erlöst zu werden.

1873 *The new Magdalen*

Auch Mercy Merrick aus Collins' Roman „New Magdalen" wird ein solches Happy-End zuteil. Sie ist eine ehemalige Prostituierte, die, um ihren Status in der Gesellschaft zurückzuerlangen, die Identität einer totgeglaubten Frau annimmt. Nach verschiedenen Wechselfällen des Lebens – so erscheint sie als Krankenschwester an der Front und verlobt sich mit dem Sproß einer alten Familie der oberen Mittelschicht (allerdings nur, weil dieser sie dazu drängt, denn sie hat moralische Skrupel und will ihn nicht hintergehen) – gelangt auch sie durch die Reue über ihren Betrug sowie durch die Hilfe eines guten Mannes – diesmal ist es ein radikaler, evangelischer Prediger – zur Erlösung. Collins nutzt die Thematik des Romans, um Mercy Merrick zweimal lautstark gegen die Schwächen der zeitgenössischen Wohltätigkeitsarbeit für die Prostituierten, wie sie am Anfang dieses Kapitels beschrieben wurde, protestieren zu lassen. Es sei gut, Wohltätigkeitsprogramme zu haben, aber wem nützten sie, wenn die Menschen, für die sie bestimmt seien, von ihrer Existenz nichts wüßten? Man „sollte sie an jeder Straßenecke bekannt machen.“

Parsifal – 1. Aufzug

KUNDRY (stürzt hastig, fast taumelnd herein. Wilde Kleidung, hoch geschürzt; Gürtel von Schlangenhäuten lang herabhängend; schwarzes, in losen Zöpfen flatterndes Haar; tief braunrötliche Gesichtsfarbe; stechende schwarze Augen, zuweilen wild aufblitzend, öfters wie todesstarr und unbeweglich. Sie eilt auf Gurnemanz zu und dringt ihm ein kleines Kristallgefaß auf) Hier! Nimm du! – Balsam …

GURNEMANZ Woher brachtest du dies?

KUNDRY Von weiter her als du denken kannst. Hilft der Balsam nicht, Arabia birgt dann nichts mehr zu seinem Heil. – Fragt nicht weiter! Ich bin müde. (Sie wirft sich an den Boden.) …

GURNEMANZ (indem er Amfortas das Fläschchen Kundrys überreicht) Doch zuvor versuch' es noch mit diesem!

AMFORTAS Woher dies heimliche Gefäß?

GURNEMANZ Dir ward es aus Arabia hergeführt.

AMFORTAS Und wer gewann es?

GURNEMANZ Dort liegt's, das wilde Weib. – Auf, Kundry, komm! (Kundry weigert sich und bleibt am Boden.)

AMFORTAS Du, Kundry? Muss ich dir nochmals danken, du rastlos scheue Magd? – Wohlan! Den Balsam nun versuch' ich noch; es sei aus Dank für deine Treue!

KUNDRY (unruhig und heftig am Boden sich bewegend) Nicht Dank! – Haha! Was wird es helfen? Nicht Dank! Fort, fort! Ins Bad!

2. Aufzug

KUNDRY (in höchster Leidenschaft) Grausamer! – Fühlst du im Herzen nur and'rer Schmerzen, so fühle jetzt auch die meinen! Bist du Erlöser, was bannt dich, Böser, nicht mir auch zum Heil dich zu einen? Seit Ewigkeiten – harre ich deiner, des Heilands, ach! so spät! Den ich einst kühn geschmäht. – Oh! – Kenntest du den Fluch, der mich durch Schlaf und Wachen, durch Tod und Leben, Pein und Lachen, zu neuem Leiden neu gestählt, endlos durch das Dasein quält! – Ich sah – Ihn – Ihn – und – lachte ... da traf mich Sein Blick. – Nun such' ich ihn von Welt zu Welt, ihm wieder zu begegnen: in höchster Not – wähn' ich sein Auge schon nah', den Blick schon auf mir ruh'n: – da kehrt mir das verfluchte Lachen wieder, – ein Sünder sinkt mir in die Arme! Da lach' ich – lache –, kann nicht weinen: nur schreien, wüten, toben, rasen in stets erneuter Wahnsinns Nacht, aus der ich büßend kaum erwacht. – Den ich ersehnt in Todesschmachten, den ich erkannt, den blöd Verlachten, laß mich an seinem Busen weinen, nur eine Stunde mich dir vereinen, und, ob mich Gott und Welt verstößt, in dir entsündigt sein und erlöst!

3. Aufzug

(Kundry badet ihm mit demutvollem Eifer die Füße. – Parsifal blickt mit stiller Verwunderung auf sie.)

PARSIFAL (zu Kundry) Du wuschest mir die Füße: – nun netze mir das Haupt der Freund.

GURNEMANZ (schöpft mit der Hand aus dem Quell und besprengt Parsifals Haupt) Gesegnet sei, du Reiner, durch das Reine! So weiche jeder Schuld Bekümmernis von dir! (Während Gurnemanz feierlich das Wasser sprengt, zieht Kundry ein goldenes Fläschchen aus ihrem Busen und gießt seinen Inhalt auf Parsifals Füße aus; jetzt trocknet sie diese mit ihren schnell aufgelösten Haaren.)

PARSIFAL (nimmt Kundry sanft das Fläschchen ab und reicht es Gurnemanz) Du salbtest mir die Füße, das Haupt, nun salbe Titurels Genoss', dass heute noch als König er mich grüße.

GURNEMANZ (schüttet das Flaschchen vollends auf Parsifals Haupt aus, reibt dieses sanft und faltet dann die Hände darüber) So ward es uns verheißen, so segne ich dein Haupt, als König dich zu grüßen. Du – Reiner, – mitleidsvoll Duldender, heiltatvoll Wissender! Wie des Erlösten Leiden du gelitten, die letzte Last entnimm nun seinem Haupt.

PARSIFAL (schöpft unvermerkt Wasser aus dem Quell, neigt sich zu der vor ihm noch knienden Kundry und netzt ihr das Haupt) Mein erstes Amt verricht' ich so: – die Taufe nimm und glaub' an den Erlöser! (Kundry senkt das Haupt tief zur Erde; sie scheint heftig zu weinen. –

Nota bene: Auch Kundry wirkt sakramental, vergleichbar der Maria Magdalena, die wie eine Ergänzung Johannes des Täufers (der den Anfang des Christuswirkens markiert) das Ende Christi besiegelt, indem sie ihn „zum Tode salbt". Hier – wie auch sonst in Tradition und Kunstgeschichte üblich – mit der Sünderin identifiziert, die Jesu Füße mit Tränen wäscht und mit ihren Haaren trocknet …

Kundry, die zwar u. a. auch die Botenfunktionen der gleichnamigen Gestalt aus dem Gralsepos übernimmt, aber eine ganz neuartige, tragende Rolle im Verführungsdrama Wagners gewinnt; Mysteriendrama (das heißt „Bühnenweihfestspiel"): der Hörer ist ein „berufener" Auditor: ho echôn ôta akouein akouetô, „wer Ohren hat zu hören, der höre." Und sie, die Verführerin und Ursache der Verwundung des Königs, reicht einen Balsam „von weiter her als du denken kannst", – von jenseits des Bewusstseins – ein, wie wir erfahren werden, weit stärkerer Kompensationsdrang als bei der häßlichen Prophetin im Epos. In der Tat ist sie die tragende Figur der ganzen Handlung, Ursache und treibende Kraft.

Bild 60 Maria Magdalena zu Füssen Jesu, Grablegung,
Detail, Kathedrale Santiago de Compostela

1886 PETER HEINRICH THIELEN (1839–1908)

„Die heilige Maria Magdalena" Oratorium für Soli und gemischten Chor mit Orchesterbegleitung op. 84

Text nach der Heiligen Schrift und von diversen Autoren zusammengestellt von *Pater Guido Maria Dreves*

„Gnossiennes"

Im Juli 1888 schrieb Erik Satie das erste Stück dieser Serie, die spätere Nr. 5, noch unsicher, ob daraus Tänze oder andere Formen werden sollten. Für die nächsten Stücke verzichtete er auf jede Takteinteilung – ganz ähnlich den „Préludes non mesurés" der französischen Cembalisten. Bis April 1891 entstanden zunächst drei weitere Stücke. Die spätere Nr. 3 folgte 1893, das letzte Stück erst 1897. Ob Satie mit dem Titel „Gnossiennes" auf die Philosophie der Gnostiker anspielte oder auf den Palast von Knossos auf Kreta, der just 1878 wiederentdeckt worden war und in den folgenden Jahren zur berühmten Ausgrabungsstätte wurde, hätte nur er beantworten können. Die Wortschöpfung „Gnossiennes" war bewusst nebulös, um eine geheimnisvolle mystisch-antikische Aura um die Musik zu legen. Denn die sechs „Gnossiennes" gehören in die erste Stilphase von Saties Entwicklung, die der große französische Pianist Alfred Cortot „die Periode des Mystizismus und der mittelalterlichen Einflüsse" nannte. Die zweite „Gnossienne" widmete Satie vorübergehend dem exzentrischen Pariser Mäzen Antoine de La Rochefoucauld, dem Mitbegründer der „Rosenkreuzer", die davon träumten, jene mittelalterliche Sekte unter den Vorzeichen des Gralsmythos wieder auferstehen zu lassen. Satie war zeitweise der offizielle Pianist des „Tempels" der „Rosenkreuzer", wo er einzelne der „Gnossiennes" auch gespielt haben dürfte – als Träumereien von einer mystisch reinen Welt antiker oder mittelalterlicher Zeremonien.

Der Charakter der Sätze ergibt sich aus dem Tempo, das durchweg langsam (lent) oder gemäßigt ist (modéré). Die Nr. 2 soll „mit Erstaunen" gespielt werden („Avec étonnement"), die Nr. 6 „mit Überzeugung und einer rigorosen Traurigkeit" („Avec cinv").

Nr. 1 Lent (1890) – Nr. 2 Avec étonnement (April 1893) – Nr. 3 Lent (1890). – Nr. 4 Lent (22. Januar 1891) – Nr. 5 Modéré (8. Juli 1889) – Nr. 6 Avec conviction et avec une tristesse rigoureuse (Januar 1897)

„Trois Sonneries de la Rose + Croix"

ist eine Klavierkomposition von Erik Satie, die erstmals 1892 veröffentlicht wurde, als er Komponist und Kapellenmeister des rosenkreuzerischen „Ordre de la Rose-Croix Catholique" war, „des Tempels und des Grals", angeführt von Sâr Joséphin Péladan. Die Komposition besteht aus drei Sätzen mit einer Gesamtaufführungszeit von ca. 11 Minuten: „Luft des Ordens" – „Air du Grand Maître" – „Luft des Großmeisters", d. h. Sâr Péladan – „Air du Grand Prieur" („Luft des Großprior", d. h. Graf Antoine de La Rochefoucauld).

Die drei Abschnitte sind ohne Balkenlinien geschrieben, was eine freie metrische Struktur impliziert. Jedes Stück ist in einem eleganten Melodie-/Begleit-Choralstil geschrieben und zeigt ein Zusammenspiel zweier Themen in einer strengen, aber geschickt gestalteten Gegenüberstellung mit Wiederholung und gelegentlichem Abweichen von der ersten Ausstellung. 1988 veröffentlichte Alan Gillmor von der Carleton University in Ottawa, Ontario, Erik Satie. Hier zeigte sich seine Feststellung, dass in allen drei Sätzen die Verhältnisse der Schlagzahlen dieser komplementären Abschnitte in allen drei Stücken nahe genug am Goldenen Schnitt lagen …

Die erste öffentliche Aufführung eines Werks von Erik Satie, der „Sonneries de la Rose + Croix" für Harfen und Trompeten, findet anläßlich der Eröffnungsfeier der Ersten Ästhetischen Geste des Ordens Péladans in der Kirche Saint-Germain-l'Auxerrois statt, wo einst Frankreichs zukünftige Könige getauft wurden (10. März 1892). Wiederum auf Bemühen der Rosenkreuzer hin erscheint eine gekürzte Version jenes Werkes beim Verlag Dentu; den Umschlag gestaltet eine Rötelzeichnung von Puvis de Chavannes.

Von den frühen Werken sind jene, die mit dem Mystizismus der Rosenkreuzer-Malerschule zusammenhängen, am wenigsten gelungen, wiewohl ihre dünne Art nichts Mystisches hat, sondern sich als notwendige Stufe der kompositorischen Entwicklung Saties verstehen lässt. *Wilfried H. Mellers*

1885 VINCENT D'INDY (1851–1931)

Die „Cantate en deux Parties" „Saint Marie Magdeleine" op. 23, komponiert für Mezzosopran-Solo, SSAChor, Klavier und Harmonium, ist ein zweiteiliges Werk. Teil eins erzählt die Geschichte der Salbung Jesu durch Maria Magdalena und Teil zwei die Geschichte des zeitgenössischen Engagements für die Kirche und der Hingabe an Christus.

Solo Rézit	Solo-Rezitativ
Chez le fier Pharisien tout était loie et fete,	Mit dem stolzen Pharisäer war alles Gesetz und Fest,
La salle s'emplissait de convives heureux, Avides d'entrevoir, d'ecouter le Prophète,	Der Raum war voller glücklicher Gäste, Eifrig, einen Blick zu erhaschen, dem Propheten zuzuhören,
Le Messie attendu des fideles Hébreux.	Der Messias wird von den treuen Hebräern erwartet.
Lorsque le front caché sous ses voiles pudiques, Ses longs chevaux flottants, confuse aux yeux de tous, Une femme franchit le senil des bants portiques. Et tous près du Sauveur vint tomber à genoux.	Wenn die Stirn unter ihrem bescheidenen Schleier versteckt ist, Ihr langes, fließendes Haar, verwirrt in den Augen aller, Eine Frau überquert den Senil der Portiken. Und alle in der Nähe des Retters fielen auf die Knie.
Chœur	Chor
Ne pleure pas, espère ô Magdeleine Déja ton Dieu, ton juge est désarmé. Verse à ses pieds ton coeur, urne trop pleine. Et les flots d'or de ton nard embaumé.	Weine nicht, hoffe, o Magdalena Schon dein Gott, dein Richter ist entwaffnet. Gieße dein Herz zu seinen Füßen, die Urne ist zu voll. Und die goldenen Wellen des duftenden Nardenöls.
Solo Quasi recit	Solo quasi Rezitativ
Et celle femme alors, s'inclinant jusqu'à terre, Baignait de ses parfums, inondait de ses pleurs. Les pieds divins lassés à la chercher naguère. Dans les sentiers perdus de ses longues erreurs. Autour, on murmurait. Voyez le pécheresse! Si le maître savait, oh! l'aurait-il permis? Mais le Sauveur ému, disait, plein de tendresse: Elle a beaucoup aimé, ses péchés sont remis.	Und diese Frau verbeugte sich vor dem Boden, badete in ihren Parfums und war von ihren Tränen überflutet. Die göttlichen Füße hatten es satt, sie einmal zu suchen. Auf den verlorenen Pfaden ihrer langen Fehler. Sie murmelten. Siehe die Sünderin! Wenn der Meister es wüsste, oh! hätte er es erlaubt? Aber der Erretter bewegte sich voller Zärtlichkeit: Sie liebte viel, ihre Sünden sind vergeben.
Chœur	Chor
Ne pleure pas, espère ô Magdeleine Déja ton Dieu, ton juge est désarmé. Verse à ses pieds ton coeur, urne trop pleine. Et les flots d'or de tonnard embaumé.	Weine nicht, hoffe, o Magdalena Schon ist dein Gott, dein Richter entwaffnet. Gieße dein Herz zu seinen Füßen, du übervolle Urne. Und die goldenen Wellen des duftenden Nardenöls.

2me Partie	Teil 2
Solo	Solo
Depuis ce jour de grâce, heureuse pénitente, l'on coeur épris de Dieu ne s'en éloigna plus, Et jusques au Calvaire, éplorée constante. Tu suivis pas à pas ton doux pasteur Jesus.	Seit diesem Tag der Gnade, glücklicher Büßer, Ein Herz, das in Gott verliebt ist, ist nicht davon abgewichen. Und sogar nach Golgatha, in ständigen Tränen. Du folgst Schritt für Schritt deinem süßen Schritt deines Hirten Jesus.
Chœur	Chor
Ah! cède moi ta place, Magdeleine! Aux pieds de Dieu pour toujours lais semoi; De pleurs, d'amour, de regrets l'âme pleine, Je veux aimer et pleurer comme toi.	Ah! gib mir deinen Platz, Magdalena! Zu Füßen Gottes lass für immer säen; Von Tränen, von Liebe, von Bedauern mit voller Seele, Ich möchte lieben und weinen wie du.
Solo	Solo
Aussi, lorque ce Dieu s'élauca plein de vie Du sépulcre où l'amour retnaint son essor, Tu le vis près de toi, Sa voix te dit: Marie! A ses pieds glorieux tu vins tomber encor …	Auch wenn dieser Gott voller Leben aus dem Grab eilte, wo die Liebe ihren Flug behält, Du hast ihn in deiner Nähe gesehen, sagte seine Stimme zu dir: Maria! Zu seinen herrlichen Füßen bist du gekommen, um wieder zu fallen …
Chœur	Chor
Ressouvien-toi de nous, pour notre France prie, Dieu n'a-t-il pas guidé tou esquif vers nos ports? Quand, errants tous les trois sur la mer en furie, La Provence au ciel bleu vous recut sur ses bords. Viens, révèle à nos coeurs tes transports, ton extase, Quand les anges, là haut, t'empotaint chaque jour, Que notre amour pour Dieu se ravive et s'embrase. Aux feux toujours ardents de ton sublime amour!	Erinnere dich an uns, denn unser Frankreich betet: Hat Gott nicht alle Boote zu unseren Häfen geführt? Wenn wir drei auf dem tobenden Meer wandern, die Provence mit dem blauen Himmel empfängt uns an seinen Ufern. Komm, enthülle unseren Herzen deine Reise, deine Ekstase, wenn die Engel dort oben weinen jeden Tag, möge unsere Liebe zu Gott neu entfacht und in Brand gesetzt werden. In den immer brennenden Feuern deiner erhabenen Liebe!
Le Solo avec les 1ers Sopr.	Das Solo mit dem 1. Sopran
Que sous un ciel serein, le vaisseau de l'Eglise Vogue enfin triomphant sur l'océan calmé, Et qu'un jour ton Jésus ainsi qu'à toi nous disse: Beaucoup vous est remis, vous m'avez tant aimé!	Dass unter einem heiteren Himmel, das Schiff der Kirche Segelt endlich triumphierend auf dem ruhigen Ozean, Und dass eines Tages dein Jesus und du es uns sagen werden: Vieles ist dir gegeben, du hast mich so geliebt!

„Venus Consolatrix"

Da kam Stern Lucifer; und meine Nacht
erblaßte scheu vor seiner milden Pracht.
Er schien auf meine dunkle Zimmerwand,
und wie aus unerschöpflicher Phiole
durchflossen Silberadern die Console,
die schwarz, seit lange leer, im Winkel
stand.
Auf einmal fing die Säule an zu leben,
und eine Frau erhob sich aus dem Glanz;
die trug im schwarzen Haupthaar einen
Kranz
von hellen Rosen zwischen grünen Reben.
Ihr Morgenkleid von weißem Sammet
glänzte
so sanft wie meine Heimatflur im Schnee,
die Rüsche aber, die den Hals begrenzte,
so blutrot wie – die Blüte Aloe;
und ihre Augen träumten braun ins Tiefe,
als ob da Sehnsucht nach dem Südmeer
schliefe.
Sie breitete mir beide Arme zu,
ich sah erstaunt an ihren Handgelenken
die starken Pulse springen und sich senken,
da nickte sie und sagte zu mir: Du –
du bist mühselig und beladen, komm:
wer viel geliebt, dem wird auch viel
verziehen.
Du brauchst das große Leben nicht zu
fliehen,
durch das dein kleines lebt. O komm, sei
fromm!

Und schweigend lüpfte sie die rote Rüsche
und nestelte an ihren seidnen Litze
und öffnete das Kleid von weißem Plüsche
und zeigte mir mit ihren Fingerspitzen,
die zart das blanke Licht des Sternes küßte,
die braunen Knospen ihrer bleichen Brüste,
dann sprach sie weiter:

Sieh! dies Fleisch und Blut,
das einst den kleinen Heiland selig machte,
bevor ich an sein großes Kreuz ihn brachte,
Maria ich, die Nazarenerin –
o sieh, es ist des selben Fleisches Blut,
für das der große Heiland sich erregte,
bevor ich in sein kleines Grab ihn legte,
Maria ich, die Magdalenerin –
komm, stehe auf, und sieh auch meine
Wunden,
und lerne dich erlösen und gesunden!
Und lächelnd ließ sie alle Kleider fallen
und dehnte sich in ihrer nackten Kraft;
wie heilige Runen standen auf der prallen
Bauchhaut die Narben ihrer Mutterschaft,
in Linien, die verliefen wundersam
bis tief ins schwarze Schleierhaar der
Scham.
Da sprach sie wieder und trat her zu mir:
Willst du mir nicht auch in die Augen sehn?!
Und meine Blicke badeten in ihr.

Und eine Sehnsucht: du mußt untergehn,
ließ mich umarmt durch tiefe Meere
schweben,
mich selig tiefer, immer tiefer streben,
ich glaube auf den Grund der Welt zu sehn –
weh schüttelt mich ein nie erlebtes Leben,
und ihren Kranz von Rosen und von Reben
umklammernd, während wir verbeben,
stamml ich: o auf – auf – auferstehn! –

Nota bene: 1896 wird der Lyrikband „Weib und Welt“ in Berlin veröffentlicht. 1897 wird wegen des Gedichtes „Venus Consolatrix“ Anklage erhoben und es kommt zu einer Verurteilung wegen Verletzung religiöser und sittlicher Gefühle. Das Gedicht muß überschwärzt werden. Dehmel zu seiner Verteidigung am 30. August 1897: „Meine Zeit kann mich dafür verurteilen, die Zukunft wird mich freisprechen.“

„Maria von Magdala" Drama in 5 Akten

Dass einem anderen, späteren Heysischen Drama, der „Maria von Magdala" (1899), ein weit größerer, ja, einer der größten Heysischen Erfolge überhaupt beschieden war, hatte andere Gründe, lag nicht in den Vorzügen des Stückes, das an frühere nicht heranreicht, sondern an heute vergessenen zeitgeschichtlichen Umständen, Zensur- und Polizeifragen. Das Drama „Maria von Magdala", dem Heyse erst jüngst (1909) ein anderes biblisches, „König Saul" – voll der Tragik des Alterns – nachgesandt hat, behandelt mit dem Konflikt der Maria zugleich den des Judas Ischarioth und ein großes Stück der Leidensgeschichte des Heilandes. Es setzt Maria Magdalena mit Judas Ischarioth in Verbindung und bringt sodann wiederum die Tat des Verräters mit seiner Eifersucht und seiner tief verletzten Liebe zusammen. Und Judas ist zugleich der Jünger, der mit ganz besonderer Inbrunst und Liebe an Jesu gehangen hat und nun, durch andere Leidenschaft losgerissen, darum auch ins tiefste Extrem hinüber schlägt. Heyse geht damit Bahnen, die vor ihm andere gegangen sind, Geibel in seinem Gedicht „Judas Ischarioth", Elise Schmidt in dem Drama „Judas Ischarioth", und vor allem Friedrich Albert Dulk in seinem „Jesus der Christ". Aber so gewiß Heyse ein weit größerer Dichter ist als der immerhin begabte und vielfach höchst interessante Dulk, so sehr hatte Dulk doch in diesem Punkt vor ihm voraus, dass er sich nicht scheute, Jesus selbst mitten in sein Drama hineinzurücken, so dass wir mit dem Herrn nicht nur als einer benannten, sondern als einer bekannten Größe rechnen dürfen. Die Not der tatsächlichen Bühnenverhältnisse, die Heyses Freund Adolf Wilbrandt zwang, seinen Christus unter dem Decknamen eines prophetischen Mahners Hairan zu verstecken, veranlaßte Heyse, den der Stoff nun einmal lockte, Christus nur hinter der Szene sprechend einzuführen und sich und uns dadurch, um die lebendige Wärme des Gegenspiels zu bringen.

Überdies fehlt dem Drama auch der volle Brand der Leidenschaft im Judas, wie ihn Heyse sonst, was andere auch dagegen einwenden mögen, gerade im Drama wohl zu zeigen verstanden hat. Heyses dramatisches Pathos ist nicht die trotzige Leidenschaft, die mit der Gewalt des Genius alles überrennt, wie bei Heinrich von Kleist, nicht die dämonisch durch sich selbst weiter gezwungene Friedrich Hebbels, nicht die größte von allen, die mit weltgeschichtlicher Fittichschwere einher rauschende dramatische Leidenschaft Friedrich Schillers – es ist die von Goethe über Grillparzer empfangene Leidenschaft, die dem oberflächlichen Beschauer nur zu oft marmorne Leiber ohne Leben zu bilden scheint, deren Blutlauf hinter dem schönen Kontur sich aber dem tiefer Schauenden, dem tiefer Horchenden durch den lebendigen Herzschlag kundgibt. Gerade hier zeigt sich bei Heyse stark der romanische Einfluß seiner Neigungen und Studien, wenn wir, vergleichend, an Goethes unter italienischer Sonne neu empfangene Tragödie, an Grillparzers von den Spaniern beeinflußte dramatische Lebensarbeit denken. Wenn einst, und hoffentlich bald, aus der großen Zahl von Heyses Dramen eine rein nach ästhetischen Gesichtspunkten getroffene Auswahl der schönsten vorgelegt wird, so wird man erstaunt, empört über die Ungerechtigkeit der deutschen Spielpläne, erkennen, dass, der sonst das Leben zu meistern wußte, es auch in der Form des Dramas in den höchsten Augenblicken seiner künstlerischen Entwicklung immer wieder festzuhalten verstand. *Heinrich Spiero*

„Maria Magdalena". Ein Dialog

Vor den Toren der Stadt Jerusalem. Es wird Abend.

... MARCELLUS Es ging vor sich in einer glühenden Sommernacht, da in der Luft das Fieber lauert und Mond die Sinne verwirrt. Da sah ich sie. Es war in einer kleinen Schenke. Sie tanzte dort, tanzte mit nackten Füßen auf einem kostbaren Teppich. Niemals sah ich ein Weib schöner tanzen, nie berauschter; der Rhythmus ihres Körpers ließ mich seltsam dunkle Traumbilder schauen, dass heiße Fieberschauer meinen Körper durchbebten. Mir war, als spiele dieses Weib im Tanz mit unsichtbaren, köstlichen, heimlichen Dingen, als umarmte sie göttergleiche Wesen, die niemand sah, als küsste sie rote Lippen, die sich verlangend den ihren neigten; ihre Bewegungen waren die höchster Lust; es schien, als würde sie von Liebkosungen überschüttet. Sie schien Dinge zu sehen, die wir nicht sahen und spielte mit ihnen im Tanze, genoß sie in unerhörten Verzückungen ihres Körpers. Vielleicht hob sie ihren Mund zu köstlichen, süßen Früchten und schlürfte feurigen Wein, wenn sie ihren Kopf zurückwarf, und ihr Blick verlangend nach oben gerichtet war. Nein! Ich habe das nicht begriffen, und doch war alles seltsam lebendig – es war da. Und sank dann hüllenlos, nur von ihren Haaren überflutet, zu unseren Füßen nieder. Es war, als hätte sich die Nacht in ihrem Haar zu einem schwarzen Knäuel zusammengeballt und entrückte sie uns. Sie aber gab sich hin, gab ihren herrlichen Leib hin, gab ihn einem jeden, der ihn haben wollte, hin. Ich sah sie Bettler und Gemeine, sah sie Fürsten und Könige lieben. Sie war die herrlichste Hetäre. Ihr Leib war ein köstliches Gefäß der Freude, wie es die Welt nicht schöner sah. Ihr Leben gehörte der Freude allein. Ich sah sie bei Gelagen tanzen und ihr Leib wurde von Rosen überschüttet. Sie aber stand inmitten leuchtender Rosen wie eine eben aufgeblühte, einzig schöne Blume. Und ich sah sie die Statue des Dionysos mit Blumenkränzen, sah sie den kalten Marmor umarmen, wie sie ihre Geliebten umarmte, sie erstickte mit ihren brennenden, fiebernden Küssen. – Und da kam einer, der ging vorbei, wortlos, ohne Geberde, und war gekleidet in ein härenes Gewand, und Staub war auf seinen Füßen. Der ging vorbei und sah sie an – und war vorüber. Sie aber blickte nach Ihm, erstarrte in ihrer Bewegung – und ging, ging, und folgte jenem seltsamen Propheten, der sie vielleicht mit den Augen gerufen hatte, folgte Seinem Ruf und sank zu Seinen Füßen nieder. Erniedrigte sich vor Ihm – und sah zu Ihm auf wie zu einem Gott; diente Ihm, wie Ihm die Männer dienten, die um Ihn waren.

AGATHON. Du bist noch nicht zu Ende. Ich fühle, du willst noch etwas sagen.

MARCELLUS. Mehr weiß ich nicht. Nein! Aber eines Tages erfuhr ich, dass sie jenen sonderlichen Propheten ans Kreuz schlagen wollten. Ich erfuhr es von unserem Statthalter Pilatus. Und da wollte ich hinausgehen nach Golgatha, wollte Jenen sehen, wollte Ihn sterben sehen. Vielleicht wäre mir ein rätselhaftes Geschehnis offenbar geworden. In Seine Augen wollte ich blicken; Seine Augen würden vielleicht zu mir gesprochen haben. Ich glaube, sie hätten gesprochen.

AGATHON. Und du gingst nicht!

MARCELLUS. Ich war auf dem Wege dahin. Aber ich kehrte um. Denn ich fühlte, ich würde jene draußen treffen, auf den Knien vor dem Kreuz, zu Ihm beten, auf das Fliehen Seines Lebens lauschend. In Verzückung. Und da kehrte ich wieder um. Und in mir ist es dunkel geblieben.

294

8. Sinfonie Es-Dur

Schluss-Szene

Magna Peccatrix (Lukas 7, 36)

Bei der Liebe, die den Füßen Deines gottverklärten Sohnes Tränen ließ zum Balsam fließen, Trotz des Pharisäerhohnes: Beim Gefäße, das so reichlich. Tropfte Wohlgeruch hernieder: Bei den Locken, die so weichlich. Trockneten die heil'gen Glieder.

Das Mysterium von Golgatha

Was sich in den Mysterien auf astraler Ebene abspielte, wurde auf Golgatha zur physischen Realität. Unter dem Kreuz stand der Jünger, der beim Abendmahl an seinem Schoß gelegen hatte und zur Brust hinaufgehoben worden war (ein Vorgang, der die Vergeistigung der Fortpflanzungskräfte symbolisiert). Die Mutter Jesu, deren Schwester Maria sowie Maria Magdalena standen da. Nicht Maria hieß seine Mutter, sondern Sophia. Es handelte sich um jene Sophia, die bei der Taufe, beim Erscheinen der Taube, „geistig befruchtet" wurde.

„Das Erdendasein hat den Sinn, dass der Mensch im Innern die Finsternis überwindet, damit er das Licht des Logos erkennen kann."

Der Auferstandene

Er vermochte niemals bis zuletzt
ihr zu weigern oder abzuneinen,
dass sie ihrer Liebe sich berühme;
und sie sank ans Kreuz in dem
Kostüme
eines Schmerzes, welches ganz besetzt
war mit ihrer Liebe größten Steinen.

Aber da sie dann, um ihn zu salben,
an das Grab kam, Tränen im Gesicht,
war er auferstanden ihrethalben,
dass er seliger ihr sage: Nicht –

Sie begriff es erst in ihrer Höhle,
wie er ihr, gestärkt durch seinen Tod,
endlich das Erleichternde der Öle
und des Rührens Vorgefühl verbot,

um aus ihr die Liebende zu formen
die sich nicht mehr zum Geliebten
neigt,
weil sie, hingerissen von enormen
Stürmen, seine Stimme übersteigt.

Pietà

So seh ich, Jesus, deine Füße wieder,
die damals eines Jünglings Füße waren,
da ich sie bang entkleidete und wusch;
wie standen sie verwirrt in meinen
Haaren
und wie ein weißes Wild im
Dornenbusch.

So seh ich deine niegeliebten Glieder
zum erstenmal in dieser Liebesnacht.
Wir legten uns noch nie zusammen
nieder,
und nun wird nur bewundert und
gewacht.

Doch, siehe, deine Hände sind
zerrissen –:
Geliebter, nicht von mir, von meinen
Bissen.
Dein Herz steht offen und man kann
hinein:
das hätte dürfen nur mein Eingang
sein.

Nun bist du müde, und dein müder
Mund
hat keine Lust zu meinem wehen
Munde –.
O Jesus, Jesus, wann war unsre Stunde?
Wie gehn wir beide wunderlich
zugrund.

1909 MAURICE MAETERLINCK (1862–1949)

„Maria Magdalena" Drama in drei Aufzügen

Maria Magdalena ist ein tragisches Stück des belgischen Dramatikers Maurice Maeterlinck aus dem Jahr 1910.

Das Stück hatte Premiere in einer englischen Übersetzung, die im New Yorker The New Theatre aufgeführt wurde. Das war auch die erste US-Aufführung eines Maeterlinck-Stücks. Basierend auf der biblischen Geschichte von Maria Magdalena wurde die Handlung des Drei-Akt-Stücks 1910 von der New York Times wie folgt zusammengefasst:

Die Magdalena ist eine Kurtisane, die im Laufe des Dramas durch den Kontakt mit dem Nazarener Jesus geistlich geadelt wird. Ihr Versucher und Liebhaber, Lucius Verus, der römische General, arbeitet unter der Täuschung, dass der Nazarener sein Rivale ist. Als die Frau Verus bittet, Jesus vor der Kreuzigung zu retten, nennt er als Preis die vollständige Übergabe der Magdalena an ihn. Der Ruhm ihrer Bekehrung war zu vollständig, um Verus' Wünschen nachkommen zu können, und Maria wendet sich vergeblich an diejenigen, die vom Nazarener geheilt wurden. Sie fordert sie auf, Jesus zu retten, aber sie schrecken aus Feigheit zurück. Mit ihrer Ablehnung beschuldigt der römische Offizier Magdalena, das Verhängnis des Erretters gewesen zu sein. Auch die Menge beschimpft sie. Ihr Name wird mit dem von Judas verknüpft. Die Gewalt wird durch einen Aufruhr in der Straße verhindert. Der Nazarener ist auf dem Weg in sein Verderben, und das Schauspiel wird von dem Blinden beschrieben, den der Erretter gesehen hatte. Die letzte Szene zeigt Verus, wie er die Magdalena verlässt, eine bewegungslose Statue, als er hinausgeht, um sich dem kreischenden, fluchenden Mob anzuschließen, der Christus steinigt, als er zum Kreuz stolpert.

Bild 61 ~1750 Azulejo, Chor der Kirche Madalena do Mar, Madeira

Die Kirche

Gemalte Engel hüten die Altäre;
Und Ruh und Schatten; Strahl aus blauen Augen.
In Weihrauchdünsten schwimmen schmutzige Laugen.
Gestalten schwanken jammervoll ins Leere.
Im schwarzen Betstuhl gleichet der Madonne
Ein kleines Hürlein mit verblich'nen Wangen.
An goldnen Strahlen Wachsfiguren hangen;
Weißbärtigen Gott umkreisen Mond und Sonne.
Ein Schein von weichen Säulen und Gerippen.
Am Chor der Knaben süße Stimmen starben.
Sehr leise regen sich versunkene Farben,
Ein strömend Rot von Magdalenens Lippen.
Ein schwangeres Weib geht irr in schweren Träumen
Durch diese Dämmerung voll Masken, Fahnen.
Ihr Schatten kreuzt der Heiligen stille Bahnen,
Der Engel Ruh in kalkgetünchten Räumen.

1918 KÓSÇAK YAMADA (1886–1965)

Choreografische Symphonie „Maria Magdalena"

Kósçak Yamada war der erste große Komponist, der aus Japan hervorging, nachdem er begonnen hatte, westliche klassische Musik zu studieren und schrieb nach Studien bei Max Bruch Sinfonien und Opern. Die Nagauta-Symphonie ist ein epochales Werk, das die Verschmelzung von westlicher Musik und Nagauta, der traditionellen japanischen Vokalmusik, die mit Instrumenten wie der dreisaitigen Shamisen, Fues (japanischen Flöten) und Perkussion vorgetragen wird, versucht. In diesem Werk nimmt Yamada ein klassisches Nagauta-Stück von 1857, dem er seine originale Orchestermusik hinzufügt. Die Sinfonia „Inno Meiji" ist ein symphonisches Gedicht, das Japan auf dem Weg zur Verwestlichung von der zweiten Hälfte des 19. bis ins frühe 20. Jahrhundert schildert. Es kombiniert ein großes Orchester mit dem hichiriki, einem alten japanischen Doppelrohrblatt-Blasinstrument und anderen asiatischen Instrumenten.

1916 konzipierte Yamada ein halbstündiges großformatiges Ballett, das auf Maeterlincks Stück „Marie-Magdeleine" basiert. Die fertigen Klavierskizzen, die jetzt verloren sind, wurden in zwei Akte zusammengesetzt: Die Bergpredigt und Josephs Haus in Arimathäa.

Yamada arbeitete damals an der Partitur, und die Skizzen blieben unverändert. Bei seinem Aufenthalt in den Vereinigten Staaten von Ende 1917 bis zum Frühjahr 1919 orchestrierte Yamada die Skizzen für den zweiten Akt in New York. Die symphonische Dichtung ist von Richard Strauss beeinflusst und wurde am 24. Januar 1919 in der Carnegie Hall uraufgeführt.

Die Musik basiert auf einem entschlossenen und hellen Thema in DDur, das den religiösen Glauben von Maria Magdalena zum Ausdruck bringt, und auf viele Motive, die das Thema bedrohen, wie die absteigende chromatische Figur, die von den Holzbläsern in der Eröffnung oder dem rhythmischen Motiv von Beethovens Schicksalssinfonie erklingt. Durch den Wechsel solcher Materialien, die Musik schwankt zwischen Stabilität und Instabilität, schließlich überwindet der Glaube. Die Partitur endet in DDur. Diese Symphonie zeigt Einflüsse von Wagner und Richard Strauss sowie Affinitäten zu Yamadas Werken in seinen Berliner Tagen. In jedem Fall ist die Musik unruhig, hektisch, reich an Dynamik und Klangfarben und Stille und Pausen werden effektiv genutzt. Diese schwer fassbare Qualität spiegelt den japanischen ästhetischen Sinn wider, wo Vergänglichkeit und subtile Änderungen der logischen Konstruktion vorgezogen werden.

Handlung Akt II: In der Nacht, in der Jesus Christus gefangen genommen wird, versammeln sich seine Jünger mit Maria Magdalena in Josephs Haus in Arimathäa. Sie haben Angst, sind verwirrt und unruhig. Dann kommt ein römischer Offizier. Er ist in Maria Magdalena verliebt und fordert sie auf, seine Liebe anzunehmen, wenn sie Jesus retten möchte. Aus Angst lehnt Maria schließlich seinen Vorschlag ab. Der Offizier beginnt, sie zu bedrohen, als die Prozession mit dem gefangenen Jesus am Fenster vorbeigeht. Die Prozession wird von Fackeln beleuchtet und sieht aus, als wäre sie in eine Aura der Göttlichkeit gehüllt. Maria lehnt den Offizier weiterhin ab und fordert ihn auf zu gehen. Der Offizier geht und Marias Bild leuchtet im Licht.

1837 GEORG BÜCHNER (1813–1837)

In Georg Büchners Drama „Woyzeck" (1837), der ersten wirklich
geglückten tragischen Darstellung eines einfachen Menschen,
schlägt das Gewissen der Marie, der Geliebten des Antihelden
Woyzeck – wie das der Madeleine Zolas –, während sie ihrem
Kind aus der Bibel vorliest. Ihre Untreue mit dem Tambourma-
jor kommt ihr in den Sinn, als sie die Worte liest: „Und trat hinein zu seinen Füßen und weinete und fing an, seine Füße zu
netzen mit Thränen und mit den Haaren ihres Hauptes zu trocknen und küssete seine Füße und salbete sie mit Salben." Marie
kann nicht vergeben werden, und ihr wird auch nicht vergeben,
denn Woyzeck ermordet sie in diesem Stück über die Leiden des
Menschen in einer absurden Welt.

„Wozzeck"

Dritter Akt – Sechs Inventionen 1. Szene – Invention über ein Thema (Thema, 7 Variationen und Fuge): Marie mit dem Kind – Mariens Stube, Nacht, Kerzenlicht

MARIE: Und ist kein Betrug in seinem Munde erfunden worden ... Herr-Gott! Herr-Gott! Sieh' mich nicht an! (blättert weiter) Aber die Pharisäer brachten ein Weib zu ihm, so im Ehebruch lebte. Jesus aber sprach: „So verdamme ich dich auch nicht, geh' hin, und sündige hinfort nicht mehr." Herr-Gott! (schlägt die Hände vors Gesicht. Das Kind drängt sich an Marie.) Der Bub' gibt mir einen Stich in's Herz. Fort! (stösst das Kind von sich) Das brüst' sich in der Sonne! (plötzlich milder) Nein, komm, komm her! (zieht das Kind an sich) Komm zu mir! „Es war einmal ein armes Kind und hatt' keinen Vater und keine Mutter ... war alles tot und war Niemand auf der Welt, und es hat gehungert und geweint Tag und Nacht. Und weil es Niemand mehr hatt' auf der Welt ..." Der Franz ist nit kommen, gestern nit, heut' nit ... (blättert hastig in der Bibel) Wie steht es geschrieben von der Magdalena? ... „Und kniete hin zu seinen Füßen und weinte und küsste seine Füße und netzte sie mit Tränen und salbte sie mit Salben." (schlägt sich auf die Brust) Heiland! Ich möchte Dir die Füße salben! Heiland! Du hast Dich ihrer erbarmt, erbarme Dich auch meiner!

1922/23 PAUL HINDEMITH (1895–1963)

„Das Marienleben" aus dem Liederzyklus für Sopranstimme und Klavier op. 27 nach dem gleichnamigen Gedichtzyklus „Das Marienleben" von Rainer Maria Rilke (1912)

Geburt Mariä – Die Darstellung Mariä im Tempel – Mariä Verkündigung – Mariä Heimsuchung – Argwohn Josephs – Verkündigung über den Hirten – Geburt Christi – Rast auf der Flucht in Ägypten – Von der Hochzeit zu Kana – Vor der Passion – Pietà – Stillung Mariä mit dem Auferstandenen – Vom Tode Mariä I – Vom Tode Mariä II (Thema mit Variationen) – Vom Tode Mariä III.

Stillung Mariae mit dem Auferstandenen	Vom Tode Mariä II	Vom Tode Mariä III
Was sie damals empfanden: ist es nicht vor allen Geheimnissen süß und immer noch irdisch: da er, ein wenig blaß noch vom Grab, erleichtert zu ihr trat: an allen Stellen erstanden. O zu ihr zuerst. Wie waren sie da unaussprechlich in Heilung. Ja sie heilten, das war's. Sie hatten nicht nötig, sich stark zu berühren. Er legte ihr eine Sekunde kaum seine nächstens ewige Hand auf die frauliche Schulter. Und sie begannen still wie die Bäume im Frühling, unendlich zugleich, diese Jahreszeit ihres äußersten Umgangs.	Variation I: Wer hat bedacht, dass bis zu ihrem Kommen der viele Himmel unvollständig war? Der Auferstandne hatte Platz genommen, doch neben ihm, durch vierundzwanzig Jahr, war leer der Sitz. Variation II: Und sie begannen schon sich an die reine Lücke zu gewöhnen, die wie verheilt war, denn mit seinem schönen Hinüberscheinen füllte sie der Sohn. Variation III: So ging auch sie, die in den Himmel trat, nicht auf ihn zu, so sehr es sie verlangte, dort war kein Platz, nur Er war dort und prangte mit einer Strahlung, die ihr wehe tat. Variation IV: Doch da sie jetzt, die rührende Gestalt, sich zu den neuen Seligen gesellte und unauffällig, Licht zu Licht, sich stellte, da brach aus ihrem Sein ein Hinterhalt von solchem Glanz, dass der von ihr erhellte Engel geblendet aufschrie: Wer ist die? Variation V: Ein Staunen war. Dann sahn sie alle, wie Gott-Vater oben unsern Herrn verhielt, so dass, von milder Dämmerung umspielt, die leere Stelle wie ein wenig Leid sich zeigte, eine Spur von Einsamkeit, wie etwas, was er noch ertrug, ein Rest irdischer Zeit, ein trockenes Gebrest. Man sah nach ihr: sie schaute ängstlich hin, weit vorgeneigt, als fühlte sie: ich bin sein längster Schmerz: und stürzte plötzlich vor. Variation VI: Die Engel aber nahmen sie zu sich und stützten sie und sangen seliglich und trugen sie das letzte Stück empor.	Doch vor dem Apostel Thomas, der kam, da es zu spät war, trat der schnelle längst darauf gefasste Engel her und befahl an der Begräbnisstelle: Dräng den Stein beiseite. Willst du wissen, wo die ist, die dir das Herz bewegt: Sieh: sie ward wie ein Lavendelkissen eine Weile da hinein gelegt, dass die Erde künftig nach ihr rieche in den Falten wie ein feines Tuch. Alles Tote (fühlst du,) alles Sieche ist betäubt von ihrem Wohlgeruch. Schau den Leichnam: wo ist eine Bleiche, wo er blendend wird und geht nicht ein? Dieses Licht aus dieser reinen Leiche war ihm klärender als Sonnenschein. Staunst du nicht, wie sanft sie ihm entging? Fast als wär sie's noch, nichts ist verschoben. Doch die Himmel sind erschüttert oben: Mann, knie hin und sieh mir nach und sing.

Nota bene: Vielfach wird angenommen, dass sich der botanische Name Lavandula vom lateinischen „lavare" – waschen – ableitet. Ebenso denkbar ist aber „levare", was erleichtern oder auch abwehren bedeutet. Dies würde sowohl zur nervenberuhigenden und krampflösenden wie auch zu der Geister vertreibenden Wirkung des Lavendels passen. Als Lavandula ist die Pflanze erst seit dem Hochmittelalter bekannt, in der Antike gab es diesen Namen nicht. Sprachforscher gehen davon aus, dass vielmehr mit „Nardus spicata" Lavendel- und eventuell auch Rosmarinessenzen und salben gemeint waren. Noch heute wird Lavendelöl teils auch als Spikarden- oder Nardenöl vertrieben.

Carmina burana	
Nr. 8 1. Chramer, gip die varwe mir, die min wengel roete, da mit ich die jungen man an ir dank der minnenliebe noete. Seht mich an, jungen man! lat mich iu gevallen, seht mich an, jungen man! lat mich iu gevallen! 2. Minnet, tugentliche man, minnecliche frouwen! minne tuot iu hoch gemuot unde lat iuch in hohen eren schouwen. Seht mich an, jungen man! lat mich iu gevallen, seht mich an, jungen man! lat mich iu gevallen! 3. Wol dir, Werlt, daz du bist also freudenriche! ich will dir sin undertan durch din liebe immer sicherliche. Seht mich an, jungen man! lat mich iu gevallen, seht mich an, jungen man! lat mich iu gevallen!	1. Krämer, gib die Farbe mir, die meine Wangen rötet, dass ich die jungen Männer ob sie wollen oder nicht, zur Liebe zwinge. Seht mich an, junge Männer! Lasst mich euch gefallen, Seht mich an, junge Männer! Lasst mich euch gefallen! 2. Liebet, tugendhafte Männer, liebenswerte Frauen! Liebe macht euch hochgemut, und lässt euch in hohen Ehren prangen. Seht mich an, junge Männer! Lasst mich euch gefallen, Seht mich an, junge Männer! Lasst mich euch gefallen! 3. Heil dir, Welt, dass du bist an Freuden also reich! ich will dir sein untertan durch deine Liebe / Güte immer sicherlich. Seht mich an, junge Männer! Lasst mich euch gefallen, Seht mich an, junge Männer! Lasst mich euch gefallen!
Nr. 9 Chume, chum, geselle min, ih enbite harte din, Chume, chum, geselle min. Suzer rosenvarwer munt, chum uñ mache mich gesunt, chum uñ mache mich gesunt, suzer rosenvarwer munt.	Nr. 9 Komme, komm Geselle mein, ich erwarte dich so sehr, Komme, komm Geselle mein. Süßer, rosenfarbener Mund, komm und mache mich gesund, komm und mache mich gesund, süßer, rosenfarbener Mund.

Bild 62 ~1515 Leonardo da Vinci (1452–1519) (und Giampietrino):
Maria Maddalena, Privatbesitz

1938–1941 THERESE NEUMANN VON KONNERSREUTH (1898–1962)

1938 Jesus reitet in Jerusalem ein

Und dann gingen sie alle los, schön der Reihe nach. Zuerst die Männer, die immer beim Heiland gewesen sind. Dann die Mutter. Neben ihr auf der einen Seite die Schwarze (Marta, die Schwester des Lazarus), auf der anderen Seite das Mädchen (Maria aus Magdala, ihre Schwester).

1941 Jesus wird Hannas vorgeführt

Er (Johannes) wird zur Mutter gegangen sein. Sie war in dem großen Ort, in dem Haus (mit dem Abendmahlssaal), bei den Frauen (Marta, Maria aus Magdala und den anderen).

1941 Petrus verleugnet Jesus

Der junge Mann (Johannes) ging zur Mutter und zu den Frauen (Marta, Maria aus Magdala und den anderen, in das Haus mit dem Abendmahlssaal). Er erzählte ihnen, wie es dem Heiland ergangen ist. Da war es der Mutter hart und den Frauen auch.

1941 Jesu rechte Seite wird mit der Lanze durchbohrt

Die Mutter war auch noch draußen (beim Kreuz). Ja. Und Marta und Maria aus Magdala und die anderen Frauen, die waren auch noch alle da.

1941 Jesus wird bestattet

Das Mädchen war bei den Füßen (des Heilands) und weinte immerzu. Woher hatte die so viel Wasser zum Weinen? Ach! – Die hat mich recht gereut. Auch der junge Mann (Johannes) weinte immer wieder ... Inzwischen ging das Mädchen, das den Heiland so gern hatte, im Garten umher. Sie tat noch Blümchen zusammen und wollte sie hineinbringen.

1941 Maria aus Magdala entdeckt
das leere Grab

Das Mädchen, es trug ein Licht unter seinem Mantel, und noch eine und noch eine und noch eine. Die hatten etwas mitgebracht (um den Leib des Heilands zu salben) ... Jetzt trauten sich das Mädchen und so eine lange Schwarze (Marta) doch hinein. Sie gingen einfach hindurch (durch die Gartenpforte) und vorbei an den geraden Männern. Und das Mädchen, das kannte sich ja aus, das machte einfach die Tür zum Felsengrab auf. Die innere Tür (die aussah wie Kupfer). Die war schon schwer, aber man konnte sie aufschieben. Die schob das Mädchen einfach zu Seite hin auf und schaute hinein (in die Grabkammer). Und da! – Da erschrak es, denn der Heiland lag nicht mehr darin. Und da, meine ich, da hat ein lichter Mann geredet. Aber das Mädchen hörte nicht hin. Als es sah, dass der Heiland nicht da war, da machte es einen Sauser (lief weg), rief den Frauen noch etwas zu, und fort war es. Aber nicht durch die vordere große Gartenpforte, durch die es (mit Martha) hereingekommen war (in den Garten), sondern durch eine kleine Pforte. Durch die rannte es hinunter in den großen Ort. Dann (ein Stück) durch ihn hindurch und dann den Berg hinauf zu dem Haus (mit dem Abendmahlssaal), indem die Leute vom Heiland sich eingesperrt hatten. Und dort krachte und krachte es an die Tür, bis der Waschlschneider (Petrus) und der junge Mann (Johannes) herauskamen. Denen sagte es dann etwas Aufgeregtes (dass der Leib

des Heilands nicht mehr in der Grabkammer sei). Ja. Und dann
rannte das Mädchen schnell wieder hinauf (zum Grabgarten).
Dabei fielen ihm immer wieder ihre langen hellen Haare ins Gesicht, so dass es sie immer wieder zurücktun musste, weil ihm
der Schleier beim Laufen in den Nacken gerutscht war.

1938 Der verklärte Jesus zeigt sich
Maria aus Magdala

Da war das Mädchen. Es war fortgewesen. Vielleicht war es inzwischen bei der Mutter. Wer weiß? Denn da bin ich nicht mit-
gegangen. Jetzt ging das Mädchen noch einmal hinein (in die
Grabkammer). Jetzt waren wieder die lichten Männer darin. Einer stand vorn. Der sagte etwas zu ihm. Dann, als es herauskam,
da weinte es und war traurig. Dann ging es im Garten umher.
Ganz außer sich war es. Dann ging es hinauf, unter den Bäumen umher. Und dann! – Da, wo die Sonne hinschien, auf einmal ging da, unter den Bäumen, jemand umher. Ein Mann. Er
hatte ein helles Gewand an, das war in der Mitte abgebunden.
Das Mädchen ging auf den Mann zu und sagte etwas zu ihm.
Und dann sagte der Mann etwas zu ihm. Ach! – Und dann tat
es ganz rasend, schlug die Hände vors Gesicht und bückte sich
zusammen. Es meinte wohl, glaube ich, weil es so außer sich
war, die hätten den Heiland weggetan. Dann, als es so lamen-
tierte, da hob sich der Mann ein wenig vom Boden ab. Und auf
einmal war da der Heiland. Und er war so schön, wie er war, als
er aus dem Grab kam. Dann sagte er marjam zu dem Mädchen.
Da wollte es hin zum Heiland und fiel vor ihm nieder, auf die
Erde (ein Anbetungsgestus). Aber er hob abwehrend die Hand.
Dann sagte es Rabboni zu ihm. Und dann sagte der Heiland etwas zu ihr. Und dann zeigte er zum Himmel. Und dann sagte
er etwas Längeres. Davon verstand ich nur abba. Und dann war
der Heiland verschwunden. Dann ging das Mädchen noch einmal zu den (drei) Frauen (im Grabgarten; vermutlich waren sie
in der Nähe des Felsengrabes). Und dann sagte es etwas zu Ih-

nen. Dann schaute es noch einmal ins Grab (in die Grabkammer). Und danach rannte und rannte es. Wieder zu dem großen Ort (zu dem Haus mit dem Abendmahlssaal).

1938 Der verklärte Jesus kehrt zurück zum Vater

… Und dann gingen sie heimwärts. Voraus gingen die Männer vom Heiland. Der junge Mann ging neben der Mutter. Auch der Waschlschneider (Petrus) war bei ihr. Und das Mädchen.

1938 Die Begabung mit dem Geist an Pfingsten

Und in dem Saal, da waren die Männer, die immer beim Heiland gewesen sind (inzwischen, mit dem hinzugewählten Matthias, wieder zwölf), und die Mutter. Und dann waren da noch die Männer, die nur manchmal beim Heiland gewesen sind (Jünger des weiteren Jüngerkreises). Und die Frauen (Marta, Maria aus Magdala und die anderen). Aber die waren draußen (in einem Nebenraum).

1938 Jesus wird von Maria gesalbt

Bei dem Ort (Betanien), wo der Lebendiggewordene (Lazarus) ist, da herum, hinter den Berg herum, wo es unten hinausgeht, und dann ist man dort – da ist es schön … Auch die Mutter war da. Auch das Mädchen (Maria aus Magdala). Nun ja. Die war da ja sowieso daheim. Und dann die anderen Frauen (Marta und ihre Schwester, die geistig verwirrte Anna) … Auf einmal kam, von den Frauen drüben, das Mädchen (Maria aus Magdala) hereingeschlichen. Das Mädchen, das den Heiland so gern hatte. Es hatte einen hellen Mantel an, unter dem es etwas versteckt hatte. Und dann war ihm hart, dem Mädchen. Da weinte es immerzu, immerzu. Und dann kam es von hinten, vom Rücken her, zu ihm. Und die Männer? Die schauten albern (komisch) zum Heiland hin. Hm! – Denen war es nicht recht, dass das Mädchen hereinkam. Da hätte der Heiland sich anscheinend rühren sollen. Aber der ließ seinen Fuß weiter herunterhängen: so, dass das Mädchen das Riemchen der Sohle aufmachen konnte. Da fiel sie herunter, die Sohle, auf den Boden, das konnte man hören. Und dann. – Das Mädchen weinte immer noch. Dann kniete es nieder, auf den Boden. Und dann. – Dann zog der Heiland den anderen Fuß herüber, das konnte man sehen. Und dann weinte das Mädchen die Füße des Heilands an. Und dann nahm es seine langen Haare, mitsamt dem Schleier. – Mit den Händen angerührt hat es seine Füße nicht! – Dann nahm es sie und wischte ihre Tränen ab von seinen Füßen. Und dann. Dann hatte das Mädchen damit was Gutes (eine wertvolle dickflüssige Salbe), das hatte es unter seinem Mantel versteckt. Das holte es jetzt hervor und rieb damit die Füße des Heilands ein. Und dann! – Den Männern, die mit dem Heiland gingen, und den Gescheitseinwollenden, denen allen war das nicht recht. Die brummten und murrten gegen den Heiland. Und dann. – Dann stand der Heiland auf, sagte etwas zu dem Mädchen. Da meinte man wohl, es wurde jetzt gehen. Aber es ging nicht. Es hatte wohl im Sinn zu gehen, aber weil der Heiland etwas zu ihm gesagt hatte, ganz leise, darum ging es nicht.

Jetzt. – Der hatte der Heiland sich schon wieder hingelegt. Jetzt zog das Mädchen noch etwas unter seinen Mantel hervor. Das war so weiß wie Milch. Wie Perlmutter schimmerte es (ein Parfümfläschchen). Das zerdrückte es jetzt (dem brach es den Hals ab) über dem Kopf des Heilands. Und was herauskam (Nardenöl), das war wie Wasser (flüssig), nicht wie Salbe. Ach! – Hat das gut geduftet. Ich kann gar nicht sagen, wie gut das geduftet hat. Das war kein künstlicher Duft. Das war ein lebendiger Duft. Oh! Das, meine ich, würde nur da wachsen, wo es ganz viel Sonne gibt. Oh! Das hat gut geduftet. Und die Frauen, die waren aufgestanden. Die schauten alle herüber. Alle hatten gesehen und gehört und gerochen, was bei den Männern los war. Ach! – Und die Mutter hat geweint. Und dann. – Als das Mädchen gehen wollte, da streckte einer der Männer (Judas?) seinen Arm aus und ließ es nicht vorbei. Dann sagt er etwas zu ihm. Da fing es wieder zu weinen an. Und die Männer, die anderen, die schauten auch falsch drein. Und der, der dem Heiland gegenübersaß (der Gastgeber), der schaute auch recht albern (komisch). Dem war das auch nicht recht. Aber jetzt! – Jetzt stand der Heiland noch einmal auf. Er blieb nicht liegen. Und dann sagte er etwas Ernstes, etwas sehr Ernstes. Da war es ihn hart, da sprach er vom Sterben. Ja. Das habe ich gespürt. Oh, oh! Dann ist das Mädchen fort. Dann ließ er es vorbei, der Mann. Dann fürchtete es sich, ging schnell hinüber zu den Frauen. Und dann setzte der Heiland sich zu seiner Mutter. Aber eine Spannung blieb, das konnte man merken. Was der Heiland gesagt hatte, das, meine ich, haben die Männer nicht recht begriffen. Und dann, das dauerte gar nicht lange, da stand einer auf (Judas?), schaute den Heiland bös an und ging einfach fort. Die anderen schauten immer nach. Und dem Heiland wurde weh, das konnte man sehen. Und dem Lebendiggewordenen (Lazarus), dem war es auch recht hart. Dem, meine ich, hatte der Heiland schon mehr gesagt. Der kam mir verständiger vor als die Männer, die immer beim Heiland gewesen sind. Na ja, der war ja auch schon älter. Als alles vorbei war, da war es schon Nacht.

Thereses Ergänzung zum letzten Teil dieser Schau: „Ich habe es dem Mädchen gegönnt, dass der Heiland zu ihm gehalten hat. Ich habe es ihm gegönnt. Denn das Mädchen hat es wirklich gut gemeint. Nicht, dass der Heiland etwas davon gehabt hätte, sondern: da ist der Sinn das wichtigste gewesen, das hat man gespürt." *Günther Schwarz*

Über das Phänomen des Geistes
in Kunst und Wissenschaft

In der Regel tritt das Unbewußte dem Manne in der Form der „Dunkeln" entgegen, einer Kundry von schauerlich-grotesker, vorweltlicher Hässlichkeit oder infernalischer Schönheit, wenn der von solchem Schicksal Betroffene zur neurotischen Gruppe gehört. Entsprechend den vier weiblichen Figuren der gnostischen Unterwelt, Eva, Helena, Maria und Sophia finden wir bei der Verwandlung Fausts Gretchen, Helena, Maria und das abstrakte „Ewig-Weibliche". So wandelt sich auch PICASSO und erscheint in der Unterweltsform des magischen Harlekin, dessen Motiv sich durch zahlreiche Bilder hinzieht, der wie Faust in mörderisches Geschehen verstrickt ist und im 2. Teil in gewandelter Gestalt wiederum erscheint. Harlekin ist, beiläufig gesagt, ein alter chtonischer Gott.

Symbole der Wandlung

Die Ganzheit, die der einzelne Mensch erreichen kann, steht immer der Ganzheit seines gegengeschlechtlichen Partners gegenüber. Bei den Katholiken drückt sich dies im Bild der Muttergottes aus, traditionell mit Jesuskind, sie kann aber auch alleine verehrt werden (Michael Hesemann, Maria von Nazareth, Othmar Keel, Gott weiblich). Der weibliche Aspekt christlicher Ganzheit wird auch in der partnerschaftlichen Beziehung Maria Magdalenas zu Jesus gesehen. Maria Muttergottes und Maria Magdalena sind zwei Beispiele unseres aktuell kollektiven Bedürfnisses nach Ganzheit.

Für die Ganzheit weist C. G. Jung auch auf das Symbol „Kreuz"
hin. Dazu schreibt er unter anderem:

Das Kreuz oder was der Held immer als schwere Last trägt,
ist er selber, oder, genauer gesagt, sein Selbst, seine Ganzheit,
ebenso sehr Gott wie Tier, nicht nur empirischer Mensch, sondern die Fülle seines Wesens, die in der Tiernatur wurzelt und
über das Nurmenschliche in die Göttlichkeit hinaufreicht.

Seine Ganzheit bedeutet eine ungeheure Gegensätzlichkeit,
die aber in sich geeint erscheint, wie das Kreuz, das hierfür treff-
lichstes Symbol ist.

1951 NIKOS KAZANTZAKIS (1883–1957)

„Die letzte Versuchung": Kazantzakis' Maria Magdalena ist die Mischgestalt Maria Magdalena: Sie ist sowohl die Sünderin des Lukas als auch die Ehebrecherin, die gesteinigt werden soll (Joh 8,3–11). In Kazantzakis' Roman wird sie in eine tiefe Grube geworfen und fast von dem Zeloten Barrabas gesteinigt, weil sie auch am Sabbat arbeitet. Der „Weißgekleidete", wie Jesus von nun an heißt, rettet sie, und sie wird zur erlösten Sünderin des Lukas: „... zu Jesu Füßen liegend ... in ihr Haar gehüllt, küßte sie heimlich Marias Sohn die Füße." Nun ist sie seine „Schwester" und er ihr „Bruder". Sie wird „mit einem reinen Körper wiedergeboren", und jeden Abend wäscht sie seine müden, staubigen Füße, öffnet dann ihr Haar und trocknet sie damit ab. Als die anderen Gäste sie auf der Hochzeit zu Kana meiden, erzählt Jesus das Gleichnis von den klugen und den törichten Jungfrauen. Er und Maria Magdalena werden Bräutigam und Seelenbraut, und sie reicht ihm eine Frucht des Granatapfelbaumes. Bei dieser Gelegenheit lässt Kazantzakis sie weitere Worte in weiblicher Weisheit sprechen: „Ich muss dich ansehen, denn das Weib wurde vom Manne geboren, und sie kann sich noch nicht frei machen von ihm, du aber muss zum Himmel aufblicken, denn du bist ein Mann, und Gott hat den Mann erschaffen ... Laß mich dich ansehen dürfen, mein Junge." Sie schließt sich der Gruppe um Jesus an. Weiterer poetischer Tiefsinn folgt: „... sie war kein Mann, sie brauchte keine Worte. Einmal hatte sie zu ihm gesagt: ‚Weshalb sprichst du zu mir von dem zukünftigen Leben, Rabbi? Wir sind keine Männer, wir brauchen kein anderes, ewiges Leben, wir sind Frauen; ein gemeinsamer Augenblick mit dem Mann, den wir lieben, ist uns ein ewiges Paradies, ein Augenblick fern dem Mann, den wir lieben, ist uns eine ewige Hölle. Wir Frauen erleben die Ewigkeit hier auf Erden.'" Etwas später wagt sie es nicht, den sorgenvoll grübelnden Jesus anzusprechen, und denkt: „Zuweilen besänftigt die Stimme der Frau den Mann, zuweilen stört sie ihn."

1988 MARTIN SCORSESE (*1942)

„Die letzte Versuchung Christi"

Scorsese argumentierte, stellvertretend für Kazantzakis, dass nicht die Frau an sich die Versuchung für Jesus darstellt, sondern dass sie ein Symbol sei für die täglichen Versuchungen, denen ein Mann zum Opfer fallen könne. Da mag tatsächlich ein feiner Unterschied bestehen. Letztlich läuft aber dennoch alles auf den alten Dualismus von Spiritualität und Weltlichkeit, Geist und Fleisch, Männlichkeit und Weiblichkeit sowie Gut und Böse hinaus. Kazantzakis bestätigt das, indem er von Jesus als dem „jungen Mann" in all seiner männlichen Kraft spricht. Die Welt und ihre Versuchungen werden hingegen durch das Weibliche dargestellt. Selbst der Teufel, der Jesus in der Wüste versucht, ist ein weibliches Wesen mit bloßer Brust und – im Film – mit der Stimme von Barbara Hershey. Die grobe, stereotype Charakterisierung Maria Magdalenas mit ihren gehäuften Symbolen und Metaphern erklärt sich aus der persönlichen „Odyssee" des Autors, die ihn über den Marxismus zum orthodoxen Glauben und für einige Zeit sogar zur Askese führte. Scorseses Bearbeitung bleibt so dicht an Kazantzakis' Roman, dass er das Motto des Autors als sein eigenes übernimmt: „Die doppelte Natur Jesu – das so menschliche, so übermenschliche Streben, zu Gott zu gelangen oder, genauer, zu Gott zurückzukehren, um sich mit ihm zu vereinen – war schon immer ein tiefes, undurchschaubares Rätsel für mich. Diese Sehnsucht nach Gott, gleichzeitig so geheimnisvoll und so real, hat mir tiefe Wunden geschlagen, aber auch reiche Quellen zum Fließen gebracht."

Im Gegensatz dazu verkörpert Kazantzakis' Maria Magdalena das Weibliche – das universale, zeitlose Symbol für die Versuchung des Mannes, sich von Gott abzuwenden.

320

Der Römische Kalender weist seit 1969 darauf hin, dass Maria Magdalena weder mit Maria von Bethanien noch mit der Sünderin gleichzusetzen sei.

Erst 1969 hat die katholische Kirche Jahrhunderte der Kennzeichnung von Maria Magdalena als solche zurückgedrängt und erklärt, sie sei von der im Lukasevangelium erwähnten sündigen Frau verschieden. Ostorthodoxe Christen haben sie nie als Prostituierte dargestellt.

1971 ANDREW LLOYD WEBBER (*1948)

Am Freitag Abend sind Jesus, die Apostel und mehrere Frauen, darunter Maria Magdalena, in Bethanien zusammen. Judas kritisiert Jesu Freundschaft mit der Prostituierten Maria Magdalena, die Jesus ein Schlaflied singt („Try not to get worried, try not to turn on to / Problems that upset you, oh"). Jesus hat der jungen Frau ihre Schuld vergeben und erfreut sich an ihrer Zärtlichkeit. Rice folgt hier, wohl aus dramaturgischen Gründen, einer christlichen Tradition, die die Apostelin Maria aus Magdala (Lk 8,1–3 EU) fälschlicherweise mit Maria von Bethanien und der namenlosen „Sünderin" aus Naïn (Lk 7,36–50 EU) verschmolzen hat …

Am Montag hat der römische Statthalter Pontius Pilatus einen Traum und sieht die spätere Situation voraus, in der er einen unschuldigen Mann verurteilen muss, weil die Menge es von ihm verlangt. Jesus jagt die Geldverleiher und Händler aus dem Tempel (Tempelreinigung) und wird von einer großen Menge von Blinden, Lahmen und Aussätzigen bedrängt, die alle geheilt werden wollen. Er flieht zu Maria Magdalena, die sich in der Arie „I don't know how to love him" ihrer zaghaften Liebe zu Jesus stellt, fasziniert von Jesu Worten und Taten, gleichzeitig durch ihre Vergangenheit verschreckt, einem Mann zu vertrauen.

322

In Kroetz' „Komödie" – so der Untertitel – wird die Tragik durch Skurriles und Groteskes ersetzt. Die Handlung verläuft in Anlehnung an Hebbel, doch wird das Geschehen mit einer neuen Tendenz versehen. – Augsburg, um 1970. „Papa", ein cholerischer Alkoholiker, betreibt ein Schuhgeschäft, das sich gegen die Konkurrenz der Kaufhäuser nicht mehr behaupten kann. Karl, ein windiger Geschäftsmann, „hurt und säuft". Die schwangere Marie hat den Zeitpunkt für eine Abtreibung verpasst; so sucht sie berechnend in einer Ehe, gleich mit wem, finanzielle Absicherung. Eigennutz und materielles Profitstreben ersetzen die Ethik des bürgerlichen Tugendkatalogs.

1979 WILLIAM LLOYD WEBBER (1914–1982)

Missa Sanctae Mariae Magdalenae.
A setting for Chorus and Organ

Ein Interview mit Julian Lloyd Webber über seinen Vater, den Komponisten William Lloyd Webber.

Das 100. Geburtstag meines Vaters kommt zu einer Zeit, in der die Einstellung zu neuer Musik weitaus offener ist als beim Komponieren ... Die Musik meines Vaters ist romantisch, melodiös und vor allem von Herzen: alles Dinge, die in den 1950er Jahren tabu waren, als er sich leider aus der Mainstream-Komposition zurückzog. Vielleicht ist es in einem aufgeklärteren Zeitalter an der Zeit? „Einen der besten Allround-Musiker Großbritanniens hat dieses Jahrhundert produziert." So beschrieb Bryan Hesford von „Musical Opinion" William Lloyd Webber zum Zeitpunkt seines Todes im Jahr 1982. Neben seiner Karriere in den akademischen Institutionen Londons (Direktor des London College of Music, Professor am Royal College of Music) und seiner Bekanntheit als brillanter Organist komponierte William Lloyd Webber auch Musik in vielen verschiedenen Bereichen. Er ist sehr romantisch im Stil und zeigt den Einfluss von Franck, Sibelius und Rachmaninov.

Kirchenmusik spielte für ihn eine sehr große Rolle, vor allem, weil er einen Großteil seines Lebens Orgelposten innehatte. Ich denke, er konnte mit seinem immensen Wissen über Harmonie und Kontrapunkt sehr leicht kurze Hymnen usw. komponieren, aber ich glaube nicht, dass sein Herz immer in dieser Musik war, und er sagte das auch zu mir. Es gibt jedoch definitiv Ausnahmen, wie die beiden Messen „Missa Sanctae Mariae Magdalenae" und „Princeps Pacis". Es ist interessant, dass dies lateinische Messen sind, die beide geschrieben wurden, als er Musikdirektor in der Methodist Central Hall war.

1981 JOHANNES H. E. KOCH (1918–2013)

324

„Maria Magdalena" Musikalische Meditation
über die Salbung Jesu (Evangelien-Lesung)
am Montag der Karwoche für Mezzo-Sopran,
Tenor, Horn, Viola und Harfe

Worte Sopran: „Worte aus Dichtungen von Gerhard Tersteegen 1697–1769": 1697–1703 – Worte Tenor: „Zusammenfassung der Texte aus den vier Evangelien"

Sopran
Schön, Schönster, du, Jesus.

Lass mich alle Welt verhöhnen,
Jesus soll mein Liebster sein.

Höchst holdselig ist deins Angesichtes
Glanz,

Du bist freundlich und die Liebe ganz.
Du, Liebster,
Du, Liebster!

Da sie hassen, bist du gütig, gütig.

Gütig.

Ich umfass mit dir dein Leiden,
deine Armut,
deine Schmach.
Ich umfaß mit dir dein Leiden,
dein Leiden.

Liebster, du, Jesus
Liebe will ich nicht verschwenden,
dir gehört sie ganz allein.

Tenor

Und siehe: eine Frau war in der Stadt,
die war eine Sünderin.
Da die vernahm, dass er zu Tische saß,
brachte sie ein Glas mit unverfälschtem
köstlichem Nardenöl, und sie zerbrach das
Glas
und goß es auf sein Haupt,

und trat hinten zu seinen Füßen und
weinte,

und fing an, seine Füße zu netzen mit
Tränen,

und mit den Haaren ihres Hauptes zu
trocknen, küßte seine Füße und salbte sie
mit Salbe.
Das Haus aber ward voll vom Geruch der
Salbe.
Da das seine Jünger sahen,
wurden sie unwillig und sprachen:
Wozu, wozu diese Verschwendung!"
Da das Jesus merkte, sprach er zu ihnen:
„Was bekümmert ihr die Frau?

Dass sie dies Wasser auf meinen Leib
gegossen,
hat sie getan, dass sie mich fürs Grab
bereite,
dass sie mich fürs Grab bereite.
Ihr sind viele Sünden vergeben,
darum hat sie mir viel Liebe erzeiget.
Wahrlich, ich sage euch:
Wo das Evangelium gepredigt wird in aller
Welt,
da wird man auch das sagen zu ihrem
Gedächtnis,
was sie jetzt getan hat."

„Mirjam". Warum aber Sünderin? Warum Hure? Von einer Hure ist in den Schriften jener Männer, die über Jeschua und mich schrieben, keine Rede. Wie aber kam die Hure ins Bild? Eine alte Geschichte, viel viel älter als ich. Die Griechen nannten solche Geschichten Mythen. Geschichten, die sich einmal so oder so ereignet hatten und sich von Zeit zu Zeit wiederholten, wie ein Webmuster sich wiederholt, immer ein wenig anders und doch immer das gleiche. So gab es in unserer Zeit einen Mann namens Schimon, er war ein Magier, ein Erzzauberer, und er behauptete, Gott habe ihm empfohlen, seine Gefährtin in einem Bordell zu suchen. Das tat er, und mit ihr zog er fort an durchs Land. Das Urmuster aber war dies: einem der hohen Götter war die Braut geraubt worden, Sophia, die Weisheit, und er musste sie suchen. Sie sei in der Unterwelt, bei den Schatten sei sie. Aus der Unterwelt wurde das Bordell. Der Gott suchte seine Sophia unter den Huren. Sie war selbst zur Hure geworden. Der Gott und die Hure. Der Reinste und die Unreinste zusammen erst: das Hohe Paar … Ich weiß nicht. Er war mir immer nah und fern zugleich. Mein Kind war er nie. Was sagst du da? Du hast in doch geboren. Das schon. Nun? Ich weiß nicht, wer er ist. Seltsame Rede. Weißt du es denn, Mirjam? Ja und nein. Manchmal ja, manchmal nein. Was ich weiß, ist dies: wichtig ist nicht, was er tut, und auch nicht einmal was er sagt. Wichtig ist, was er sagt. Wichtig ist, dass er da ist. Wie meinst du das? Es geht etwas aus von ihm, eine gute Kraft. Schon sein Auftreten allein bewirkt etwas. Was denn? Schwer zu sagen. Vielleicht so: plötzlich ist Hoffnung da und auch dies: man weiß mit einem Mal, was wichtig ist, was nicht. Oder vielleicht sag ich besser so: er kommt und öffnet ein Tor, und aus dem Tor kommt Licht. Du liebst ihn, Mirjam. Viele lieben ihn. Ich wünschte, er würde eine Familie gründen und irgendwo sesshaft werden. Ich musste hellauf lachen. Er und eine Familie und sesshaft! Ich sagte: einen Löwen hast du geboren und jetzt willst du ihn zum Hofhund machen?

Das geht nicht. Sie lächelte, doch nur flüchtig. In meinen Träumen ist er kein Löwe, sondern ein Lamm, und es wird von Wölfen gerissen. Mirjam, ich habe Wahrträume. Deine Ängste werden zu Träumen. Träum' sie nicht! Was geschehen muss, das wird geschehen. Susan Haskins S. 420 ... Ich wurde unsicher. Hatte ich Angst? Der Mann kam noch näher. Mirjam! Das war seine Stimme. Da erkannte ich ihn. Rabbi! Ich fiel ihm zu Füßen und lachte und weinte in einem und war außer mir vor Freude. Aber als ich seine Knie umfassen wollte, wich er zurück. Nicht so, Mirjam, so nicht mehr und noch nicht. Bleib stehen, wo du stehst. Höre: Ich gebe dir einen Auftrag. Hör genau zu! Ich höre, Rabbi. Sprich! Geh du zu den anderen. Sag ihnen, dass du mich gesehen hast. Sag ihnen, ich gehe ihnen voran in den Galil. Du wirst mich wiedersehen, Mirjam. Dann war die Stelle, an der er gestanden hatte, leer. Aber in mir brannte es. Ich lief ein paar Schritte. Vielleicht war er zwischen den Bäumen verborgen. Aber da war nichts. Und keine Spur im feuchten Gras. Kein Geräusch von Schritten, die sich entfernten. Rabbi! Rabbi! Nichts mehr ...

Ich ließ sie stehen und lief und lief und stürzte fast über die Schwelle von Veronikas Haus. Ich habe ihn gesehen, er lebt, ich schwöre euch beim Ewigen: ich habe ihn gesehen, und er lebt. Schimon sprang auf und klatschte in die Hände und drehte sich um sich selbst. Er lebt, er lebt! Wo ist er? Nicht mehr hier, Schimon. Er hat gesagt, wir sollen in den Galil gehen, dort werden wir ihn treffen. Auf, auf! schrie Schimon. Aber Schulamit sagte: Ihr glaubt das so. Aber das Grab war verschlossen! Der Stein lag davor. Wie sollte er da herausgekommen sein? Jochanan sagte: Du Unbelehrte! Es war sein Geistleib, was Mirjam sah. Schimon rief: Was soll das nun wieder heißen. War ers, oder war ers nicht? Geistleib oder nicht, macht einen Unterschied? Und wenn er sagt, wir sollen in den Galil gehen, so gehen wir. Auf, auf! Da mischte sich Thomas ein: Aber die Wachen! Ließen sie dich einfach so zum Grab? Es waren keine Wachen mehr da. Die Spieße und Helme waren da, aber keine Soldaten! Sag selbst Schulamit, war es so oder nicht? Das stimmt. Das schon. Schimon sagte: Also, wenn Mirjam so etwas sagt, muss man's ihr glauben. Die hat nie Gespenster gesehen und dachte immer nüchtern über das, was wir Wunder nannten. Jeschuas Mutter, die im Obergemach schlief, kam herunter. Ich rief: Jeschua lebt! Sie sagte ruhig: Ich weiß ... S. 306f

Lang? Der Mensch ist jung auf dieser Erde. Wir Juden sind ein altes Volk, ein uraltes. Es gibt ältere. Und alle sind Kindervölker. Sie proben das Leben und den Aufstieg. Ich sehe Abstieg, Rabbi. Was du als Abstiegs siehst ist Durchgang. Du bist geduldig, Rabbi. Meine Liebe ist geduldig. Hochreißen möchte ich den Menschen, bis in die Sphäre des Höchsten möchte ich ihn Ziehen mit der Macht meiner Liebe. Dorthin muß er gelangen, denn von dorther stammt er. Mirjam, du wirst den Aufstieg leisten, die Menschheit wird ihn leisten, und du wirst bleiben, bis er geleistet ist und das Friedensreich sich gründet. Dann schwieg die Stimme, und das Licht erlosch. Langsam erlosch es, um mich nicht zu erschrecken mit plötzlicher Dunkelheit. Dies aber war das letzte Mal, dass mir vergönnt war, das Licht zu schauen und nicht nur die Schatten auf der Höhlenwand. Karg hielt mich mein Geliebter, und streng nahm er mich beim Wort: Ich brauche keine Wunder und keine Gesichte, um an dich zu glauben, Rabbi! Die Dunkelprobe, der Nachtweg, die Blindheit. Doch wenn das Dunkel am schwärzesten ist und der Pfad sich verliert, dann ist er nahe, der Gott, doch wie beim irrenden Odysseus nimmt er die Gestalt eines Menschen an, denn nur als Mensch kann der Gott dem Menschen helfen. So bleibe ich denn, und bin nichts mehr als das Warten auf das Friedensreich.

Susan Haskins

2000 SOFIA GUBAIDULINA (*1931)

„Johannes-Passion" für Sopran, Tenor, Bariton, Bass, zwei Chöre, Orgel und Orchester

1 Das Wort
2 Fußwaschung
3 Das Gebot des Glaubens
4 Das Gebot der Liebe
5 Hoffnung
6 Liturgie im Himmel
7 Verrat, Verleugnung, Geißelung, Verurteilung
8 Gang nach Golgatha
9 Eine Frau, mit der Sonne bekleidet
10 Grablegung
11 Die sieben Schalen des Zorns

2002 SOFIA GUBAIDULINA (*1931)

„Johannes-Ostern" für Sopran, Tenor, Bariton, Bass, zwei Chöre, Orgel und Orchester

1 Ostermorgen

2 Maria Magdalena

3 Erste Erscheinung des auferstandenen Christus vor den Jüngern „Empfanget den Heiligen Geist"

4 „Ich glaube nicht"

5 Der Reiter auf dem weißen Pferd

6 Zweites Erscheinung des auferstandenen Christus: „Zweifelt nicht länger"

7 Intermedium

8 „Ich bin das lebendige Brot"

9 „Die Dunkelheit verschwindet"

10 Drittes Erscheinen des auferstandenen Christus: „Lebet wohl"

11 Gericht

12 „Und ich sah einen neuen Himmel und eine neue Erde"

„Treffpunkt: Mulholland Drive"

Ein namenloser IchErzähler berichtet, wie er, inspiriert von Pasolinis Bibelfilm „Das erste Evangelium – Matthäus", im Rahmen seines Unterrichts beim Hollywood-Regisseur Daniel Mann eine Szene aus dem Johannesevangelium einstudierte: die berühmte Episode von Magdalena, Joh 20,1–18 EU, die am Ostermorgen ans Grab ihres Herrn geht, und zur ersten Zeugin der Auferstehung wird. Die unbekannte, „exotische" Italienerin Monica Esposito übernimmt die Rolle der Magdalena, drei weitere Schauspiel-Kollegen sind für den Part des Jesus und der beiden Engel, die das Grab bewachen, vorgesehen. Zum Ort der Probe wird eine leerstehende Villa auf Mulholland Drive, ehemaliges Haus eines berühmten Zauberers, der mit einer ungeheuerlichen Nummer seine Karriere beendete: Er sägte seine Tochter in der Mitte entzwei und ließ ihre beiden Teile wie zum Mahnmal links und rechts der Bühne aufrichten. Die Zuschauer wurden aufgefordert, die auseinander gestellten Hälften an den blutigen Seiten zu berühren, dann war die Show beendet. „No restoration" – die junge Frau wurde nicht wieder zusammengesetzt. Unter dem Eindruck der verstörenden Geschichte verabredet man sich für den nächsten Abend zur Probe im ehemaligen Haus des Zauberers. Der Regisseur sorgt sich um Monica, die ihm bedrückt und traurig erscheint. Spontan beschließt er, ihrem Wagen in Richtung Santa Monica Mountains zu folgen. Die Szene aus Hitchcocks Vertigo, in der James Stewart alias Detective John „Scottie" Ferguson dem Objekt seiner Bewachung, einer selbstmordgefährdeten jungen Frau (Kim Novak), im Wagen nachfährt, kommt ihm in den Sinn. Die junge Frau heißt Madeleine (Magdalena), und er folgt ihr bis an ein Grab. Während seiner Beschattungsfahrt wird dem Regisseur bewusst, dass er die Züge der zerteilten Zauberer-Tochter in Monica hineinliest. Zu Hause nimmt er sich noch einmal die Stelle vor; Im lauten Lesen, noch unterm Eindruck der Verfolgungsfahrt, beschließt er, die Magdalena-Erzählung auf die Wiedererkennung, die in Joh 20, 11–16 erzählt wird, zu beschränken. Jeder einzelne Schritt soll analog der sechs Verse nachgestellt werden. Ihm fällt auf, dass die Wiedererkennungs-Szene ganz auf dem Weinen der Magdalena gegründet ist. Was aber wäre, wenn Monica bei der Probe nicht weinen kann? Letztlich sind es die Tränen der Magdalena, die – ähnlich wie die anrührende Musik des Orpheus bei Aornum in Thesprotis – die Einstiegsstelle öffnen, nämlich das konkrete, unabänderliche Faktum des Todes auflöst. Tränen, so die Einsicht des Regisseurs, vermögen zwischen den Welten, „der Lebenden und der Toten" zu vermitteln. Vor dem Einschlafen kommt ihm ein früherer Besuch bei der verehrten Schauspielerin Ingrid Thulin in den Sinn. Auf die Frage nach ihrer Technik des Weinens hatte Thulin statt einer Antwort Tränen fließen lassen. Am Abend des folgenden Tags wartet Monica bereits auf Mulholland Drive und geleitet den Regisseur ins vermeintliche Haus. Eine Wendeltreppe verbindet die Galerie mit dem tiefer gelegenen Wohnraum, der zur Bühne der Probe umfunktioniert wird. Der Lichtkegel einer Stehlampe auf dem Fußboden markiert den Schauplatz der Handlung, Monicas silberner Gürtel, den sie quer über den Lichtkreis legt, bezeichnet die Schwelle ins Innere des Grabes und die Jacke des Regisseurs, sieben Schritte hinter dem Gürtel, zeigt den Standort der beiden Engel an. Man beginnt ohne die Kollegen zu proben, die den ganzen Abend über nicht erscheinen. Der Regisseur gibt die Folge der Bewegungen Magdalenas vor, und Monica spricht die ihnen zugeordneten Zeilen, die sie vom Manuskript abliest. Im Zuge des sorgsamen Nachstellens der sechs Bibelverse geraten Regisseur und Schauspielerin immer stärker in den Sog ihrer Rollen, und aus dem Spiel wird unversehens Ernst. Eine unheimliche Dynamik entfaltet sich, je näher die beiden dem Kern der Szene rücken. Monica ist aufgeregt und zittert am ganzen Leib; sie fällt auf die Knie, doch das Hinstürzen ist nur ein Vorwand, ihren Partner zu warnen. „ER IST HIER", kritzelt sie auf das Manuskript. Die beiden agieren unter dem „brennenden Auge" eines unsichtbaren Dritten, den sich der Regisseur als Monicas eifersüchtigen Ehemann vorstellt, „irgendeinen Wahnsinnigen", der jederzeit „losbrechen" kann. Die Gefahr im Rücken zwingt zu größter Achtsamkeit und Konzentration. In der angsterfüllten, gespannten Atmosphäre entdeckt Monica, was dem Regisseur entgangen ist: Der Bibeltext hat eine Lücke – es fehlt ein Vers: Magdalena steht Jesus, den sie zu diesem Zeitpunkt für den Gärtner hält, zugewandt, doch der Text verlangt, dass sie sich nach ihm umwendet. Alles scheint plötzlich „verdreht" – mit dem Text, Basis der Probe, stimmt etwas nicht. Monicas Gesicht ist „schmerzverzerrt", sie weint. Im Moment größter Verwirrung läuft Monica – gegen den Text – am Regisseur / Jesus vorbei. Ihr Vorbeilaufen ergänzt den fehlenden Vers, sie steht nun mit dem Rücken zu Jesus / dem Regisseur. Jetzt ergibt auch das Anrufen Jesu, der folgende Vers, einen Sinn. Jesus ruft die Frau bei ihrem Namen – „Maria" – und diese wendet sich nach ihm um. Jesus und Magdalena stehen einander zugewandt und Magdalena spricht: „Rabbuni". Auf das Vorbeigehen folgt die Wiedererkennung: Magdalena erkennt im verlorenen Geliebten den Auferstandenen. Die Wiedererkennung ereignet sich nicht nur außen, auf der Bühne, sondern auch innen, im subjektiven Erleben der Darsteller – unterm Auge des ominösen „Anderen". Er repräsentiert den „Deus absconditus", den „unbekannten Gott", der in vielen Kulturen im Symbol des Auges erscheint. Die Erzählung handelt somit im Kern von der Erfahrung eines Numinosen.

2007 WILFRIED HILLER (*1941)

Nacht des roten Monds Fünf magische Miniaturen nach Alastair für Streichoktett = Hans-Henning von Voigt, auch Hans-Henning Baron von Voigt-Alastair, Pseudonym Alastair (1887–1969)

I   „Schmerzensmutter come lagrime" – Quartett I und II
II   „Maria Magdalena. Beschwörend" – Quartett I
III   „Teuflische Intrige" – Quartett I und II
IV   „Rote Blutstropfen, die die Sonne verdunkeln. Ruhig und beschwörend" – Quartett II
V   „Leidenschaftliche Umarmung. Calmo, liberamente" – Quartett I und II

Wilfried Hiller Vorwort

In der Nacht vom 3. auf den 4. März 2007 gab es über München eine totale Mondfinsternis zu sehen (sofern Wolken das Ereignis nicht verdeckten): wie der Vollmond ab 22 Uhr 30 allmählich vom Schatten der Erde überzogen wurde und sich rot verfärbte, schließlich gegen 0 Uhr 58 wieder aus dem Schatten der Erde heraustrat und ab 3 Uhr 26 wieder in seiner bekannten Helligkeit strahlte.

Außermusikalische Ereignisse haben immer wieder meine Kompositionen beeinflusst. Sie geben ihnen jene autobiographische Färbung, ohne die ich nicht schreiben kann. In der Zeit der Mondfinsternis liefen auch die Vorbereitungen für eine Alastair-Nacht in der Bayerischen Akademie der schönen Künste an. Überall lagen Zeichnungen, Gedichte, Fotos von Alastair herum, jenem Universalkünstler, der 1907 zum ersten Mal in München in der Presse erwähnt wurde. Da ich seit über einem Jahr mit Winfried Böhm an einer Kirchenoper mit dem Titel „Der Sohn des Zimmermanns“ arbeitete, fesselten mich vor allem Alastairs „magische Miniaturen“, wie er seine Bilder nannte, mit Themen aus dem Neuen Testament. Er zeichnete mehrmals eine „Schmerzensmutter“, die ich in den roten Mond stellte, denn der Mond wanderte in jener Nacht vom Löwen in die Jungfrau. Zwei Kreuzigungsszenen wählte ich aus, die sich bei mir in einen „Maria Magdalena unter dem Kreuz“ verwandelte und in „Blutstropfen, die die Sonne verdunkeln“. Der dritte Satz heißt „Teuflische Intrige“ nach der gleichnamigen Zeichnung, der fünfte und letzte Satz erinnert an eine „Leidenschaftliche Umarmung“.

Das Stück ist für zwei Streichquartette komponiert, die beiden Kreuzigungsbilder sollen jeweils von einem Streichquartett gespielt werden. Da ich weiß, das (!) Alastair ausschließlich in tiefer Nacht bei Kerzenlicht zeichnete, fügen sich seine Bildwelten ideal in die „Nacht des roten Monds“ ein.

„The Gospel According To The Other Mary" – Uraufführung Walt Disney Concert Hall, Los Angeles. Peter Sellars: Wir lassen die Frauen aus der Bibel zu Wort kommen.

Dass ein Texter mit einem Komponisten eng zusammenarbeitet, kommt oft vor. 2012 etwa lieferte der amerikanische Regisseur Peter Sellars den Text für „The Gospel According To The Other Mary", eine Oper des amerikanischen Komponisten John Adams. Viel seltener ereignet es sich, dass der Librettist auch die Regie führt, so wie in der ersten szenischen Darstellung des Werks an der English National Opera in London, die aktuell an der Oper Bonn zu sehen ist.

Als Professor an der University of California in Los Angeles unterrichtet Peter Sellars zu Themen wie „Kunst als gesellschaftliche Aktion" und „Kunst als moralische Aktion". Seit 1980 ist er als hochkreativer Opern- und Theaterregisseur bekannt. Für „The Gospel According To The Other Mary" stellte er Texte aus der Bibel mit Texten aus historischen und zeitgenössischen Quellen zusammen. Sie reichen von Schriften der mittelalterlichen Mystikerin Hildegard von Bingen bis hin zu Texten von Dorothy Day, einer politischen Aktivistin des 20. Jahrhunderts. Nach wochenlangen Proben sprach Sellars kurz vor der Premiere in Bonn mit der DW und teilte seine Ansichten zu einem Werk mit, an dem er inzwischen seit fünf Jahren arbeitet.

DW: Es ist ein ungewöhnliches Erlebnis, mit jemandem zu sprechen, der nicht nur eine Oper inszeniert, sondern auch die Texte dafür zusammengestellt hat. Was können Sie mir zu Ihrer Arbeit mit John Adams erzählen?

Peter Sellars: Wir kennen uns inzwischen seit 30 Jahren. Dies ist, glaube ich, unser siebtes gemeinsames Stück. John schreibt keinen Takt Musik, ehe ihm das vollständige Textbuch vorliegt. In diesem Fall kam aber die Ursprungsidee von ihm. Er wollte eine Passion komponieren. Damals war ich mit einer Inszenierung von Bachs Matthäuspassion bei den Berliner Philharmonikern beschäftigt und vertiefte mich gerade in Bachs Dramaturgie. Bachs Passionen sind so aufgebaut: Auf ein Bibel-Zitat folgt ein Gedicht – etwa von Bachs Freund, dem Dichter Picander –, das die Bibelverse reflektiert und einen zeitgenössischen Bezug hat. Deshalb funktioniert der Text bei Bach insgesamt wie eine fantastische Collage, die durch die Jahrhunderte fortschreitet. Es ist eine beeindruckende und schöne Struktur. Vieles davon habe ich übernommen.

Die zentrale Figur in Bachs Matthäuspassion ist Maria Magdalena. Sie singt die meisten Arien. Ich dachte mir: Lasst uns diese Idee aufgreifen und weiterentwickeln. Bei uns fängt das Drama in Bethanien an. Dort lässt Jesus Marias Bruder Lazarus vom Tod auferstehen. Da erkennt man, dass dies eine Art Generalprobe für seine eigene Auferstehung ist.

In dieser politisch turbulenten Zeit, die wir im Moment erleben, mit so vielen schlechten Nachrichten jeden Tag, konnte ich einfach kein reines Passionsstück schreiben, das am Karfreitag endet und alle traurig macht. Ich dachte mir: Ich muss mit einer Auferstehungsgeschichte beginnen – und das Stück mit einer weiteren Auferstehung zum Abschluss bringen.

DW: Maria Magdalena ist eine interessante Figur. Überhaupt ist die Passionsgeschichte mit Menschen bevölkert, die allesamt ihre Probleme, ihre Sünden und Unzulänglichkeiten haben. Das gilt besonders für Maria. Fasziniert Sie das auch?

Peter Sellars: Jesus hat es deutlich gemacht: Er ist nicht gekommen, um mit netten oder unkomplizierten Menschen zusammen zu sein. Er traf auf Randfiguren, die anfällig waren für Selbstmord, Gewalt und Kampf. Maria und Jesus lebten zusammen. Die Leute fragten: „Weißt du nicht, dass sie eine Prostituierte ist?" Jesus machte es aber sehr deutlich, dass er lieber mit ihr zusammen sein wollte, als mit vielen anderen Menschen. Das vermittelt Folgendes: Wenn das Leben zusammenbricht, wenn man die größten Fehler gemacht hat, ist das genau die Zeit, in der der seelische Hunger am größten und die Nähe zu Gott real, notwendig und dringend ist. Es wird klar, dass man ohne seinen Glauben nicht auskommt und einen Schritt ins Ungewisse wagen muss – mit ganzem Herzen und Gefühl.

Diese Frau verkörpert diese Verzweiflung, diesen Mut und diese reine Liebestat. Wenn Jesus verhaftet wird, flüchten seine Jünger – aber die Frauen bleiben bei ihm. Am Morgen der Auferstehung sind es die Frauen, die als erste die Engel sehen und von der Auferstehung berichten. In der biblischen Geschichte spielen die Frauen eine besondere Rolle. Nur: Was sie zu sagen haben, erfährt man nicht. Wir haben das geändert!

DW: Handelt es sich hier um eine Gegenüberstellung von der institutionalisierten Religion – verkörpert durch die Jünger – und den anderen Menschen, die, wie Sie sagen, absolutes Vertrauen ins Göttliche haben?

Peter Sellars: Zu Bachs Zeiten waren gewisse Konventionen in der Erzählung notwendig, die ich weggelassen habe. Heute gibt es Bibelhistoriker, die plausibel darlegen, dass damals, als Rom christlich wurde, Gründe erfunden wurden, warum die Römer Jesus nicht umgebracht hätten. Man gab den Juden die Schuld und stellte den römischen Statthalter Pontius Pilatus als integren Menschen dar. All das habe ich aus der Geschichte herausgestrichen. Hier geht es weder um Schuldzuweisung noch werden Denkvorgaben gemacht.

DW: Sie haben für die Bonner Aufführung wochenlang an den Szenen und der Charakterdarstellung in Verbindung mit der Musik gearbeitet. In früheren Versionen wurde das Werk noch konzertant oder halbszenisch aufgeführt. Entwickelt es sich weiter?

Peter Sellars: Auf der Partitur steht Oratorium. Ich denke aber, dass John die Genrebezeichnung im Sinne der Oratorien Georg Friedrich Händels benutzt hat – und das waren die dramatischsten Werke, die er je geschrieben hat. Für Händel ging es um das Theater im Kopf; dort konnte er seiner Fantasie endlich freien Lauf lassen. Die Musik ist in der Tat hochdramatisch. Ich zögere immer noch, dieses Werk von John Adams als Oper zu bezeichnen. Es gibt keinen geschlossenen Handlungsstrang, keine Liebesgeschichte in der Art von „Carmen". Das zentrale Thema im Werk ist wesentlich größer. Im Theater kann man Licht, Bewegung und Klang einsetzen, um völlig neue Räume zu erschließen und in andere Sphären einzutauchen.

DW: Mussten Sie nach Europa kommen, um das Stück auf diesem szenischen Niveau zu realisieren? Die logistischen und zeitlichen Bedingungen sind in den USA ja ganz andere – oder ist das nur ein Vorurteil meinerseits?

Peter Sellars: Ich würde alles geben, um dieses Stück so in den Vereinigten Staaten zu inszenieren! Ich wünschte, man könnte dort das zeigen, was die Leute hier in Bonn sehen. Die Inszenierung ist zustande gekommen, nachdem der Direktor der English National Opera die konzertante Version gesehen hatte. Er sagte, das sollte man voll inszenieren. Nun können wir die Inszenierung in Bonn wirklich vertiefen und dem Stück eine Dimension geben, die unter anderen Bedingungen nie möglich gewesen wäre.

Ich bin zudem dankbar dafür, hier in Deutschland daran arbeiten zu dürfen. Das ist einer der wenigen Orte der Welt, wo die Leute nicht völlig durchdrehen. Sie behalten ein seelisches und geistiges Gleichgewicht in einer Zeit, in der viele andere Orte von Wut, reaktionären Kräften und extremen Reaktionen überflutet werden. Es ist eine reine Freude, jeden Morgen in Deutschland aufzuwachen und Leute zu sehen, die ihr Gleichgewicht behalten haben. Die Menschen hier haben auch eine Perspektive und sagen: Wir werden nicht alles preisgeben, an das wir glauben; das, was uns etwas wert ist, werden wir sogar vertiefen. Dies zu erleben, ist für mich ein wunderbarer Moment. Mit Peter Sellars sprach der DWKulturredakteur Rick Fulker.

Dekret Maria Magdalena – Prot. N. 257/16

Die erste Zeugin der Auferstehung des Herrn und die erste Evangelistin, die heilige Maria Magdalena, wurde von der Kirche im Westen und im Osten immer mit höchster Ehrfurcht geachtet, wenn sie auch auf verschiedene Weise verehrt wurde.

Da die Kirche zu unseren Zeiten berufen ist, eindringlicher über die Würde der Frau, über die Neuevangelisierung und über die Fülle des Geheimnisses der Barmherzigkeit nachzudenken, schien es gut, den Gläubigen das Beispiel der heiligen Maria Magdalena noch besser vor Augen zu stellen. Diese Frau nämlich wird als diejenige anerkannt, die Christus geliebt hat und von ihm am meisten geliebt wurde. Vom heiligen Gregor dem Großen wurde sie „Zeugin der göttlichen Barmherzigkeit" genannt, vom heiligen Thomas von Aquin „Apostolin der Apostel"; von den Gläubigen unserer Tage kann sie als Beispiel für den Dienst der Frauen in der Kirche entdeckt werden.

Daher hat Papst Franziskus beschlossen, dass die liturgische Feier der heiligen Maria Magdalena im Römischen Generalkalender im Range eines Festes statt, wie es bisher üblich ist, im Range eines Gedenktages aufgeführt werden muss.

Der neue Rang der liturgischen Feier ist nicht mit einer Veränderung hinsichtlich des Tages verbunden, an dem die Feier begangen werden muss, und vorderhand auch nicht hinsichtlich der Texte im Messbuch oder im Stundengebet, die verwendet werden sollen. Das heißt:

a. der Tag, der der Feier der heiligen Maria Magdalena geweiht ist, bleibt genau der, der jetzt im Römischen Kalender verzeichnet ist, nämlich der 22. Juli;

b. Die Texte, die bei der Messfeier und im Stundengebet anzuwenden sind, bleiben vorderhand jene, die im Messbuch und im Stundengebet an dem festgelegten Tag zu finden sind, abgesehen von einer eigenen Präfation, die im Messbuch hinzugefügt wird und diesem Dekret angefügt ist. Es ist Aufgabe der Bischofskonferenzen, den Text der Präfation in die jeweilige Landessprache zu übersetzen, damit sie nach vorheriger Rekognition durch den Apostolischen Stuhl verwendet werden kann und zu gegebener Zeit in die nächste Auflage des eigenen Römischen Messbuchs eingefügt wird.

Wo die heilige Maria Magdalena nach den Normen des Partikularrechts an einem anderen Tag oder in einem anderen Rang gefeiert wird, soll sie auch künftig an demselben Tag und in dem gleichen Rang wie vorher gefeiert werden.

Ungeachtet gegenteiliger Bestimmungen Aus der Kongregation für den Gottesdienst und die Sakramentenordnung am 3. Juni 2016, dem Hochfest des Heiligsten Herzens Jesu Robert Card. Sarah, Präfekt – Arthur Roche, Erzbischof-Sekretär.

Generalaudienz

Liebe Brüder und Schwestern, guten Tag!

In diesen Wochen bewegt sich unsere Reflexion sozusagen im Umkreis des Ostergeheimnisses. Heute begegnen wir der Frau, die den Evangelien zufolge als Erste den auferstandenen Jesus sah: Maria von Magdala. Die Sabbatruhe war gerade zu Ende gegangen. Am Tag des Leidens war keine Zeit gewesen, die Bestattungsriten zu vollenden; daher gehen die Frauen an jenem von Trauer erfüllten frühen Morgen mit den wohlriechenden Salben zum Grab Jesu. Die Erste, die ankommt, ist sie: Maria von Magdala, eine der Jüngerinnen, die Jesus von Galiläa her begleitet und sich in den Dienst der entstehenden Kirche gestellt hatten. In ihrem Gang zum Grab spiegelt sich die Treue vieler Frauen wider, die im Gedenken an jemanden, der nicht mehr da ist, jahrelang treu die Friedhöfe besuchen. Echte Bindungen werden nicht einmal vom Tod zerrissen: Da ist jemand, der weiterhin liebt, auch wenn der geliebte Mensch für immer von uns gegangen ist.

Das Evangelium (vgl. Joh 20,1–2.11–18) beschreibt Maria von Magdala und macht sofort deutlich, dass sie keine Frau war, die sich leicht begeistern ließ. Denn nach dem ersten Besuch beim Grab kehrt sie enttäuscht an den Ort zurück, an dem die Jünger sich versteckten. Sie berichtet, dass der Stein vom Eingang des Grabes weggenommen worden war, und ihre erste Annahme ist die einfachste, die man formulieren konnte: Jemand muss den Leichnam Jesu gestohlen haben.

So ist die erste Verkündigung, die Maria bringt, nicht die von der Auferstehung, sondern von einem Diebstahl, den Unbekannte begangen haben, während ganz Jerusalem schlief. Dann berichten die Evangelien, dass Maria von Magdala ein zweites Mal zum Grab Jesu gegangen ist. Sie war hartnäckig! Sie ging hin, kehrte zurück …, weil sie nicht überzeugt war! Diesmal geht sie langsamen, schwerfälligen Schrittes. Maria leidet zweifach: vor allem wegen des Todes Jesu, und dann aufgrund des unerklärlichen Verschwindens seines Leichnams. Und während sie gebeugt am Grab steht, mit den Augen voller Tränen, überrascht Gott sie auf völlig unerwartete Weise. Der Evangelist Johannes betont, wie anhaltend ihre Blindheit ist: Sie bemerkt nicht die Gegenwart zweier Engel, die ihr Fragen stellen, und sie wird auch nicht misstrauisch, als sie den Mann hinter sich sieht, von dem sie meint, es sei der Gärtner. Stattdessen entdeckt sie das erschütterndste Ereignis der Menschheitsgeschichte, als sie endlich mit Namen angesprochen wird: „Maria!" (V. 16). Wie schön ist es, sich vor Augen zu halten, dass die erste Erscheinung des Auferstandenen – den Evangelien zufolge – auf so persönliche Weise geschehen ist! Dass jemand da ist, der uns kennt, der unser Leiden und unsere Enttäuschung sieht, der Mitleid für uns empfindet und uns beim Namen ruft. Dieses Gesetz finden wir auf vielen Seiten des Evangeliums eingeprägt.

Im Umkreis von Jesus sind viele Menschen, die Gott suchen; aber die wunderbarste Wirklichkeit ist, dass es vor allem und noch viel früher Gott ist, der für unser Leben Sorge trägt, der es wieder aufrichten will, und darum spricht er uns mit Namen an und erkennt das persönliche Gesicht eines jeden. Jeder Mensch ist eine Liebesgeschichte, die Gott auf dieser Erde schreibt. Jeder von uns ist eine Liebesgeschichte Gottes. Jeden von uns spricht Gott mit seinem eigenen Namen an: Er kennt unseren Namen, er blickt uns an, er wartet auf uns, er vergibt uns, er hat Geduld mit uns. Ist das wahr, oder ist es nicht wahr? Jeder von uns macht diese Erfahrung.

Jesus ruft sie: „Maria!" Die Revolution ihres Lebens, die Revolution, die dazu bestimmt ist, das Dasein jedes Mannes und jeder Frau zu verwandeln, beginnt mit einem Namen, der im Garten des leeren Grabes widerhallt. Die Evangelien beschreiben uns die Freude Marias: Die Auferstehung Jesu ist keine

Freude, die tröpfchenweise verabreicht wird, sondern ein Wasserfall, der über das ganze Leben hereinbricht. Die christliche Existenz ist nicht durchwoben mit seichten Glücksgefühlen, sondern mit Wogen, die alles mitreißen.

Versucht auch ihr in diesem Augenblick, mit der Last der Enttäuschungen und Niederlagen, die jeder von uns im Herzen trägt, daran zu denken, dass es einen Gott gibt, der uns nahe ist und der uns beim Namen ruft und zu uns sagt: „Steh wieder auf, hör auf zu weinen, denn ich bin gekommen, um dich zu befreien!" Das ist schön. Jesus ist nicht jemand, der sich der Welt anpasst und es duldet, dass in ihr der Tod, die Traurigkeit, der Hass, die sittliche Zerstörung der Menschen andauern ... Unser Gott ist nicht untätig, sondern unser Gott – ich erlaube mir dieses Wort – ist ein Träumer: Er träumt von der Verwandlung der Welt, und er hat sie im Geheimnis der Auferstehung verwirklicht. Maria möchte ihren Herrn umarmen, aber er ist bereits auf den himmlischen Vater ausgerichtet, während sie gesandt wird, den Brüdern die Botschaft zu überbringen. Und so ist diese Frau, die, bevor sie Jesus begegnete, in der Gewalt des Bösen war (vgl. Lk 8,2), zur Apostelin der neuen und größten Hoffnung geworden. Ihre Fürsprache möge uns helfen, dass auch wir diese Erfahrung machen: in der Stunde der Trauer und in der Stunde der Verlassenheit den auferstandenen Jesus zu hören, der uns beim Namen ruft, und mit dem Herzen voll Freude hinzugehen und zu verkünden: „Ich habe den Herrn gesehen!" (V. 18).

Ich habe mein Leben geändert, weil ich den Herrn gesehen habe! Jetzt bin ich anders als vorher, ich bin ein anderer Mensch. Ich habe mich verändert, weil ich den Herrn gesehen habe. Das ist unsere Kraft, und das ist unsere Hoffnung. Danke. * * *

Von Herzen grüße ich die Brüder und Schwestern aus den Ländern deutscher Sprache. Gott lässt uns in den Mühen und Nöten des Lebens nicht allein. Der auferstandene Herr ruft uns wie Magdalena beim Namen und will, dass auch wir in unserer Lebenswelt zu Boten der österlichen Freude und Aposteln seiner Hoffnung werden. Dazu stärke euch der Heilige Geist mit seiner Gnade.

Bild 65 *1996–1999 Marko Ivan Rupnik, SJ, Mosaik*
„Die Salbung der Füße unseres Herrn“, Kapelle Redemptoris Mater,
Apostolischer Palast, Vatikan, Rom

QUELLENVERZEICHNIS

zu Füllkachel Hermannus Contractus, in: Walter Berschin und Martin Hellmann, Hermann der Lahme, Gelehrter und Dichter (1013-1054), Reichenauer Texte und Bilder 11, Heidelberg 2005, S. 4

zu Das Hohelied Salomos, Übersetzung: Martin Luther, in: Das Hohelied. Der Gesang der Gesänge, hg. v. Regina Berlinghof, Kelkheim 2005-2006, S. 39–51; Das Hohelied Salomos 3, 1–6 Verweis Anselm Grün, in: Der Pilger 9/10–2019, S. 121

zu Lukasevangelium, in: https://www.bibleserver.com/LUT/Lukas7 – 8 – 10 – 24. Aufgerufen am 18.4.2022

zu Matthäusevangelium, in: https://www.bibleserver.com/LUT/Matthäus26 – 27 – 28. Aufgerufen am 18.4.2022

zu Johannesevangelium, in: https://www.bibleserver.com/LUT/Johannes19%2C25 – 19 – 12. Aufgerufen am 18.4.2022

zu Markusevangelium, in: https://www.bibleserver.com/LUT/Markus15 – 16. Aufgerufen am 18.4.2022

zu Josephus Flavius, Vita eremitica, in: Susan Haskins, Die Jüngerin. Maria Magdalena und die Unterdrückung der Frau in der Kirche, S. 146

zu Evangelium nach Thomas, in: Katharina Ceming / Jürgen Werlitz, Die verbotenen Evangelien, S. 140–158

zu Petrusevangelium, in: Katharina Ceming / Jürgen Werlitz, Die verbotenen Evangelien, S. 199f

zu Pistis Sophia, in: Carl Schmidt, Pistis Sophia, ein gnostisches Originalwerk, Inktank publishing 2018, S. 112ff zu Evangelium nach Maria: Siegfried G. Richter, Das koptische Ägypten. Schätze im Schatten der Pharaonen, Darmstadt 2019, S. 111

zu Evangelium nach Maria, in: Jean-Yves Leloup, Evangelium der Maria Magdalena. Die spirituellen Geheimnisse der Gefährtin Jesu, München 2004, S. 45–61

zu Dialog des Erlösers, in: Nag Hammadi Deutsch, hrsg. durch die Berlin-Brandenburgische Akademie der Wissenschaften, Berlin, New York, Bd. 1, eingeleitet und übers. von Mitgliedern des Berliner Arbeitskreises für Koptisch-Gnostische Schriften. Hrsg. von Hans-Martin Schenke, S. 389-396

zu Origenes Hoheliedkommentar, in: Origenes, Der Kommentar zum Hohelied. Eingeleitet und übersetzt von Alfons Fürst und Holger Strutwolf, Berlin, Boston 2016, S. 267ff

zu Philippusevangelium, in: http://www.gerd-albrecht.de/ Die%20Gnostischen%20Schriften/Das%20Philippusevangelium.htm. Aufgerufen am 18.4.2022

zu Nag-Hammadi-Codex II,3 Vers 32, 3; – Nag-Hammadi-Codex II,3 Vers 55, 4

zu Hippolyt, in: Origenes, Der Kommentar zum Hohelied. Eingeleitet und übersetzt von Alfons Fürst und Holger Strutwolf, Berlin, Boston 2016, S. 267ff

zu Gregor von Nyssa Zweite Rede über die Auferstehung unseres Herrn Jesus Christus, in: Ausgewählte Schriften des heiligen Gregorius, Bischofs von Nyssa. Übersetzt von Joseph Fisch. (Bibliothek der Kirchenväter, 1 Serie, Band 70), Kempten 1880, S. 331ff

zu Hieronymus Brief an die Jungfrau Principia, in: Epistula CXXVII ad Principiam virginem, in: Susan Haskins, Die Jüngerin, S. 69, in: PL XXII, Sp. 1090, in: Susan Haskins, Die Jüngerin, S. 447

zu Mani Psalm des Herrn Herakleides, Sarakoton-Psalm 24, in: https://de.wikipedia.org/wiki/Maria_Magdalena; in: Jessica Kristionat: Zwischen Selbstverständlichkeit und Schweigen. Die Rolle der Frau im frühen Manichäismus. Heidelberg 2013, S. 237–272

zu Ambrosius von Mailand Lukaskommentar, in: https://bkv.
unifr.ch/de/works/cpl-143/versions/lukaskommentar-
mit-ausschluss-der-leidensgeschichte-bkv/divisions/880.
Aufgerufen am 18.4.2022

zu Heiliger Augustinus In Joannis Evangelium, De consensu
evangelistarum, in: zit. nach Susan Haskins, Die Jüngerin,
S. 104 – PL XXXV, Sp. 1748

zu Ephraim der Syrer Die begnadigte Sünderin aus dem
Lobpreis über unseren Herrn, in: La pecadora perdonada.
De la homilia sobre nuestro senor de San Efréen el Sirio,
coleccionperlas8, Granada 2016, S. 16ff

zu Ephraim der Syrer Die begnadigte Sünderin aus dem
Lobpreis über unseren Herrn, in: Murray SJ, Robert:
Symbols of Church and Kingdom, S. 257ff

zu Petrus Chrysogolus Dreiundzwanzigster Vortrag, in:
http://www.unifr.ch/bkv/kapitel1911-22.htm; in:
http://www.unifr.ch/bkv/kapitel1913-4.htm. Aufgerufen
am 24.1.2020

zu Gregor von Antiochien, Oratio in mulieres unguentiferas,
in: Patrologia Graeca (PG), Migne 88, S. 1864

zu Gregor der Große Homilie 25, Homilie 33, in: Gregor
der Große Homiliae in Evangelia. Evangelienhomilien.
Zweiter Teilband, übersetzt und eingeleitet von Michael
Fiedrowicz, Herder-Verlag Freiburg im Breisgau 1998,
Fontes Christiani Band 28, 2

zu Gregor der Große Brief an Gregoria, die Kammerfrau der
Kaiserin, in: http://www.unifr.ch/bkv/kapitel4273.htm.
Aufgerufen am 18.2.2020

zu Gregor von Tour, in: Susan Haskins, Die Jüngerin, S. 118ff

zu Hrabanus Maurus De Vita Beatae Mariae Magdalenae Et
Sororis Ejus Sanctae Marthae, in: https://translate.google.
ch/translate?hl=de&sl=en&u=https://www.magd.ox.ac.
uk/libraries-and-archives/illuminating-magdalen/news/
pseudo-rabanus/&prev=search&pto=aue in:
https://www.kath.net/news/68627. Aufgerufen am
21.4.2022

zu Glastonbury, in: George Target, Der große Atlas der
heiligen Stätten, München 2000, S. 119

zu Kassia Kyrie, e en pollais amartiais, in: Kassia, Thirteen
Hymns, Hildegard Publishing Company, Diane Touliatos
(Hg.), S. VI–VIII

zu Odo von Cluny In veneratione Sanctae Mariae Magdalene,
in: Sermo II, In veneratione Sanctae Mariae Magdalene: PL
133,717/716

zu Odo von Cluny Hymne, zit. nach Susan Haskins, Die
Jüngerin, S. 236; Susan Haskins, Die Jüngerin, S. 456: PL
CXXX, Sp. 713–721

zu Kaiser Leo VI., in: Susan Haskins, Die Jüngerin S. 119

zu Quem-quaeritis-Tropus, in:
https://de.wikipedia.org/wiki/Quem-quaeritis-Tropus;
Fußnote Saxer Le Dossier, in: Susan Haskins, Die
Jüngerin, S. 122

zu Wipo Victimae paschali laudes, in: Wiltrud aus der Fünten,
Maria Magdalena in der Lyrik des Mittelalters, Düsseldorf
1966, S. 168f

zu Mönch von Salzburg Surgit Surgit Christus, in: Andrea
Kovács, From Easter to St Catherine of Alexandria. The
Metamorphosis of a Sequence, Studia Musicologica 56/2–
3, 2015, Budapest 2015, pp. 189–199,

zu Mönch von Salzburg Surgit Christus, , in: Franz Viktor
Spechtler, Die geistlichen Lieder des Mönchs von Salzburg,
Berlin / New York 1972, S. 259–262

zu Wipo Victimae paschali laudes, Strophe 5a: vgl.: Albert
Gerhards: Theologische und sozio-kultureller Konflikte
mit dem Judentum. Beispiele aus der katholischen Liturgie
und ihrer Wirkungsgeschichte. In: Albert Gerhards,
Stephan Wahle (Hrsg.): Kontinuität und Unterbrechung.
Gottesdienst und Gebet in Judentum und Christentum.
Schöningh, Paderborn 2005, ISBN 3-506-71338-8, S. 269–
286, hier S. 278

zu Wipo Victimae paschali laudes, in: Das Innsbrucker
Osterspiel, Das Osterspiel von Muri. Mittelhochdeutsch
und neuhochdeutsch, herausgegeben, übersetzt, mit
Anmerkungen und einem Nachwort versehen von Rudolf
Meier, Stuttgart 1974, S. 164f

zu Anselm von Canterbury, Oratio LXXIV, zit. nach
Susan Haskins, Die Jüngerin, S. 220; zu Anselm von
Canterbury, in: https://www.e-codices.unifr.ch/de/search/
all?sQueryString=pnd_118503278&sSearchField=person_
names&sSortField=score. Aufgerufen am 21.4.2022

zu Hermannus Contractus De Sancta Maria Magdalena
sequentia, in: Walter Berschin und Martin Hellmann,
Hermann der Lahme. Gelehrter und Dichte, Heidelberg
2005, S. 74–78

zu Papst Leo IX. Ex Rhythmo Paenitentiae, Respexisti
quondam Petrum, in: Die Touler Vita Leos IX.
Herausgegeben und übersetzt von Hans-Georg Krause
unter Mitwirkung von Detlev Jasper und Veronika Lukas,
Hannover 2007; in: Leo IX. – RI III,5,2 n. 644, Analecta
hymn. L 305

zu Gottschalk von Aachen Sequentia de S. Maria Magdalena,
Text, in: Anselm Schubiger, Die Sängerschule St. Gallens
vom 8. bis 12. Jahrhundert, Hildesheim 1966, S. 56–58

Übersetzung in: Der Pilger: ein Sonntagsblatt zur Belehrung
religiösen Sinnes, S. 216, Band 2

zu Robert de Boron Die Geschichte des Heiligen Gral, in:
Robert de Boron Die Geschichte des Heiligen Gral, Aus
dem Altfranzösischen übersetzt von Konrad Sandkühler,
Stuttgart 2/1964, S. 13f, S. 21

zu Vézelay, in: Vézelay. Führer durch die Basilika, Vézelay
2019

zu Petrus Abaelard Sequenz Sancta Maria Magdalena,
Hymnarius Paraclitensis, De S. Maria Magdalena
128./129. Hymnus, Sermo XIII In die Paschae, in:
http://www.abaelard.de/main.htm. Aufgerufen am
18.4.2022

zu Chartres, in: Sophia-Janet Aleemi, Maria Magdalena in der
    Kathedrale von Chartres, S. 125f
zu Großes Benediktbeurer Passionsspiel, in:
    https://de.wikipedia.org/wiki/Großes_Benediktbeurer_
    Passionsspiel. Aufgerufen am 18.4.2022
zu Osterspiel von Muri, in: Das Innsbrucker Osterspiel,
    Das Osterspiel von Muri. Mittelhochdeutsch und
    neuhochdeutsch, herausgegeben, übersetzt, mit
    Anmerkungen und einem Nachwort versehen von Rudolf
    Meier, Stuttgart 1974, S.142ff
zu 13. Jh. Anonymus De Sancta Maria Magdalena, in: Graz,
    Universitätsbibliothek Cod. 17 (37/9 f.), Analecta Hymnica
    54:143
zu Jacobus de Voragine Legenda aurea, in: Benz, Richard, Die
    Legenda Aurea des Jacobus de Voragine, Gütersloh[14] 2004
zu König Ludwig IX, in: Susan Haskins, Die Jüngerin, S. 153
    nach Saxer Dossier, S. 109
zu Heilig-Blut-Reliquie Weißenau, in: https://www.kath-
    rv.de/kirchengemeinden/ravensburg-sued/weissenau-
    st-peter-und-paul/wallfahrten.html. Aufgerufen am
    18.4.2022
zu Francesco Petrarca Carmen de beata Maria Magdalena,
    zit. nach Susan Haskins, Die Jüngerin, S. 217; in: Grażyna
    Maria Bosy, Schaffen und Nachahmen. Petrarcas „Carmen
    de beata Maria Magdalena im Kontext", Berlin 2021
zu Das Innsbrucker Osterspiel, in: Das Innsbrucker
    Osterspiel, Das Osterspiel von Muri. Mittelhochdeutsch
    und neuhochdeutsch, herausgegeben, übersetzt, mit
    Anmerkungen und einem Nachwort versehen von Rudolf
    Meier, Stuttgart 1974, S.96ff
zu Lukas Moser, in: Franz Heinzmann/Mathias Köhler,
    Der Magdalenenaltar des Lucas Moser in der gotischen
    Basilika Tiefenbronn, Regensburg 1994
zu Glogauer Liederbuch Accessit ad pedes, in: https://imslp.
    org/wiki/Special:ReverseLookup/527352. Aufgerufen am
    18.4.2022

zu Isabel de Villena Vita Christi, in: Antonio Cortijo. Amores humanos, amores divinos. La Vita Christi de sor Isabel de Villena, in: SCRIPTA, Revista internacional de literatura i cultura medieval i moderna, núm. 4 / desembre 2014 / pp. 11–30

zu Osterspiele, in: https://de.wikipedia.org/wiki/Osterspiel. Aufgerufen am 18.4.2022

zu Bozner Osterspiel, in: Sterzing V; Maria Magdalena V. 124f.; in: (Sterzing VIII) V. 169f; in: Thoran 364; Maria Magdalena V. 8021–8026; in: V. 928f

zu Wolfgang Walcher Von der heyligen Maria Magdalena ayn lobgesangk, in: Philipp Wackernagel Das deutsche Kirchenlied Bd. 2, Hildesheim 1964, S. 890

zu Jean Mouton In illo tempore, in: https://imslp.org/wiki/In_illo_tempore_Maria_Magdalene_(Mouton%2C_Jean). Aufgerufen am 18.4.2022

zu Nicolas Champion O dulcissime Domine Iesu Christe, in: Susan Haskins, Die Jüngerin, S. 422, S. 407

zu Johannes Galliculus Evangelium in die paschae, in: https://www.cpdl.org/wiki/index.php/Evangelium_in_die_paschae_(Johannes_Galliculus). Aufgerufen am 18.4.2022

zu Verdelot O dulcissime Domine Iesu Christe, in: https://www.cpdl.org/wiki/index.php/Ave_dulcissime_Domine_(Philippe_Verdelot). Aufgerufen am 18.4.2022

zu Jacobus Clemens non Papa Maria Magdalena et altera Maria, in: https://www.cpdl.org/wiki/index.php/Maria_Magdalena_(Jacobus_Clemens_non_Papa). Aufgerufen am 18.4.2022

zu Pierre de Manchicourt Maria Magdalena et altera Maria, in: zu Girolamo Baglioni Maria Magdalena et altera Maria, in: https://www.cpdl.org/wiki/index.php/Maria_Magdalena_(Girolamo_Baglioni). Aufgerufen am 18.4.2022

zu Hakenberger Maria Magdalena et altera Maria, in: https://www.cpdl.org/wiki/index.php/Maria_Magdalena_et_altera_Maria_ibant_(Andreas_Hakenberger). Aufgerufen am 18.4.2022

zu Heinrich Finck Jesu Christe, auctor vitae, in: https://www.
cpdl.org/wiki/index.php/Jesu_Christe,_auctor_vitae_
(Heinrich_Finck). Aufgerufen am 18.4.2022

zu Thomas Tallis When Jesus went into Simon, the Pharisee's
house, in: https://www.cpdl.org/wiki/index.php/When_
Jesus_went_into_Simon_the_Pharisee%27s_house_
(Thomas_Tallis). Aufgerufen am 18.4.2022

zu Francesc Valls u.a. Dum transisset Sabbatum, in:
https://www.cpdl.org/wiki/index.php/Maria_
Magdalena_a_14_(Francisco_Valls). Aufgerufen am
18.4.2022

zu Giovanni P. da Palestrina Beatae Mariae Magdalenae,
in: https://www.youtube.com/watch?v=gZDkOrBIXLY.
Aufgerufen am 18.4.2022

zu Andrea Gabrieli Maria Magdalene, in: https://www.cpdl.
org/wiki/index.php/Maria_Magdalene_a_4_(Andrea_
Gabrieli). Aufgerufen am 18.4.2022

zu Francisco Guerrero Motette Maria Magdalena, in:
https://www.cpdl.org/wiki/index.php/Maria_Magdalena_
(Francisco_Guerrero). Aufgerufen am 18.4.2022

zu Orlando di Lasso De sancta Maria Magdalena, in:
https://imslp.org/wiki/Orlando_di_Lasso:_Sämtliche_
Werke. Aufgerufen am 18.4.2022

zu Caravaggio, in: Rafik Schami, Sophia oder Der Anfang aller
Geschichten, München 2015, S. 123

zu Alonso Lobo Missa Maria Magdalene, in:
http://www.cancioneros.wiki/index.php?title=Liber_
primus_missarum._Alonso_Lobo._(1602). Aufgerufen am
18.4.2022

zu Michael Praetorius Maria Magdalena: in:
https://www.cpdl.org/wiki/index.php/Maria_Magdalena_
(Michael_Praetorius)

zu Carl Luython Domine Jesu Christe, respicere, in:
https://www.cpdl.org/wiki/index.php/Domine_Jesu_
Christe,_respicere_(Carl_Luython). Aufgerufen am
18.4.2022

zu Anonymus O beatissime Domine Jesu Christe, in:
https://www.cpdl.org/wiki/index.php/O_beatissime_
(Anonymous). Aufgerufen am 18.4.2022

zu Johann Hermann Schein, in: https://imslp.org/wiki/Maria_
Magdalena_(Schein%2C_Johann_Hermann); in: https://
www.cpdl.org/wiki/index.php/Mein_Freund_komme_
in_seinen_Garten_(Johann_Hermann_Schein); in:
https://imslp.org/wiki/Wo_ist_dein_Freund_hingangen_
(Schein%2C_Johann_Hermann). Aufgerufen am 18.4.2022

zu Theaterabend Mantua, in: https://imslp.org/wiki/La_
Maddalena_(Various). Aufgerufen am 18.4.2022

zu Heinrich Schütz Auferstehungshistorie, in: Heinrich
Schütz, Auferstehungshistorie, Stuttgarter Schütz-
Ausgabe, Carus 20.050, Stuttgart 1968/1993, S.6ff

zu Girolamo Frescobaldi Sonetto spirituale, in: https://imslp.
org/wiki/Arie_musicali_(Frescobaldi%2C_Girolamo).
Aufgerufen am 18.4.2022

zu Chiara Margarita Cozzolani Dialogo fra Maria Magdalena,
in: https://www.cpdl.org/wiki/index.php/Dialogo_fra_
Maria_Magdalena_(Chiara_Margarita_Cozzolani).
Aufgerufen am 18.4.2022

zu Richard Crashaw Sainte Mary Magdalene, in: Turnbull,
William B., Ed. The Complete Works of Richard Crashaw.
London: John Russell Smith, 1858. 1–8, in: Susan
Haskins, Die Jüngerin, S. 302f

zu Antonio Bertali La Maddalena, in: https://issuu.com/
elvanden/docs/ric_367_antonio_bertali_booklet_21x/54.
Aufgerufen am 18.4.2022

zu Giovanni Felice Sances Missa Sanctae Maria Magdalenae:
in: https://www.cpdl.org/wiki/index.php/Missa_
Sanctae_Maria_Magdalenae_(Giovanni_Felice_Sances).
Aufgerufen am 18.4.2022

zu Marc-Antoine Charpentier Magdalena lugens, in:
https://imslp.org/wiki/Magdalena_lugens%2C_H.343_
(Charpentier%2C_Marc-Antoine). Aufgerufen am
18.4.2022

zu Giovanni Bononcini La conversione di Maddalena, in: https://imslp.org/wiki/La_conversione_di_Maddalena_ (Bononcini%2C_Giovanni). Aufgerufen am 18.4.2022

zu Antonio Caldara Maddalena ai piedi di Cristo, in: https://de.wikipedia.org/wiki/Maddalena_ai_piedi_di_ Cristo. Aufgerufen am 18.4.2022

zu Georg Friedrich Händel La Resurrezione, in: Georg Friedrich Händel, La Resurrezione HWV 47, Klavierauszug, Kassel 2011, S.27ff

zu Leonardo Leo Dalla Morte Alla Vita di Santa Maria Maddalena, in: https://www.bongiovanni70.it/ products/133067?_pos=8&_sid=d7e88e0c1&_ss=r. Aufgerufen am 18.4.2022

zu Johann Sebastian Bach Osteroratorium, in: Johann Sebastian Bach, Osteroratorium BWV 249, Klavierauszug, CarusVerlag Stuttgart 2004 – Klaus Hofmann, in: ders., S. 6

zu Johann Sebastian Bach Matthäus-Passion, in: Johann Sebastian Bach, Matthäus-Passion BWV 244, Studienpartitur, CarusVerlag Stuttgart 2012

zu Pietro Metastasio La passione di Nostro Signore Gesù Cristo, in: https://de.wikipedia.org/wiki/La_passione_di_ Gesù_Cristo. Aufgerufen am 18.4.2022

zu Jan Dismas Zelenka I penitenti al sepolcro, in: https://imslp.org/wiki/I_penitenti_al_sepolcro_del_ redentore%2C_ZWV_63_(Zelenka%2C_Jan_Dismas). Aufgerufen am 21.4.2022

zu William Blake/Hubert Parry Jerusalem, in: https://de.wikipedia.org/wiki/And_did_those_feet_in_ ancient_time. Aufgerufen am 18.4.2022

zu Philipp Otto Runge Von dem Machandelboom, in: http://12koerbe.de/phosphoros/machand.htm. Aufgerufen am 18.4.2022

zu Gottfried August Homilius Frohlocket und preiset, in: https://opac.rism.info/metaopac/ search?View=rism&id=200045004. Aufgerufen am 18.4.2022

zu Johann Wolfgang von Goethe Faust, in:
    https://de.wikisource.org/wiki/Faust_-_Der_Tragödie_
    erster_Teil / https://de.wikisource.org/wiki/Faust_-_Der_
    Tragödie_zweiter_Teil. Aufgerufen am 18.4.2022
zu Friedrich Hebbel Maria Magdalena, in: Friedrich Hebbel
    Maria Magdalena, Stuttgart 2018, S. 123
zu Clara Lucas Balfour The women of scripture, zit. nach
    Susan Haskins, Die Jüngerin, S. 356f
zu Giuseppe Verdi Rigoletto / Giacomo Puccini Tosca, zit.
    nach Susan Haskins, Die Jüngerin, S. 375f
zu Robert Schumann Szenen aus Goethes Faust, in:
    https://de.wikipedia.org/wiki/Szenen_aus_Goethes_
    Faust. Aufgerufen am 18.4.2022
zu Johannes Brahms Magdalena, in: Philipp Wackernagel,
    Das deutsche Kirchenlied, S. 43
zu Émile Zola Madeleine Férat, zit. nach Susan Haskins, Die
    Jüngerin, S. 362f
zu John Stainer Magdalena, in: https://www.cpdl.org/wiki/
    index.php/Magdalena_(John_Stainer). Aufgerufen am
    18.4.2022
zu Jules Massenet Marie-Magdaleine, in: Stefan Schmidl,
    Jules Massenet, Mainz 2012, S. 30; in:
    https://de.wikipedia.org/wiki/Marie-Magdeleine.
    Aufgerufen am 18.4.2022
zu Wilkie Collins No name, The new Magdalen, in: Susan
    Haskins, Die Jüngerin, S. 360–362
zu Richard Wagner Parsifal, in: http://12koerbe.de/
    lapsitexillis/parsif-2.htm. Aufgerufen am 21.4.2022
zu Peter Heinrich Thielen Die heilige Maria Magdalena,
    in: https://www.worldcat.org/title/heilige-maria-
    magdalena-oratorium-fur-soli-und-gemischten-chor-mit-
    orchesterbegleitung-op-84/oclc/1183620752. Aufgerufen
    am 21.4.2022
zu Erik Satie Gnossiennes, in:
    https://www.kammermusikfuehrer.de/werke/4047; zu
    Erik Satie Trois Sonneries de la Rose + Croix, in:

https://en.wikipedia.org/wiki/Sonneries_de_la_
     Rose%2BCroix; in: Erik Satie, Briefe 1. Die Korrespondenz
     von 1891 bis 1913 herausgegeben von Ornella Volta,
     Hofheim 1991, S. 23; in: Wilfried H. Mellers, Musik-
     Konzepte 11, Erik Satie, München 1988, S. 9
zu Vincent d'Indy Saint Marie Magdeleine, in:
     https://imslp.org/wiki/Sainte_Marie_Magdeleine%2C_
     Op.23_(Indy%2C_Vincent_d%27). Aufgerufen am
     19.4.2022
zu Richard Dehmel Venus Consolatrix, in:
     https://de.wikisource.org/wiki/Venus_Consolatrix.
     Aufgerufen am 19.4.2022
zu Paul Heyse Maria von Magdala, in:
     https://www.projekt-gutenberg.org/spiero/heyse/chap007.
     html. Aufgerufen am 19.4.2022
zu Georg Trakl Maria Magdalena, in: Georg Trakl, Aus
     Goldenem Kelch. Die Jugenddichtungen, Salzburg 1939,
     S. 20–26
zu Gustav Mahler 8. Sinfonie, in: https://www.naxos.com/
     sungtext/PDF/550533-34_Mahler_Texts.pdf. Aufgerufen
     am 19.4.2022
zu Rudolf Steiner Das Mysterium von Golgatha, in:
     https://anthroblog.anthroweb.info/2017/das-mysterium-
     von-golgatha-1906/. Aufgerufen am 19.4.2022
zu Rainer Maria Rilke Der Auferstandene, in:
     http://rainer-maria-rilke.de/090029derauferstandene.
     html. Aufgerufen am 19.4.2022; zu Rainer Maria Rilke
     Pietà, in: http://rainer-maria-rilke.de/080015pieta.html.
     Aufgerufen am 19.4.2022
zu Maurice Maeterlinck Maria Magdalena, in:
     https://translate.google.com/
     translate?hl=de&sl=en&u=https://en.wikipedia.org/wiki/
     Mary_Magdalene_(play)&prev=search. Aufgerufen am
     19.4.2022
zu Georg Trakl Die Kirche, in: Georg Trakl, Aus Goldenem
     Kelch. Die Jugenddichtungen, Salzburg 1939, S. 122

zu Kósçak Yamada Maria Magdalena, in:
https://www.jpc.de/jpcng/classic/detail/-/art/Koscak-
Yamada-1886-1965-Nagauta-Symphony-Tsurukame/
hnum/8760728. Aufgerufen am 19.4.2022

zu Georg Büchner Woyzeck / Alban Berg Wozzeck, zit. nach
Susan Haskins, Die Jüngerin, S. 364f; Partitur Berg, in:
https://imslp.org/wiki/Wozzeck,_Op.7_(Berg,_Alban).
Aufgerufen am 19.4.2022

zu Paul Hindemith Das Marienleben, Lavendel, in:
https://www.nabu.de/tiere-und-pflanzen/pflanzen/
pflanzenportraets/nutzpflanzen/07270.html. Aufgerufen
am 19.4.2022

zu Paul Hindemith Das Marienleben, in: Schott Musik
International, Mainz 3/1068, S.55–72

zu Carl Orff Carmina burana, in: Carl Orff, Carmina burana,
Cantiones Profanae, Klavierauszug Schott Mainz 1996,
S.54ff

zu Therese Neumann, zit. nach Günther Schwarz Schauungen
der Therese Neumann aus Konnersreuth, Aachen 2012,
S. 70–75, S. 219, S. 78

zu Carl Gustav Jung, Über das Phänomen des Geistes in
Kunst und Wissenschaft, Gesammelte Werke, Band 15,
Ostfildern 2/2011, S. 155 und GW 5, S. 390; C. G. Jung,
in: https://www.theologie-vision.eu/vorwort/vor.html.
Aufgerufen am 19.4.2022

zu Nikos Kazantzakis Die letzte Versuchung/Martin Scorsese
Die letzte Versuchung Christi, in: Susan Haskins, Die
Jüngerin, S. 405–407

zu Römischer Kalender, in: https://www.die-tagespost.de/
gesellschaft/feuilleton/maria-magdalena-selbstbewusste-
frau-unter-den-aposteln;art310,186752. Aufgerufen am
19.4.2022

zu Andrew Lloyd Webber Jesus Christ Superstar, in:
https://de.wikipedia.org/wiki/Jesus_Christ_Superstar.
Aufgerufen am 19.4.2022

zu Franz Xaver Kroetz Maria Magdalena, in: Friedrich Hebbel
Maria Magdalena, Stuttgart 2018, S. 119f

zu William Lloyd Webber Interview, in:
http://www.musicweb-international.com/webber/webber.
htm. Aufgerufen am 19.4.2022

in: William Lloyd Webber, Missa Sanctae Mariae Magdalenae,
Kevinmayhew publishing, Buxhall 2013, S.5ff

zu Johannes H.E.Koch Maria Magdalena, in: Johannes H.E.
Koch, Maria Magdalena. Musikalische Meditation über die
Salbung Jesu für Mezzo-Sopran, Tenor, Horn, Viola und
Harfe, Möseler Verlag, Wolfenbüttel 1981, S.5ff

zu Luise Rinser Mirjam, in: Susan Haskins, Die Jüngerin, S. 420

zu Sofia Gubaidulina Johannes-Passion,
https://www.sikorski.de/5635/de/0/a/0/g/
seite_3/1035859_index.html. Aufgerufen am 19.4.2022

zu Sofia Gubaidulina Johannes-Ostern, in: https://
www.sikorski.de/5635/de/0%7B20%7D/a/0/g/
seite_3/1035916_index.html. Aufgerufen am 19.4.2022

zu Patrick Roth Treffpunkt : Mulholland Drive, in:
https://de.wikipedia.org/wiki/Mulholland_Drive:_
Magdalena_am_Grab. Aufgerufen am 19.4.2022

zu Winfried Hiller Nacht des roten Monds, in: Wilfried Hiller,
Nacht des roten Monds. Fünf magische Miniaturen nach
Alastair für Streichoktett, Schott Mainz 2011, S.6

zu John Adams / Peter Sellars The Gospel According To
The Other Mary, in: https://www.dw.com/de/peter-
sellars-wir-lassen-die-frauen-aus-der-bibel-zu-wort-
kommen/a-38421951. Aufgerufen am 19.4.2022

zu Papst Franziskus Dekret Maria Magdalena, in:
https://www.vatican.va/roman_curia/congregations/
ccdds/documents/sanctae-m-magdalenae-decretum_
ge.pdf. Aufgerufen am 19.4.2022

zu Papst Franziskus Generalaudienz, in: http://www.vatican.
va/content/francesco/de/audiences/2017/documents/
papa-francesco_20170517_udienza-generale.html.
Aufgerufen am 19.4.2022

LITERATURVERZEICHNIS

Aleemi, Sophia-Janet, Maria Magdalena in der Kathedrale von Chartres, Stuttgart 2011

Beavis, Mary Ann; Kateusz, Ally (Hg.), Rediscovering the Marys. Maria, Mariamne, Miriam, London 2020

Berlinghof, Regina (Hg.), Das Hohelied, Der Gesang der Gesänge, Kelkheim 2005/06

Berschin, Walter / Hellmann, Martin, Hermann der Lahme. Gelehrter und Dichter (1013–1054), Reichenauer Texte und Bilder 11, Heidelberg 2005

Borst, Arno, Mönche am Bodensee. Spiritualität und Lebensformen vom frühen Mittelalter bis zur Reformationszeit, Lengwil 2010

Ceming, Katharina / Werlitz, Jürgen, Die verbotenen Evangelien. Apokryphe Schriften, Wiesbaden 7/2019

Fünten, Wiltrud aus der, Maria Magdalena in der Lyrik des Mittelalters, Düsseldorf 1966

Fürst, Alfons / Strutwolf, Holger, Origenes, Der Kommentar zum Hohelied, Berlin, Boston 2016

Glang-Tossing, Andrea Verena, Maria Magdalena in der Literatur um 1900. Weiblichkeitskonstruktion und literarische Lebensreform. Akademie Verlag, Berlin 2013

Harrison, Dick, Verräter, Hure, Gralshüter. Judas Iskariot, Maria Magdalena, Pontius Pilatus und Josef von Arimathäa. Geschichten und Legenden, Düsseldorf 2007

Haskins, Susan, Die Jüngerin. Maria Magdalena und die Unterdrückung der Frau in der Kirche, aus dem Englischen von Xenia Osthelder und Bernd Rullkötter, Bergisch Gladbach 1994

Leloup, Jean-Yves, Evangelium der Maria Magdalena. Die spirituellen Geheimnisse der Gefährtin Jesu, München 2004

Meier, Rudolf (Hg.), Das Innsbrucker Osterspiel. Das Osterspiel von Muri, Stuttgart 1974

Mulack, Christa, Maria Magdalena. Apostelin der Apostel, Schalksmühle 2010

Petersen, Silke, Maria aus Magdala. Die Jüngerin, die Jesus liebte, Biblische Gestalten, hg. von Christfried Böttrich, Rüdiger Lux, Bd. 23, Leipzig 3/2019

Platen, Emil, Johann Sebastian Bach. Die Matthäuspassion. Entstehung, Werkbeschreibung, Rezeption, Kassel u. a.[2] 1997

Richter, Siegfried G., Das koptische Ägypten. Schätze im Schatten der Pharaonen, Darmstadt 2019

Schenke, Hans-Martin; Bethge, Hans-Gebhard; Kaiser, Ursula Ulrike, Nag Hammadi Deutsch Bd. 1: NHC I,1–V,1 Berlin 2001

Schmidt, Carl, Pistis Sophia, ein gnostisches Originalwerk, Inktank publishing 2018

Schrinner / Kristionat, Jessica, Zwischen Selbstverständlichkeit und Schweigen. Die Rolle der Frau im frühen Manichäismus, Oikumene. Studien zur antiken Weltgeschichte – Band 11, Göttingen 2013

Schwarz, Günther, Schauungen der Therese Neumann aus Konnersreuth, Aachen 2012

Target, George, Der große Atlas der heiligen Stätten, München 2000

Trakl, Georg, Aus Goldenem Kelch. Die Jugenddichtungen, Salzburg 1939

Touliatos, Diane (Hg.), Kassia, Thirteen Hymns, Hildegard Publishing Company

Wackernagel, Philipp, Das deutsche Kirchenlied von der ältesten Zeit bis zu Anfang des 17. Jahrhunderts : mit Berücksichtigung der deutschen kirchlichen Liederdichtung im weiteren Sinne und der lateinischen von Hilarius bis Georg Fabricius und Wolfgang Ammonius, Bd. 2, Hildesheim 1964

Die Autorin

Isa Sternitz, geboren 1960 in Bayern, studierte
Historische Musikwissenschaft, Kunstgeschichte und
Neuere Deutsche Literatur in Kiel und Hamburg.
Promotion 1999 in München. Sie war Musiktheater-
und Konzertdramaturgin. Zahlreiche Programmhefte
zu Produktionsdramaturgien. Publikationen zu
Alban Berg, Richard Strauss und Hugo von Hof-
mannsthal, Arnold Schönberg. Seit 1997 ist sie fasziniert von Maria Magdalena. Auf der Insel Reichenau
begegnete ihr der Universalgelehrte des 11. Jahrhunderts, Hermannus Contractus (1013–1054) und
dessen Maria-Magdalena-Sequenz. Eine Reise führte
sie 2019 nach Japan. Während des ersten Pande-
mie-Lockdowns entstand der Gedicht- und Fotogra-
phieband „Haikus. Atem. Impressionen", Publikation
im Selbstverlag. Als Chor- und Orchesterdirigentin
widmet sie sich der Musik zu Maria Magdalena.

Bewerten
Sie dieses Buch
auf unserer
Homepage!

www.novumverlag.com

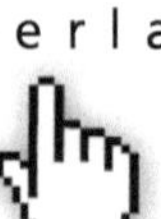